やわらかアカデミズム・〈わかる〉シリーズ

よくわかる
教育相談

春日井敏之・伊藤美奈子 編

ミネルヴァ書房

はじめに

■よくわかる教育相談

　子どもと教育をめぐる諸課題について，学校現場で教師やスクールカウンセラーなどとのケース・カンファレンス（事例検討会）を通して見えてきたことについて，少し強調しておきます。1つには，現代の子どもたちが，大人と同じレベルの不安やストレスに晒されているために，キレやすい状況にあるのではないか。2つには，家族内のストレスが，一番弱者である子どもに向けられることが多くなっているのではないか。3つには，学校が，規範や学力など，「あるべき姿」に基づくレールを敷くことによって，子どもの抱える葛藤とのズレが生じているのではないか。4つには，子どもの諸課題を前にして，教師が多忙化とバッシングで疲弊し，子どもの話を共感的に聴こうとする保水力が枯渇してきているのではないか。5つには，課題を抱えながらも，子どもが親や教師に求めていることは，「自分のことを認めてほしい」という素朴で健気な願いではないか。本書は，教育現場における相談活動の視点から，こうした課題に理論的・実践的に応える内容になっているのではないかと考えています。

　また，社会状況が厳しくなるなかで，学生たちには，次のようなメッセージを強調して伝えています。「仕事は手段，目的は人生」「社会のなかで自分を生きる」「孤立していなければ孤独に耐えられる」「自分だけのために自分の人生を使うのはもったいない」「困ったときはお互いさま」「偶然の出会いを主体的に生きる」「体験や出会いを自分の生活や人生のなかに意味づけていくこと」といったメッセージです。この底流には，人は「ひと・こと・もの」とつながって生きてきたというあゆみがあり，これらのメッセージをわかりやすく，子どもたちにも伝えたいと考えています。この取り組みは，「つながりのなかで，人生の主体者として成長していく」という視点から，つながることとつなげることを大切にした教育相談の質を高めていくのではないでしょうか。

　本書は，子どもと教育をめぐる諸課題のとらえ方や取り組みについて，教育相談の視点からアプローチし，教育学，心理学，福祉学，学校現場の理論と実践の協働によってまとめることができました。学校現場や家庭・地域などで，日々子どもたちとかかわっている教師，教育相談員，スクールカウンセラーや保護者，専門機関のみなさんはもちろん，教師やスクールカウンセラーなどを目指す学生，教育相談に関心をもっているみなさんにも届けたい一冊です。

　なお，刊行にあたり，ミネルヴァ書房編集部の西吉誠氏には，企画の段階から校正にいたるまで，多大なご尽力をいただきました。深く感謝申し上げます。

2011年2月

春日井敏之

もくじ

■よくわかる教育相談

はじめに

I 教師に求められる臨床的視点
── 教育相談の担い手として

1 教師に求められる臨床的視点 …… 2
2 教師とカウンセラー ………… 4
3 カウンセリングマインドとは …… 6
4 個へのかかわり，集団への対応 … 8
5 受容(共感)と指導(要求) ……… 10
6 生徒指導と教育相談 ………… 12
7 子どもの心を"聴く" ………… 14
8 子どもの言葉を"待つ" ……… 16
9 授業に生かす臨床的視点 ……… 18
10 受容することと指導することの難しさ
── 中学校現場から ………… 20

II 子どもの発達課題と教育相談

1 子どもにとっての教育相談 …… 22
2 乳幼児期の発達と発達相談 …… 24
3 乳幼児期の保護者への支援のあり方
   ……………………………… 26
4 学童期の発達と教育相談 ……… 28
5 小学校の友達関係のトラブルと対応
   ……………………………… 30
6 思春期の発達と教育相談 ……… 32

7 摂食障害・自傷行為の理解と支援
   ……………………………… 34
8 青年期の発達と教育相談 ……… 36
9 ニート・フリーター問題と進路相談
   ……………………………… 38
10 思春期を支え合う仲間・教師集団
   ── 中学校現場から ………… 40

III 学校現場における「問題行動」と教育相談

1 「問題行動」のとらえ方と指導・支援
   ……………………………… 42
2 暴力，いじめ問題と指導・支援 … 44
3 不登校問題と指導・支援 ……… 46
4 万引き，金銭問題と指導・支援 … 48
5 意欲の乏しい子どもと指導・支援 … 50
6 児童虐待問題と指導・支援 …… 52
7 「性の問題行動」に対する理解と指導・支援 ……………………… 54
8 ケータイ・ネット問題と指導・支援
   ……………………………… 56
9 学力問題と指導・支援 ………… 58
10 問題行動を通して何を指導するのか
   ── 中学校現場から ………… 60

IV 特別支援教育と教育相談

1 特別支援教育の基本的な考え方 … 62

2 発達障害についてのとらえ方と対応について ……64

3 発達障害のアセスメント ……68

4 特別支援教育コーディネーターの役割 ……70

5 校内での取り組み ……72

6 保護者との関係づくりと支援 ……74

7 特別支援教育にもとづく学級での取り組み方 ……76

8 専門家や専門機関との連携の仕方 ……78

9 気になる子どもへのかかわりと学級の取り組み──特別支援教育の現場から ……80

V 予防・開発的取り組みと教育相談

1 問題解決から予防・開発的な教育相談へ ……82

2 構成的グループ・エンカウンター ……84

3 ブリーフ・カウンセリング ……86

4 アサーション・トレーニング ……88

5 交流分析 ……90

6 ストレスマネジメント教育 ……92

7 ソーシャルスキル教育 ……94

8 ピア・サポート ……96

9 キャリア教育，進路指導 ……98

10 ピア・サポートによる教室復帰支援，不登校予防支援──高校現場から ……100

VI 教師への支援と教育相談

1 教師支援の必要性 ……102

2 深刻化する教師のメンタルヘルス ……104

3 バーンアウトする教師たち──教職に特有の悩みやストレス ……106

4 燃えつきる前に何ができるのか──セルフケアと職場のソーシャルサポート ……108

5 教育相談係を核とした連携にもとづく校内体制づくり ……110

6 教師支援における教育相談係の役割 ……112

7 教師が元気になる校内研修の進め方 ……114

8 職場のメンタルヘルスと管理職の役割 ……116

9 休職教師の職場復帰とサポート体制 ……118

10 教師同士がありのままを語り合える時間と場所をつくる──小学校現場から ……120

VII 保護者への支援と教育相談

1 保護者の生きづらさとSOSのとらえ方 ……122

2 「モンスター」と言うなかれ──クレームと保護者の願い ……124

3 若い保護者の子育て不安と虐待問題への支援 ……126

4 わが子がいじめられているという訴えへの対応 …… 128

5 わが子が不登校になった保護者の不安と支援 …… 130

6 成績評価へのこだわりの強い保護者への対応 …… 132

7 保護者対象の研修会の取り組みとその工夫 …… 134

8 PTA活動における保護者相互の交流，支援 …… 136

9 地域における保護者への支援 … 138

10 保護者と子どもをつなぐ取り組み——小学校現場から …… 140

VIII 校内の相談システムと教育相談

1 何のためのネットワーク支援なのか …… 142

2 校内の教育相談活動のシステムと内容 …… 144

3 教育相談部(係)の果たす役割と取り組み …… 146

4 保健室の取り組みとネットワーク …… 148

5 相談室，別室の取り組みとネットワーク …… 150

6 学級，学年での取り組み，工夫 …… 152

7 学生ボランティアの果たす役割 …… 154

8 校内研修のあり方 …… 156

9 ケース・カンファレンス(事例検討会) …… 158

10 教師にとっての事例検討会の意味——高校現場から …… 160

IX スクールカウンセラー，スクールソーシャルワーカーと教育相談

1 スクールカウンセラー事業の歴史 …… 162

2 スクールカウンセラー(SC)の仕事 …… 164

3 スクールカウンセラー(SC)と教師との協働の実際 …… 166

4 学校で役に立つスクールカウンセラー(SC)の条件とは …… 168

5 スクールカウンセラー(SC)が抱える課題 …… 170

6 スクールソーシャルワーカー(SSWr)の仕事 …… 172

7 スクールソーシャルワーカー(SSWr)とスクールカウンセラー(SC)の共通性と独自性 …… 174

8 スクールソーシャルワーカー(SSWr)が抱える課題 …… 176

9 学校でのスクールカウンセラー(SC)活用の実際 …… 178

10 不登校とスクールソーシャルワーク——小学校現場から …… 180

X 専門機関との支援ネットワークと教育相談

1 校外の専門機関とのネットワーク …… 182

2 医療機関との連携 ……………… 184
3 教育関係機関との連携 ………… 186
4 福祉関係機関との連携 ………… 188
5 その他の機関との連携 ………… 190
6 専門機関の活用にあたって …… 192
7 インフォームド・コンセント
　　——つなぐことの留意点 ………… 194

8 連携の難しさ——守秘義務を巡って
　……………………………… 196
9 学校と専門機関とのネットワークの
　つくり方 ……………………… 198
10 ネットワーク支援を有効にするために必要なこと——ネットワーク支援の現場から ……………… 200

さくいん ……………………………… 202

やわらかアカデミズム・〈わかる〉シリーズ

よくわかる
教育相談

Ⅰ　教師に求められる臨床的視点──教育相談の担い手として

 教師に求められる臨床的視点

1　教師に求められる臨床的視点とは

　学校現場で教育相談という概念が広がって以来，カウンセリングマインドという見方・かかわり方が教師にも求められるようになりました。教師にもカウンセラー的な対応が必要とされるような事態が増えていると言えます。

　教師もカウンセラーも，子どもたちの健全な成長を目指し，それをサポートするという究極の目標においては共通しているのですが，一方，必ずしも相似的な関係にあるわけではありません。とはいえ，教師がカウンセリング的な技法を身につけ，それを教育のさまざまな場面で生かすことは重要です。教師に求められるのは，完璧なカウンセラーになることではなく，"カウンセリング的なかかわりが必要な子どもはどの子かを見分ける目"そして，その必要な子どもに対し必要なときに"過不足なくカウンセリング的なかかわりができること"なのではないかと思います。

　以下には，臨床的な視点で子どもたち（そしてその行動）を理解するときに求められる姿勢について論じてみたいと思います。

　「問題」という言葉

　学校現場にかかわっていると「問題行動」という言葉をよく耳にします。たしかに，中学校などでは，連日いくつもの出来事が起こっており，それへの対応に教師は奔走させられています。ここで，この「問題行動」という言葉に注目したいと思います。問題行動と呼ばれるものには，教師への暴力や反抗などの「反社会的」行動がありますが，他方，ひきこもりや神経症のような「非社会的」行動も含み込んでいます。その多くは，「教師からみて望ましくない問題」であり「学校としては，なくしたい行動」であることが多いものです。つまり，学校における「問題行動」とは，学校側（あるいは教師）が対応に困って「問題」ととらえている行動であると言えるでしょう。

3　「問題」はどのように表現されるのか

　ところが，それらの行動を見ていると，指導して，その行動をなくしてしまえばそれで解決できるものばかりではありません。行動そのものは決して望ましいことではなくても，その行動を通して子どもたちからのメッセージ（SOS）

が読み取れる場合もあるのです。このメッセージも，厄介な行動として表出する前に，言葉にして伝えてくれればいいのですが，子どものなかには言葉で伝えることを苦手とするものもいます。思春期になると，大人への不信感や反抗心，プライドや気遣い（心配かけたくない）などにより，自分の心の内を話さなくなることが多いのです。

では，このように言語化されない悩みやストレスはどのように処理されるのでしょうか。そんなとき，多くとられるのが〈行動化〉と〈身体化〉という表出方法です。〈行動化〉とは，先述のような問題行動に形を変えて伝える方法です。少し前にマスコミでも取り上げられた「キレる」という行動がその代表でしょう。心に溜まったモヤモヤしたうっぷんや攻撃性を，そのまま行動に出してしまう子どもたち。暴力や非行のように派手な形で行われることもあれば，いじめや援助交際という形で地下に潜行して広がり続ける行動もあります。自傷という形で自分に刃を向けることもあるのです。他方，〈**身体化**〉という形で訴える子どもも増えています。

4 意味を読み取る

こうした〈行動化〉〈身体化〉されたメッセージに耳を傾けないで，表面的な対応（暴力を力で押さえようとしたり，身体の病気だけに気をとられたり）にとどまる場合，子どもたちの表現方法はますますエスカレートしていくことになります。その意味でも，表に現れた問題性に惑わされず，そこに隠された心の叫びに耳を傾ける対応が親や教師に求められます。

たとえば，最近，中学校現場でも安易にリストカットに走る生徒が増えています。学校のなかでリストカットが行われると，教師は動揺するでしょう。他の生徒への影響もあるし，第一，生命への危険があるので，なんとかして止めさせようと懸命に対応します。しかし実際には，「もっと自分のことを心配してよ」「淋しくてたまらない」「自分は死ぬほど苦しいのよ」……，リストカットという行動に込められた言葉はさまざまなのです。「自分の命を賭してでも伝えたい言葉が必ずある」……，それを理解する余裕もなく（実際，目の前でリストカットが行われると余裕をもつほうが難しいのですが），とにかく本人の身の安全と周りの子どもたちへの影響を考え，即刻止めさせる方向で対応してしまい，そこに隠された真の気持ちが受け止められない場合，その行動は繰り返されることになるのです。

このように，子どもたちの「問題行動」のなかには，我々大人の目には「問題」と映っても，彼らにとっては命がけのメッセージ（SOS）であることがあります。その「問題」を〈どうなくすか〉だけでなく，〈その行動をどう理解するか〉という目をもつこと，これこそが教師に求められる臨床的視点の第一歩であると考えます。

（伊藤美奈子）

▶ **身体化**
悩みやストレスなどの精神的な問題が，身体を通して表現されることを言う。病気や症状として現れる場合は「心身症」と呼ばれる。子どもに多い心身症には，過敏性大腸症候群や過換気症候群，円形脱毛症などがある。

Ⅰ　教師に求められる臨床的視点──教育相談の担い手として

 教師とカウンセラー

1　教師とカウンセラーの共通点と相違点

　教師とカウンセラーには，共通する側面と異なる側面があります。共通する側面は，共に子どもの成長・発達を促進し，子どもの**自己実現**を援助するということです。一方，定森(2005)の指摘しているように，大きな相違点（図Ⅰ-1）があるのも確かです。そして定森は旧来の学校文化と臨床心理文化のせめぎあいを通して，新しい教育文化を創造していくことを主張しています。つまり，教師とカウンセラーあるいは教育とカウンセリングの対立・葛藤を乗り越えていくところに，新しい教育や教師のあり方が見えてくるものと思われます。

▷1　**自己実現**
各個人が有している，自己の能力や可能性，および自分らしさを見出し，これを現実のものにしていくことを意味している。

▷2　定森恭司(2005). 学校心理臨床講座　昭和堂　204.

旧来の学校文化	旧来の臨床心理文化
集団	個人
行動	心理
外界の現実の重視（客観的現実）	内界の現実の重視（心的現実）
さまざまな生活の場	面接室・遊戯室
指導	援助
臨機応変	定期的
課題解決型	内的プロセス重視型
日常的	非日常的
学年・学期の区切り	時間的流れが，本人の成長待ち
学習目標の実現	自己実現的
過去・未来志向的	今・ここの実在的体験の重視
平均的能力の獲得	個性的実在感覚の獲得
男性的	女性的
修復・除去モデル	症状の意味・目的の探究
競争原理的	共感と関係性の原理
一元的	多元的
規範的	非規範的
意識的	無意識的
適用的	自己探求的
教えることの重視	自己発見の重視
何を学ぶか	いかに学ぶか
最低基準としての知的学習	意味ある人生の獲得

　　　↓
　適切な異文化交流の促進　　漸近線を描くがごとく
　　　↓　　　　　　　　　　せめぎあいつつ，差異
　新しい教育文化の創造へ　　と共通理解の相互理解
　　　　　　　　　　　　　　を図るなかで，新しい
　　　　　　　　　　　　　　教育文化の創造に向
　　　　　　　　　　　　　　かって共同作業を行う。

図Ⅰ-1　学校文化と臨床心理文化の対比表

出所：定森(2005)より。

2　学校を取り巻く社会の急激な変化

　戦前そして戦後の高度経済成長期以前の貧しい時代においては，教師は子どもに知識・技能を授け，社会規範を身につけさせることが主なる責務でした。ところが，1960年代の高度経済成長を境に，経済的な豊かさを獲得した人々は，地域共同体の助けを必要としなくなり，逆に地域共同体の結びつきを束縛と感じるようになったため，地域共同体は急速に衰退していきました。それと並行して，貧しさゆえに拡大家族を構成せざるを得なかった人々も，核家族を志向するようになりました。核家族は特にこれといった問題がなければ，地域共同体からも自由であり，祖父母との葛藤もない自由で快適な家族形態です。ところが家族に何らかの問題が生じたとき，そのしわ寄せは最も弱い子どもに集中します。以前であれば，祖父母が親に欠ける側面をカバーしたり，近所のおじさん，おばさんあるいは親戚の人々が子どもの精神的な支えになってくれました。しかし，現在ではこのような援助は期待できなくなってしまいました。

　唯一残されたのは学校です。その結果，これまで子どもの心の問題を真正面から扱うことを本務としてこなかった教師も，カウンセリングの知識や技術の習得を求められるようになりました。これは子どもだけでなく地縁的・血縁的な支えを失った親も同様で，学校に救いを求めているように思われます。そして，思いを受け止められないとき，その期待は怒りに変わり学校バッシングという形で表現されているように思われます。このような社会状況の変化に伴い，教師は子どものみならず親の心の問題にも対処せざるを得なくなったのです。

3　心理治療と学校教育の接近

　近藤（1994）は「伝統的な心理療法は，患者個人を介入対象とし，治療専門家を唯一の援助資源とし，患者の日常生活から離れた場で，問題が発生した後に介入する方法であったが，その後にあらわれてきた方法には，患者が生活する"場"を問題とし，患者に"近しい"人たちの力を頼りに，患者が日常生活を送る場で，問題が発生し重篤化する前に介入する方向が新たに加わってきたことを明らかにした」と述べているように，心理治療の対象の拡大を通してその技法も大きく変化し，学校現場でも活用が可能になってきました。しかし，これは教師が全員カウンセラーになることを求めているのではありません。教師はあくまでも教師であるべきですし，教師でなければできない役割があるはずです。ただ，教師とカウンセラーの役割が，これまで以上に共有する部分が拡大したとは言えます。これは教師とカウンセラーがそれぞれの役割を相互に理解しながら協力して職務を果たしていくと同時に，その間の矛盾・対立を乗り越え新しい教育や教師のあり方を確立していく時期が到来したと言えるかもしれません。

（花井正樹）

▷ 3　近藤邦夫（1994）．教師と子どもの関係づくり　東京大学出版会　283.

Ⅰ 教師に求められる臨床的視点――教育相談の担い手として

 カウンセリングマインドとは

1 カウンセリングの知見を活用する

　カウンセリングマインドを直訳すればカウンセリング的な態度となりますが，これは教師がカウンセラーの役割を兼ねるということではありません。教師は，カウンセリングについての知見からヒントを得ながらも，カウンセラーとしてではなく，あくまでも教師として子どもとかかわることが重要なのです。

　たとえば，反抗的な子どもから教師はいわれのない怒りをぶつけられ，教師が感情的になり怒りを生徒にぶつけ返し，感情的な対立が一層エスカレートしてしまうことがよくあります。こんなとき，教師が「転移」というカウンセリングの概念を知っていれば，この生徒が親に対して抱いている怒りを，親に向けられない事情があって，これを教師に向けているかもしれないという推測が可能になります。その上で，教師は感情的にならず，生徒の怒りをしっかりと受け止め，子どもが落ち着いてきたところで，「私に対してすごく怒っていたけれど，ひょっとしたらそれはお父さんかお母さんに対する怒りでもあるのかな？」と問いかけることも可能となります。もしこれが的外れでなければ，子どもは「実は，……」と心の内に秘めていたことを話し出すかもしれません。つまり子どもの教師に対する反抗的な態度は，なかば無意識的と思われますが，このような教師の態度を引き出すための方策であったとも考えられます。

2 3段階の教育相談的援助

　それでは教師がカウンセリングマインドをもってどこまで子どもの問題にかかわればよいのでしょうか。教師の子どもに対する教育相談的な援助のあり方を，石隈(1999)▷2を参考にしながら考えてみましょう。まず，すべての教師がすべての子どもに対して行う援助が一次的援助です。発達途上にある子どもは，さまざまな発達課題を乗り越えていかなければなりません。その際に，教師の援助が必要になります。子どもの援助を求めるサインをキャッチし，適切な援助の手を差しのべることはすべての教師に求められることです。また，教師はカウンセリング的な態度はもちろんのこと，グループ・エンカウンター，フォーカシング，ロール・プレイ，心理劇，イメージ・トレーニング，自律訓練法，内観法等の技法を身につけ，日頃から開発的，予防的な援助活動を行うことも大切な役割です。

▷1　転移
カウンセリング場面において，クライエントが過去の重要な他者（親であることが多いが）に対する，欲求，感情，態度などをカウンセラーに対して向けること。このような現象は，カウンセリング場面のみならず，日常の世界でも生じる。

▷2　石隈利紀(1999). 学校心理学――教師・スクールカウンセラー・保護者のチームによる心理教育的援助サービス　誠信書房 144-159.

二次的援助とは，登校をしぶり始めたり，学級に馴染めなくなったり，家庭の問題から不安定になったりしている子どもたちで，危機的な状況に陥る可能性のある一部の子どもに対するすべての教師が行う援助です。悩みを抱えた子どもに対する援助は，非常に難しく苦労が多いものです。そして時には，教師としての日常的な衣を脱いで，ひとりの人間として向き合わなければならないときもあります。河合（1992）が「望ましい結果が生み出されてくるときは，いつも教師対生徒という上下関係が消え，人間と人間が水平の軸上で向き合っている状態が出現してきているのである」と述べているような状況のことです。このような教師の態度が，子どもに変化し，成長していくきっかけを提供するのです。この段階では，子ども本人はもとより保護者も相談機関を訪れようとはしないものですし，多くは教師の適切な支えがあれば，子どもは自らの力で乗り越えていくものです。さらには，学校においては学級担任だけではなく，教科担任，部活動の顧問，養護教諭など，多くの教職員が多面的，継続的に観察することができ，早期の発見と多様な援助活動が可能です。また必要に応じて級友や部活動の仲間，そして保護者の手助けを求めることもできます。したがって，この段階の問題を扱うのは学校が最も適していると言えます。筆者が中学校の教育相談係として援助を必要とする子どもとかかわった経験からも，教師が早期に子どもの異変に気づき，適切な援助をすれば，そのうちの90％程度の子どもは自分の力で乗り越えていきます。

　後の10％の子ども，そのなかでも，軽いケースであれば，**教師カウンセラー**が相談室で対応することも可能です。しかし，重篤なケースはカウンセラー（スクールカウンセラーも含む）や精神科医の協力を求めなければなりません。カウンセラーや精神科医は人間の心に関する膨大な知識や厳しいトレーニングによって獲得した技能や鋭い感受性を身につけています。したがって，このような重篤なケースについては，カウンセラーや精神科医が中心となって子どもへの援助活動が行われるべきです。このような深刻な問題を抱えている特定の子どもに対する専門的な知識を身につけた特定の教師あるいはカウンセラーや精神科医の行う援助が三次の援助です。

　カウンセラーや精神科医の援助を求めるときにも，教師はすべてを彼らに丸投げすべきではありません。教師は彼らと連携をとりつつ，子どもに対する援助活動を行うことが大切です。学校は子どもにとっては家庭に次いで重要な生活の場ですので，教師の協力は必要不可欠です。不登校のように学校に通って来ない場合でも，子どもの心のなかには常に学校は存在し，いつかは学校に復帰して来ることを考えれば，教師の果たす役割は非常に大きいと言えます。また，教師がカウンセラーや精神科医と連携をとるためにも，教師のカウンセリングに関する知識やカウンセリングマインドは非常に重要です。

（花井正樹）

▷3　河合隼雄（1992）．心理療法序説　岩波書店 93-94.

▷4　**教師カウンセラー**
スクールカウンセラーと区別するために用いられる用語で，教師でありながらある程度のカウンセリングに関する知識や技法を身につけたカウンセラーのこと。

I 教師に求められる臨床的視点——教育相談の担い手として

4 個へのかかわり，集団への対応

1 個と集団の対立

　日本では，これまで個人よりも家や国家という集団を優先し，個人の意志は軽視されてきました。それは学校においても同様で，子ども個人の意志よりも学級や学校という集団が重視されてきました。ところが，戦後は欧米の個人主義が浸透し，個人を尊重するという考え方が大切にされるようになりました。また，船橋（2009）は高度経済成長の終焉後の成熟社会への移行に伴い，「複雑化し多様化した意味世界を個として生きるようになって久しい現代の子どもたちが，画一的な『強いられる』訓練的スタンスを拒否するのはしかたがない」[1]と述べています。このような社会状況の変化により，これまで教師は個よりも集団を優先してきましたが，現在では集団に関心を払いながらも個を尊重するようになってきました。しかし，この両方の考え方は容易には統合できず並存しているのが現状です。それは教育相談と生徒指導が学校現場で対立的になってしまうことからも明らかです。この対立をどのように克服するかが，現在の学校教育の一つの大きな課題と言えるでしょう。

▷1　船橋一男（2009）．教育相談　木村元・小玉重夫・船橋一男　教育学をつかむ　有斐閣　p.161.

2 公平性の原理

　筆者がスクールカウンセラーをしていたとき，問題を抱えた子どもに対し特別な配慮を学級担任に依頼すると，「この子ひとりだけにそんなにかかわれません。クラスには40人の子どもがいますし，この子だけということは公平性を欠くことになります」と言わたことがありました。あるいは「一人ひとりの子どもを大切にと言われても，40人もいてはとてもそんなことはできません」と言われたこともありました。しかし，問題を抱え困っている子どもにも困っていない子どもにも，同じような援助をすることが公平なのでしょうか。困っていない子どもに，教師が困っている子どもと同様な援助をすれば，その子はおせっかいな行為として認識するでしょう。10の援助を必要としている子どもには10の援助を，5の援助を必要としている子どもには5の援助を，1の援助を必要としている子どもには1の援助をすることが公平な援助ではないでしょうか。また，40人の子どもがいても，すべての子どもが同時に同じように援助を必要としているわけではないので，そのときそのときの必要に応じて教師は援助の手を差しのべればよいのです。

3 個と集団のつながり

　カウンセラーは個人を，教師は集団を重視する傾向にあり，そのためにカウンセラーと教師の考えがぶつかり合うことがあります。しかし，個と集団は対立する側面もありますが密接に関連している側面もあります。定森（2005）は「たったひとりのケースでも，その事例には，家族ばかりでなく，クラス，学年，学校，地域社会の影の問題などが反映されているのが実態である」と述べ，一つの事例を他の類似事例の代表的存在として扱うべきであると指摘しています。すなわち一人の子どもの抱える問題は，クラス，学校，地域社会の子どもの多くが抱えている問題かもしれないということです。とすれば一人の子どもの抱える問題を通して，他の子どもの理解に役立つだけではなく，他の子どもの援助にも活用できるのです。また，教師の働きかけにより一人の子どもが変化すれば，それは周囲の子どもたちの変化を引き起こし，クラスあるいは学校全体へと波及することもあります。さらに，教師の一人の子どもに対する働きかけは，子どもたちにとってはモデルとなり，そのような教師の態度はクラスの子ども相互の働きかけへと広がっていき，温かい思いやりのある学級風土，学校風土の醸成へとつながっていくこともあります。あるいは，特別な援助を必要としていない子どもも，自分がもしも同じような状況に陥ったとき，同様の援助の手が教師から差しのべてもらえるという安心感をもつことができるでしょう。

　このように教師の個への働きかけは，その子ども個人に留まらず，クラスあるいは学校全体へと波及していきます。逆に集団への働きかけが個人に影響する面もあり，個と集団は相互に影響を及ぼしながら，共に成長，発展を遂げていくものです。教師はこのような良き相互作用が生じるような働きかけをしていくことが重要な仕事なのです。

▷ 2　定森恭司（2005）．教師とカウンセラーのための学校心理臨床講座　昭和堂　116.

4 子どもと共に成長する

　教師の働きかけによって，子どもたちが成長・発達することについて述べましたが，必ずしも子どもだけが変化するわけではありません。子どもは自分らしく生きられなくなるとき，すなわち自己実現が阻止されたとき，問題行動を通してSOS信号を発します。このような状況は子どもにとっては危機的状況ですが，危機的状況は同時に成長・発達の契機でもあります。教師の子どもに対する理解と適切な対応により，ピンチをチャンスに変えることも可能なのです。また同時に，問題行動を示す子どもと真剣に取り組み悪戦苦闘するなかで，教師はさまざまなことを子どもから学ぶことができ，教師として成長・発達を遂げていくものです。教師にとって，子ども，特に問題行動を示す子どもは，最良の教師と言ってよいかもしれません。

（花井正樹）

Ⅰ　教師に求められる臨床的視点——教育相談の担い手として

受容（共感）と指導（要求）

受容と指導は対立しないか

　近年，児童生徒の問題が複雑化するにつれスクールカウンセラーが投入されたことも手伝って，学校現場で児童生徒へのカウンセリング的なアプローチが重視されるようになりました。児童生徒に対してカウンセリングマインドで接することは，指導・要求しないことであるかのように受け取られ，教育現場で混乱をもたらしていることも少なくありません。はたして両者の関係をどう考えたらいいのでしょうか。

　カウンセリングでは受容・共感ということが大事にされますが，それはたとえば特に「非行」や校内の「荒れ」の問題に対する場合のように「懲戒」をも含めた強力な指導を必要とする働きかけと対立し，両立しないかのような印象を与えます。

　たとえば，「万引き」を働いた児童生徒がなぜ「万引き」をしたのか，その気持ちに耳を傾け，その気持ちに共感し，その気持を受容することは，「万引き」が犯罪であり許されないことを説教し，正しい行動をするように要求し，指導することとうまく調和するのでしょうか？　あるいは，たとえば跳び箱を前にして尻込みする児童生徒の気持ちに共感し，それを受容することは，それを飛べと要求し，飛べるように指導することと矛盾しないのでしょうか？

2 指導は相手の自主性を前提としている

　「指導は相手の自主性を前提としており，したがってまた拒否の自由を認めたうえに成立するものだと考えている。また自主であるからこそ，指導を求めるのだと考えている」と言われるように，指導は本来，児童生徒の自主性を前提にして成り立つものであることを忘れてはなりません。

　指導とはある目標（価値）に向かって教え導くことであり，権力や力で強制して無理矢理引っ張っていくものではありません。児童生徒が自主的にある目標（価値）に向かっていくように，「ソノ気にさせる」ものです。相手が「ソノ気になる」のを待つのではなく，相手が「ソノ気になる」ように説得し，導くことを含んで指導というのです。

　しかし現在，たとえば学校現場では力による強制や脅しによって子どもを動かしたり取り締まったりすることとして「指導」という言葉が使われているこ

▶　城丸章夫（1984）．生活指導とは何か　生活指導学会（編）生活指導研究1　明治図書出版　p.129.

とがしばしばあります。「指導」という言葉にまとわりついたこうしたイメージが,「指導」と「受容」とを一層対立的に見せる一つの背景にもなっているように思えます。

❸ 受容と指導は対立するものではない

　指導が本来そうしたものであるならば,「指導」と「受容」は原理的に対立するものだとは必ずしも言えなくなります。児童生徒の自主性を尊重する指導は,児童生徒の内面の自由を尊重することを前提にしてこそ成り立ちます。そして,「受容」とはまさに,その内面の自由を保障し,その回復を援助するものだからです。

　「受容」とは相手が安全であり安心でき,ひとりの人間として尊重されていると感じられるような温かい態度を意味しています。それは自分のありのままの気持ちを表現しても,そのことによって拒否されないという安心感をもたらすとともに,自己決定の主体として尊重されているという信頼感をもたらす働きかけです。

　だとすれば,それは指導が本来の「指導」として成立するための前提をつくり出す働きかけだと言えます。相手は自分がありのままに受容されているという安心感をもつゆえに,拒否される恐れなしに,自分自身のありのままの気持ちと向き合い,その気持ちと接触することができます。また,自己決定の主体として尊重されているという信頼感をもつゆえに,相手の指導に心を開くことができます。

❹ 受容は教育的効果をもつ指導が成り立つための前提

　つまり,「受容」によって児童生徒の側の自主性が保障され,その上に「指導」が成立すると言えます。もっと言えば,「受容」によって児童生徒の内面の自由の上に成り立つ自主性を保障することなしに,本来の「指導」は存在し得ないということになります。

　しかし同時に,両者には矛盾する側面もあります。「指導」は児童生徒の抱える問題について,その正しい解決の方向を指し示し,説得し,納得させることによって,自主的にではあれ,児童生徒がそれに従ってくれるように導くのであり,教師(指導者)の側に主導性がありますが,「受容」はあらかじめ何か正しい解決方向があるということではなく,児童生徒が自分のありのままの気持ちと向き合い,接触することを通じて,自己理解を深め,自分なりの答えを見つけ出すことを援助するという意味で,あくまでも児童生徒の側に主導性があるのです。そういう意味では,両者は原理的に対立するものではないと考えられますが,具体的な対人援助実践のなかでは,矛盾する側面をもっていると言うことができるでしょう。

(高垣忠一郎)

Ⅰ　教師に求められる臨床的視点──教育相談の担い手として

 生徒指導と教育相談

生徒指導と教育相談の対立

　学校現場においては，しばしば生徒指導的な発想をする教師と教育相談的な発想をする教師とが対立することがあります。
　生徒指導的な発想をする教師からは，教育相談は子どもを甘やかし迎合しているだけで，生徒の成長・発達につながらないとか，子どもの自主性・自発性に任せていたら，子どものわがままを許すことになり，集団としての統制がとれないといった批判がなされます。一方，教育相談的な発想をする教師からは，生徒指導は教師側の価値観を一方的に押しつけるもので子どもの自主性・自発性を奪ってしまうとか，表面的な現象だけを取り上げ，子どもの心の奥を理解しようとしていないといった批判がなされます。このような対立は教師間に生じるだけでなく，ひとりの教師のなかにも両者の考えがせめぎ合い，どのように折り合いをつけたらよいのか悩まされることも多いと思われます。

2 生徒指導の意義

　学校は多くの子どもが集まる場であり，すべての子どもが安全で快適に過ごせるためのルール（校則）は必要不可欠です。また，それは子どもの行動を規制する壁としてだけでなく，子どもを守る壁としての機能を有するものです。ただあまりにも細かすぎるルールは，子どもを守り育てるというよりは窒息させ，自主性・自発性を殺してしまうことになります。したがって，適切なルールをつくり，子どもにもよく説明し，子どもの理解を得ることがまず大事です。子どもも自分が納得できないルールは守ろうとしないからです。できれば教師と子どもが一緒になって，双方が納得できるルールをつくる必要があります。
　このようにしてルールがつくられたならば，教師は毅然とした態度で子どもにこれを遵守するよう迫らなければなりません。さもないとルールの権威は地に落ち子どももこれを守らなくなってしまうでしょう。それにもかかわらずルールを破る子どももいます。このような行為は子どものSOS信号であると考えるべきです。そして，教師はこのSOS信号を解読し，子どもに対する適切な援助をしなければなりません。また，特に思春期にある子どもは，自分で自分の行動がコントロールできなくなったとき，ルールにのっとり，教師に壁となって阻止してもらいたいと，意識的，無意識的に期待していることがありま

す。そして，できればこのことを通して，自分の気持ちを教師にわかってもらいたいという無意識的な願望を秘めていることもあります。あるいはちょっとしたルール違反をすることによって，教師の関心を惹きそれをきっかけに教師とのコミュニケーションを図ろうとする子どももいます。

　ルールは単に子どもの行動を規制するためのものではなく，上記のような機能を有しており，教師はこれを有効に活用しなければなりません。同時に壁としてのルールが，子どものさらなる発展への妨害になるかもしれないという側面にも心を配る必要性のあることも忘れてはなりません。

❸ 対立から協調へ

　精神的な健康が保たれている子どもの場合は，一般的な生徒指導の考え方で対応が可能です。しかし，愛情に飢えていたり，心が深く傷ついていたり，集団への適応に困難を感じている子どもに関しては，教育相談的な対応が必要になってきます。ということは，ひとりの子どもに対しても，時には生徒指導的な対応が，時には教育相談的な対応が必要なのです。

　また，生徒指導的な対応が教育相談的な対応につながっていくこともあります。河合（1992）は「壁としてそれを受けてみて，われわれは彼らの苦悩を知り，知りつつもなお退くことなく立っていなくてはならない。壁と言っても，われわれは人間であり，なかには血が通っている。そして，実のところ，壁の中に血が通っていることを感じとるからこそ，若者たちも，一見妨害者として立つわれわれの存在を許容し，暴発するエネルギーを建設的方向へと向けることができるのである[1]」と述べ，子どもの成長には抑制者（**インヒビター**[2]）の存在の重要性について述べています。学校現場においても，子どもの不良行為に対し，教師が毅然とした態度でこれを阻止するとき，不思議なことに，子どもと教師の間に心が通い合い，信頼関係が芽生えてくることがあります。この信頼関係に支えられながら，子どもがこれまで心のうちに秘めていた事柄を，教師に話すようになることがあります。子どもは心の内を教師に話すことによって**カタルシス**[3]が得られ心が軽くなります。そして，これまで悪いことに向けられていたエネルギーが建設的なものに向けられるようになります。また，教師は子どもの行為を禁止（生徒指導）しながらも，そのような行為に至らざるを得なかった気持ちを受容・共感する（教育相談）ことはできます。

　このように，生徒指導と教育相談は一見対立する考えのように見えながら，実は，相補的に働いたり，両者が融合した形で作用したりするのです。そして，ひとりの教師がその両方の機能を状況に応じて使い分けたり，教師間で両方の機能を分担したりすることによって，全体としてバランスのとれた態勢で子どもを支えていくことが大切です。

（花井正樹）

▷1　河合隼雄（1992）．成長に必要な抑制者　現代のエスプリ第302号　至文堂　106.

▷2　インヒビター
河合は，個体が個体として成長するためには，常に適切なインヒビター（抑制者）が必要であると述べている。そのインヒビターの壁にぶつかって，子どもは成長するのである。このインヒビターを欠くとき，子どものエネルギーは暴発し，これを建設的な方向へと向けることができなくなる。

▷3　カタルシス
意識化すると不快感や不安を生起させるため，心の奥に閉じ込められていた事柄を，自由に表現させることによって心的な緊張を解くこと。

Ⅰ　教師に求められる臨床的視点——教育相談の担い手として

子どもの心を"聴く"

❶「言語化」と「行動化」「身体化」

　子どもたちのなかには自分の気持ちをうまく言葉で表現できず、それを「問題行動」や「身体症状」として表す子どもがいます。今日、自分の気持ちを丁寧に伝え合う人間関係が失われていくなかで「言語化」の力が衰え、そういう子どもたちが増えているようにもみえます。自分の気持ちを言葉で整理して表現することができず、それを心の奥に詰め込んでいると、やがてそれが心からあふれ出してきます。一つは行動にあふれ出ます（「行動化」）。それが種々の「問題行動」につながります。また身体にあふれ出す場合もあります（「身体化」）。緊張や不安が腹痛、頭痛、吐き気、発熱などの「身体症状」として現れます。

　ですから、そういう「問題行動」や「身体症状」は子どもたちの言葉にならない訴えだとみることができます。だとすれば、そういう「問題行動」や「身体症状」を力で抑えつけたり、言うことを聞かせたり、薬を与えたりするだけでは問題は解決しません。そうではなく、子どもたちが「問題行動」や「身体症状」を通して何を訴えようとしているのかをしっかり聴き取ることを抜きにして、適切な指導や援助は生まれないのです。

❷ 子どもの心を"聴く"ことの意味と意義

　子どもの心を"聴く"とは、直接的には子どもの話に耳を傾け、そこに込められた子どもの気持ち（心）を理解するということですが、それだけにとどまりません。先に述べたように、「問題行動」や「身体症状」という言葉にならない訴えに耳を傾けるということでもあります。わけのわからない"叫び"は耳を傾けて聴こうとする人が存在することによって、わけのわかる"訴え"になるのです。そして、子どもの心に耳を傾けることの意義は、そのことを通して子どもの気持ち（心）を教師や親など周囲の大人がしっかりと受け止め理解して、どういう援助や指導が必要かを考え適切な働きかけをするために必要だということにとどまりません。大人が子どもの話や"訴え"に耳を傾けて聴くことによって、子どもは大人に自分の心を理解してもらおうとして、自分の心と向き合い、自分の心の声に耳を傾けることになるのです。そして自分の心と相談しながら生きることができるようになるのです。むろん、そのことを通して、自分の気持を言葉にして表現する力も育つことでしょう。

子どもが社会的に自立していくということは，決して誰の助けも借りずに生きることを意味しません。必要なときに自分の困っていることや辛さを訴えて他人の援助を受けることができることも，社会的自立にとって大事な力です。そういう力を育てることにもつながるのです。

❸ トラウマをもつ子の問題

　虐待やいじめを経験してトラウマをもつ子どもは自分の気持ちを適切に表現したり，コントロールすることが特に困難です。たとえば怒りを体験したときでも，「～という理由で，腹がたっているのだ」というふうに言葉で表現できずに，それを「行動化」したり逆に怒りを深く抑え込んでしまうのです。このような感情爆発と感情の抑え込みは，いずれも感情を適切にコントロールできないことの表れです。

　子どもが自分の気持ちを調整し，コントロールできるようになるのは「お腹空いていたのねえ，いまオッパイあげますからねえ」「おしめが濡れて気持ちが悪かったのね，いまおしめを替えてあげますからね」「さみしかったのねえ」「がっかりしたわねえ」といった大人の共感的なかかわりがあるからです。それが，子どもにとって感情コントロールの役割を果たすことになるのです。こうして赤ん坊がはじめはまだもっていない感情コントロールの能力を大人が子どもに与え，育てていくのです。

　特に虐待を受けて育ってきたり，大人の共感的なかかわりが希薄ななかで育ってきた子どもには，安心できる雰囲気のなかで，丁寧に耳を傾け子どもの心を"聴く"という特別な配慮が必要になるでしょう。

❹ しんどさや辛さを出せる人間関係を

　今日の子どもたちのなかには，学校でも家庭でも「元気で明るいいい子」を演じて，自分のありのままの気持ち，とりわけしんどさや辛さや怒りなどの負の感情を表現できない子どもたちが少なくありません。おまけに，子どもたちの人間関係のなかには，明るい＝○，暗い＝×という雰囲気が支配していて，自分の暗い感情を表現できなくなっている子どももいます。

　そういう関係が支配するなかでは，暗い負の感情は対人場面で表現されず，一人ひとりの心のなかに閉じこめられていきます。表面だけを見ていると明るく元気そうで，なんの問題もなさそうに見えます。でも，見えない心のなかに表現されない暗い感情が鬱積していき，それが何かのきっかけで「問題行動」や「身体症状」となって噴出するということが起こります。ですから，子どもの心に耳を傾けるとともに，そういう人間関係のあり方を変革して，素直にしんどさや辛さを表現できる集団や人間関係をつくっていくことも，学校の大事な今日的課題になっているように考えられます。

（高垣忠一郎）

Ⅰ 教師に求められる臨床的視点——教育相談の担い手として

8 子どもの言葉を"待つ"

　ここでは，子どもの言葉を"待つ"とはどういうことかを事例を通して考えていきます。

① 対人緊張の高い不登校生徒M子（中2）の言葉を"待つ"

　T教育支援センター（適応指導教室：以下，T教室）は40名ぐらいの不登校の小・中学生が通所していました。子どもたちは毎日通所するわけではなく，本人の意思で通所することが基本でした。活動内容は，子どもたちの状況に応じて，10名ぐらいの担当者が運動や遊び，創作活動，学習などを一緒に行い，活動時間は主に午前中です。

　M子は，小学3年生の1学期まで学級の中心的存在でした。しかし，5月頃突然頭痛や腹痛を訴え，病院に入院したり，大学の相談室に通ったりしましたが，結局，6年生になると全く登校できなくなりました。そのため小学6年生の1学期に担任の先生のすすめで，T教室への通所を始め，現在中2の女子生徒です。中学校には一度も行ったことがありません。彼女は月に1〜2回通所し，他の子どもたちとのかかわりを避けて，ひとりで好きな小物づくりをしていました。M子へかかわるT教室の担当者は，無言で小物づくりをするM子のそばにそっと寄り添っていました。中学2年生になると，M子の担当者が異動し，新たにKという女性担当者になりました。

② 小集団のなかでも基本的には，二者の信頼関係が基盤

▶1　以下，「　」はM子，〈　〉はK担当者の言葉。

　KがM子に自己紹介をすると，M子はほとんど表情を変えませんでしたが，ちらっとKに視線を向けました。M子の近くにひとりの女子中学生がいて，漫画を見たいとKに言います。M子が黙っているので，〈M子さんはどうする？……本を見る？〉Kが尋ねるとうなずくので，3人で静かに本を見て過ごしました。
　1週間後にM子が通所してきました。KがM子に〈今日はどうする？〉と聞くと，「ビーズづくりがしたいです」と言うので，2人で小物づくりのできる部屋に行きました。〈M子さん，あなたはどこに座りたい？〉〈Kがどこにいると，落ち着くの？〉と聞くと，小さな声で返事が返ってきました。M子がビーズづくりをしているときに，KはM子に断り，他の子どもたちの様子を見に部屋を離れ，戻ったときに，〈ひとりにして，ごめんね〉と言うと，M子は少しうなずきました。

出会いの場面でM子から向けられたほんの小さな視線を，新しい担当者Kに対するM子の関心ととらえ，担当者としてT教室という小集団が，対人緊張の高いM子に脅威にならないように「温かい生活環境」を保つようにかかわっています。M子の内面にできるだけフィットする居場所や活動を確かめる問いかけや言葉かけです。こうした繰り返しを行い，2人の信頼関係をつくるように努めていきます。

❸ 内面にフィットしたアサーションモデルの提示

> 　2週間後，M子がひとりで部屋にいると，他の部屋から他の担当者や数人の女子中学生がやって来てその場で活動を始めました。彼女の背中がこわばっているのを見つけたKは2人になったときに，〈M子さん，すごく緊張して大変だったね。みんなにどこか別の場所に行ってほしかったよね〉と声をかけると，M子の肩の緊張が解けたようでした。

　M子が対人緊張の状態を示したときに，M子の内面にフィットした**アサーション**モデルを提示しています。そうした言語表現によって，M子はKからのM子への共感を確認し，また言語表現は互いに思いを共有し合い，緊張がほぐれることを体験的に学ばせています。そして，人とかかわることへの抵抗感を緩和しています。こうしたチャンスをとらえたかかわりを繰り返し，M子自身の「言葉」の表現を待ちました。

❹ 温かい信頼関係のなかで"言葉"を待つ

> 　1か月後，M子はT教室での自分の靴箱の位置を自分から決め，名前を書いてほしいとKに伝えてきました。〈名前はどんなふうに書きたい？〉と聞くと，「名字だけ書いてほしいです」と言いました。

　M子が対人緊張場面に陥ると，担当者Kが彼女を支えてくれるという信頼関係が形成されたために，彼女は自分自身の気持ちを言語表現してきました。靴箱の位置決めは，通所への自己確認であり，Kへの自己表現とみてとれます。また，名字は自己存在の象徴と考えられます。彼女が通所後，はじめてT教室へ通う意味を再確認したときだったのでしょう。これらは自分自身の変化への決意表明を含み，変化を見守る同行者としてKが理解されたことを同時に示していると考えられます。

　このように子どもの言葉を"待つ"ということは，単純に"待つ"のではなく，心の声を発するための信頼関係を形成させながら，アサーションモデルを提示し，場面構成を繰り返して，内面の思いや考えなどが率直に言葉に表現されるように，機が熟すのを"待つ"ことが大切です。

（小林由美子）

▷2　アサーション
自分の感じていることや気持ちなどを，自分も相手も共に大切にする関係のなかで誠実に率直に伝えていくこと。相互の関係性を大切にした自他尊重のコミュニケーションと言える。そこには「一人ひとりの自己表現を大切にすること」や「自分も相手も大切にするコミュニケーション」といった意味が含まれている。
⇒ V-4 参照。

I　教師に求められる臨床的視点——教育相談の担い手として

 授業に生かす臨床的視点

 学級や学校という集団のなかでの子どもたち

　子どもたちは所属している集団，学校や学級，家庭などの影響を受けて，行動や言動，能力などを発揮していることが多いのです。ひとりだけのときの子どもの能力や行動と，集団のなかでのそれらは必ずしも一致しないことがあります。

　私たち大人を振り返ってみましょう。ある集団や組織に所属した場合，その集団の特性やそのなかでの自分自身の位置づけや人間関係によって，そのなかでの行動や言動は微妙に変化していることを経験的・体験的に理解しています。子どもたちも同じように集団との関係性のなかで自分自身を表現していると言えます。ですから子どもたちの生活する学校や学級という集団（システム）のなかで子どもたちを理解しようとすることが大切になります。さらに学級の状況ばかりでなく，その他のさまざまな場で体験している状況（内的・外的）の影響を受けて生活しています。ですから授業という学習場面の１コマにおいて，それらの影響を受けた行動や言動が表現されるという理解の仕方が必要でしょう。次のような事例で紹介しましょう。

> ［事例］　自己主張と他者受容のバランス
> 　小学３年生のＡ男は，授業中，隣に座っているＢ男とささいなことで言い合いになり，教科書や文具を取り合うことが目立つようになりました。授業のなかで担任が注意をしますが，言い合いをなかなかやめません。授業のあとに担任が２人を呼んで話し合いをすると，互いに自分が正しいと主張し，譲りません。こうしたことがたびたび続きました。最近Ａ男は学級のなかで３～４人の親しい仲間ができたようでした。これまでのＡ男は，落ち着いて授業を受けていました。以前から自己表現や自己主張の豊かな子どもではありません。しかし，自分の思いを伝えられないような能力の低い子どもではありませんでした。むしろ学習能力は高いほうです。

 子どもたちの発達段階と学級集団のなかでの子どもの理解

　児童期は仲間関係の発達がみられる時期です。Ａ男の学級では，最近数人の男の子同士の仲間ができて，休み時間や放課後にはその仲間と遊んでいる姿を

見かけるようになりました。彼らは仲がよいのですが，ちょっとしたきっかけで，言い合いになったり，ケンカになったりと学校での仲間関係は一日で激しく変化していました。

　担任は，A男のような児童期の子どもたちの仲間関係のなかで生じている心の葛藤を振り返ってみました。

　低学年の頃の仲間関係は結びつきが弱く流動的で，担任への依存関係が強い時期ですが，高学年になるにしたがって凝縮性の高い閉鎖的なギャング集団と呼ばれる仲間集団が発生してきます。小学3年生の頃からこうした仲間集団が芽生えてきます。この集団はリーダーを中心とした階層社会で，集団の仲間だけに通用する約束やルールが存在していきます。しかし，小学3年生ではまだできたばかりの小集団ですから，仲間のなかでのコミュニケーションのとり方はスムースにはいきません。気の合う仲間でありながら，ささいなトラブルが発生します。子どもたちはこうした仲間集団のなかでトラブルを通じて自己主張と他者受容のバランス，集団のルールや役割の遵守，協調性など他者とのコミュニケーションの方法を学んでいきます。こうした時期には，担任教師の関係調整がしばらくの間必要になります。

３　家庭環境のなかでの子どもの理解

　A男の母親によれば，最近家庭では幼稚園に通っている妹の体調が悪く，母親が妹にかかりっきりでA男に十分かかわっていられないということでした。これまでのA男は学校でいやなことがあっても母親からの精神的な援助やかかわりによってそれらを乗り越え，学校生活をなんとか維持していたようでした。しかし，最近のA男は，妹に母親を独占され，学校でのストレスを家庭で修復できずに，そのまま学校へもち帰っていたようです。こうしたことも授業中の問題行動に発展した背景の一つと考えられます。仲間関係を自分自身で改善することに行き詰ったことや家庭で母親を妹に独占されているストレスなどが授業中にまで波及したと考えられます。こうしたことはA男が無意識的に行っている教師への救援サインかもしれません。小学3年生にはまだ自分自身の内面の思いを十分言語表現できないことが多く，問題行動として心の危機を表現してくることは多いのです。

　学校での授業場面の子どもの行動や言動は，子ども自身が本来もっている特性はもちろんですが，それに加えて子どもの所属するさまざまな環境や集団の影響を受けているということが少なくありません。子どもと子どもを取り巻く環境との関係性や子どもの成長段階など，さまざまな角度から多角的に子どもを理解することが大切です。

（小林由美子）

Ⅰ 教師に求められる臨床的視点——教育相談の担い手として

受容することと指導することの難しさ
——中学校現場から

思春期（中学生）の子どもを援助する

　子どもが大人になるということは実に大変なことですが、その変化の入り口が思春期という時期にあたります。この間に身体は急激に発達し、第二次性徴が生じて、相当な変化が生じています。しかし、それを子どもたち自身が意識的に把握することは、ほとんど不可能です。子どもにとっては、何だかわけのわからない不安や衝動などを感じて、心のなかは葛藤に満ちた不安定な状態なのですが、それがどんなことかをうまく表現できない場合が多いのです。そのため自分自身への肯定感が低く、不安や悩みが強くてもろい子どもほど**反動形成**的に強気の姿勢をみせやすいのもこの時期です。

　次にあげる事例は、こうした時期にある非行傾向を示し集団から離脱していた中学3年生の生徒数名を、受容しながら学級集団という器のなかに受け容れようとするある担任教師のかかわりです。

事例：生徒の個性にフィットした出会いを構成する

　中学校内では3年生の男女生徒十数人が、廊下を徘徊し、授業妨害、授業エスケープなどを繰り返しています。そのなかにA子やB男、C男がいました。彼らは2年生のときから問題行動を繰り返していました。A子は、2年生から教師に反抗的な態度が目立ち、喫煙・深夜徘徊等が頻繁で、親は彼女をもてあましている状態でした。B男とC男については、授業エスケープや服装違反が目立っていました。3年生になり3人の担任になったのがT教師（以下、Tと記述）でした。

　始業式の後、Tは3年生の教室に入った瞬間、目の前で腕時計をはめ、お金をちらつかせているA子と出会います。

　T「いい時計してるね！　先生貸してもらおうかなあ？　そのお金、貯金してあげようか？」と、A子流の新担任のあいさつをしました。

　A子「そんなのいやだあ」と、彼女は時計やお金をしまいこみました。

　学級の生徒たちはこのやりとりをかたずをのんで見守っていました。Tは今が学級の生徒たちに自分自身の学級経営の方針を伝えるチャンスととらえて、「新しい出会いを通して、一人ひとりが新しい自分を発見して、みんなも先生も互いに成長していきたい」と、担任としての思いや願いを伝えました。A子や

▶1　反動形成
防衛機制（切迫した状況のときに自分が傷つくのを防ぎ、自分自身を維持しようとする心の動き）の一つで、意識された内容が、自分自身にとって受け容れがたいときの意識化を防ぐために、思いとは反対方向の態度を過度に強調する規制である。たとえば友人に対して腹が立つのに、本人の前では親切でやさしい接し方をする。

B男，C男ばかりでなく，学級の生徒たちは真剣な眼差しでTの言葉を聴いていました。

1週間後，学級の目標が生徒たちによって，「一人ひとりの成長とクラスの成長」と決定され，教室に掲示されたので，Tは学級に担任として受け容れられたと感じました。TはA子やB男，C男たちが自己表現の下手な生徒なので，彼らとの信頼関係が深まるまで，叱責や注意を控えて，ありのままの彼らを受け容れ，チャンスをとらえて彼らの気持ちを聴くように努めましたが，A子たちは遅刻や授業エスケープ，服装違反が続き，学級集団から浮いていました。TはA子たちの気持ちと他の生徒たちとの気持ちが少しでも近づくようにと，授業後，共に清掃活動をしながら，学級の生徒たちに3人のことを相談しました。生徒たちは，「ある程度までだったら，学級の仲間として入れるように見守ってもいい」とか，「B男，C男は服装は派手だけど，案外優しいところがある」と，仲間として受け容れようとする気持ちのあることがわかりました。このため彼らの不適応行動を受け容れられる学級集団の限界を考慮しながら，学級を見守っていくことにしました。

③ 個や集団の受容と指導を並行して行う

この事例のように学校のなかでは，個と集団とを並行して指導していかなければなりません。個々の生徒の気持ちも考慮しながら，健全な学級集団としての維持のために，教師としての自己表明や指導もしなければなりません。特に思春期の不適応行動を示す生徒への指導は，生徒の自己表現にフィットした臨機応変な指導が必要ですし，しかもその指導が学級全体にも受け容れられるものでなければなりません。始業式直後のA子との出会いの瞬間が，担任教師としての人間性や学級経営，生徒指導への思いや考えを伝える場面であったと言えます。担任の「これまでより，これから」に注視した成長目標，指導目標が生徒たちに受け容れられたのです。個別的には，あるがままの生徒を「受容」し，信頼関係が成立するまで「励ます」「待つ」「共に考える」などを繰り返します。授業エスケープや約束破りなど否定的な行動に対しては，話し合うが非難しないようにし，「しかる」チャンスが来るまで「待つ」を繰り返します。十分「待った」後に，「怒り」や「叱る」を表明し，対決するのがよいでしょう。学級集団へは，担任の人間観や価値観（学校規範・ルール）を**自己開示**的に語り，「共に考える」態度で学級の問題を生徒に問いかけ，信頼関係を深めます。また，不適応のある生徒と一般生徒との「関係調整役，代弁者」として，生徒たちの内面的な側面を言語化していきます。このような教師の場面構成が大切になります。

（小林由美子）

▷2　自己開示
自分の情報（感情，経験，人生観など）を他者に言葉で伝えることを示す。自分のことを適切に伝えられると，相手もそれに応えて思っていることを語りはじめ，そうした人間関係が深まっていくと，日常生活が生き生きしてくる。また，話すうちに自分の態度や意見が明確にまとまったり，自分の能力や意見の妥当性を評価できたりするなどの機能がある。

Ⅱ　子どもの発達課題と教育相談

 子どもにとっての教育相談

1　大切なこと，わかってほしいことは言葉にしにくい

　乳幼児期から学童期，思春期，青年期と，子どもたちは他者とのかかわりを通して，自分と向き合いながら**内言**（inner speech）を育んでいきます。子どもは，幼いほど家族関係，友人関係，教師との関係などで抱えている悩みや葛藤をうまく言語化することができずに，身体化，行動化していきます。小学校・中学校では，不登校傾向の子どもが朝になると腹痛や発熱を起こしたり，困難な家庭環境にある子どもが学校で乱暴に振舞うといったことがあります。

　学童期以降は，子どもたちが仲間のなかで秘密を共有し，世界を広げるにつれてプライドが育ち，友達とのトラブルや悩みなどを，徐々に親や教師には話さなくなります。「ストレスが溜まったときにはどうしてる？」という問いに，「軽いときはグループの子と遊び回って，中くらいのときはお母さんとかに愚痴を聞いてもらって，重いときには顔に枕をあてて大声で叫んだり泣いたりする。泣くと楽になる」と，ある小学6年生女子は話してくれました。

　さらに，中学校・高等学校では，思春期から青年期を迎え，保護者がよかれと思ってつくった「守りの枠」や敷いたレールを相対化し，自分の人生の主人公になっていくために，自己形成（自己の解体・再編）が課題となってきます。「ありたい自分」「あるべき自分」「現実の自分」など，自分自身との関係に葛藤が生じ，同時に家族関係，友人関係，異性関係，進路選択といった他者や社会との関係も重なり，悩みや葛藤が深まります。悩みや葛藤が深いときほど，簡単に言語化することができず，他者にも話しにくいものです。小学校・中学校と7年間不登校をして，保護者たちがつくった「居場所」に通い，やがて高校に行くようになり，専門学校への進学を決めたある女子生徒は，「言葉は思いを超えられないことがあって，うまく言葉にできないこともあった」と，当時を振り返って話してくれました。

2　学校教育と教育相談

　1960年代にロジャース（Rogers, C. R.）の**来談者中心療法**が日本に紹介されて以来，再び学校現場で，教育相談（学校カウンセリング）が着目されるようになったのは，1980年代半ばから90年代にかけての時期です。この時期は，いじめや不登校が急増していった時期であり，「よい子」が突然キレるといった少年

▷1　**内言**
ソビエトの心理学者ヴィゴツキーの「思考と言語」に関する発達理論。外に向かって人とやり取りする道具としての言葉を外言，内側で思考の道具としての機能をもつ言葉を内言とし，児童期後半から青年期にかけて内言・外言を適応的に使い分ける「言語的思考」を獲得するとした。

▷2　春日井敏之（2008）．思春期のゆらぎと不登校支援――子ども・親・教師のつながり方　ミネルヴァ書房

▷3　春日井敏之（2008）．前掲書

▷4　**来談者中心療法**
人間の自己回復力に信頼を置いた非指示的療法。カウンセラーの基本姿勢として，「自己一致・純粋性」「無条件の肯定的配慮」「共感的理解」の3点を強調している。この理論と技法は，カウンセリングマインドとして，教育相談の担い手である教師の姿勢としても重視されている。

事件の増加とともに，1995年からは，文部省（現文部科学省）によって，「スクールカウンセラー活用調査研究委託事業」が始まりました。その後，2001年から2005年まで，「スクールカウンセラー等活用事業」が展開され，全国約1万校の中学校に，週1～2回程度，スクールカウンセラーが配置されていきました。学校現場の教師にとっても，これまでの課題解決的な生徒指導のあり方の見直しと同時に，予防的・開発的な教育相談を重視し，すべての子どもを対象として，子ども理解に基づく援助のあり方が検討されていきました。

学校心理学の視点からは，子どもの援助ニーズに焦点化した援助サービスモデルとして，一次的援助サービス（すべての子どもを対象とした入学時の適応や対人関係スキルなどの促進的援助），二次的援助サービス（一部の子どもを対象とした登校しぶり，学習意欲低下などへの予防的援助），三次的援助サービス（特定の子どもを対象とした不登校，いじめ，発達障害などへの特別な援助）といった提言が行われてきました。[5]

▶5 石隈利紀（1999）．学校心理学――教師・スクールカウンセラー・保護者のチームによる心理教育的援助サービス　誠信書房

3 「問うこと」「聴くこと」「語ること」と教育相談

教育相談活動は，教師と子どもの双方向のコミュニケーションを通して機能を発揮します。教師と子どもの信頼関係を土台としてというよりも，双方向のコミュニケーションを通して，信頼関係もまた形成されていくという側面があります。このとき大切なことは，「問う」「聴く」「語る」というかかわり方です。

○「問う」というかかわり方

「問う」というかかわり方には，3つの意味があります。1つには，問い詰めるのではなく，「どうしたんや」と気になる子どもに問いかけることから教育相談は始まります。2つには，「子どもの言動の意味を自らに問う」という姿勢をもつことです。3つには，一人でわからないときには，「周辺の同僚などと言動の意味を問いあう」というネットワーク支援の姿勢をもつことです。

○「聴く」というかかわり方

「聴く」というかかわり方で最も大切なことは，「負の感情を聴き取る」ということです。それが，子どもの不安やストレス，葛藤などを読み拓く入り口になることが多いからです。「腹立つ，むかつく，しんどい，辛い，悲しい」といった感情を聴き届けてくれる他者と出会うことで，子どもは情動的に安定し，安心して自分の課題と向き合っていくための土台ができるのです。

○「語る」というかかわり方

「語る」というかかわり方で最も大切なことは，「教師が自分を語る」ことです。特に，子どもと同じような時期に，どんな失敗をしてきたのか，どうしのいで現在に至ったのかなどをリアルに語ることです。これは，生き方を考え合うキャリア教育になります。教師も一人の人間として，「アイ・メッセージ」を伝えることによって，双方向の人間関係が生まれていきます。

（春日井敏之）

【参考文献】
伊藤美奈子（2000）．思春期の心さがしと学びの現場――スクールカウンセラーの実践を通して　北樹出版
国分康孝（編）（1999）．学校カウンセリング　日本評論社

Ⅱ 子どもの発達課題と教育相談

 乳幼児期の発達と発達相談

1 人生の始まりとしての乳幼児期

　無力な状態で生まれた人間の子どもは，養育者からの保護と働きかけを受けながら，就学までの6年間で，さまざまな能力を獲得していきます。生後1年から1年半をかけて，移動の自由を獲得し，まわりの世界で起こっていることを認識する枠組みをもち始め，コミュニケーションの土台ができていきます。さらに，2歳以降になると，食事・排便・衣服の着脱などの基本的生活習慣を身につけつつ，自分の要求や思いを語るための言語が発達し，自我が芽生える時期となります。あわせて，表象能力によって，目の前にない世界をイメージすることや，まわりの世界や自分について思考する能力も発達していきます。

　このように，乳幼児期には多くの発達的な変化が起こります。それらの変化には，質的な転換と言えるものがあり，子どもからすると，それまでとは世界や自分自身の見え方が大きく劇的に異なるものとなります。この質的転換を含んだ発達プロセスを経て，子どもは他者とコミュニケーションしつつ，自分なりに考え判断する主体になっていきますが，それだけ大きな変化を遂げる途上においてさまざまな問題やトラブルを抱えやすいのも事実です。そこで期待されるのが発達相談です。

2 新しい臨床実践としての発達相談

　発達相談は，主に乳幼児期における心身の発達にかかわる問題について，相談・助言する実践活動としてとらえられています。教育相談に比べ比較的新しい概念ではありますが，この間，母子保健や福祉，保育・幼児教育などの分野で実践的な広がりをみせています。

　発達相談という新たな臨床実践が誕生した歴史的背景の一つとして，障害をもつ子どもや人たちの権利保障の取り組みが進んだことがあります。1960年代以降，障害をもった子どもたちの教育を実質的に保障することを求めた，保護者や関係者の運動が広がり，そのための教育条件の整備が進展していきます。そこでは，どんなに重い障害をもっていても発達する事実が明らかになるとともに，就学を待つのではなく，早期に障害を発見し対応する必要性が叫ばれるようになります。そうした動きと連動して，もともとは身体発育や栄養状態の確認を主目的として開始された**乳幼児健康診査**（以下，乳幼児健診）に，精神発

▶1　乳幼児健康診査
母子保健法の規定により，1歳6か月児健診と3歳児健診の実施が定められている。これ以外にも市町村ごとに，満1歳までに1〜2回程度の乳児健診も実施されている。さらに近年，5歳児健診を行う自治体もある。

達面での障害を発見する目的が付加されてきました。その結果，乳幼児健診において，発達相談の機能が期待されることになります。

この障害の早期発見・早期対応ということとは別に，発達相談に子育て支援の一翼を担う役割が期待されてきています。この背景には，地域の共同体機能の低下などによって，家庭の子育てが困難な状況になってきたことがあります。保護者が子どもの誕生と発達を喜び，安心して子育てのできる社会を形成することと結びつくなかで，発達相談は新たな公的な臨床実践として認知されてきています。[2]

今日，発達相談は，乳幼児健診およびその事後指導，障害児通園施設や特別支援学校，保育所・幼稚園での巡回相談や子育て支援事業などいろいろな場面で実施されています。ただし，それぞれを実施する財源が市町村に委ねられてきた結果，支援内容に自治体による格差が広がってきている問題が指摘されています。

[2] 木下孝司（2004）．発達相談の役割と今後の課題　静岡発達科学研究会（編）地域で親子をどう支えるか――発達相談を通して見えて来るもの　三学出版　pp.22-32.

3　発達相談を実施するための課題

○発達をとらえる視点

発達相談を進める上で，子どもの発達の現状だけではなく，どのように教育・保育の条件や内容を変えていったら，いかに発達の萌芽を引き出せるのかという観点から診断・理解する必要があります。そこで，発達診断を行う際，発達検査をして点数を出すことにとどまらず，検査課題の関連性を考慮して課題への反応を質的に吟味したり，日常生活の姿との対応を検討したりする必要があります。[3]

そして，子どもの弱さや障害を列挙する相談ではなく，潜在的な発達の可能性を保護者や保育者・教師と確認することが第一に求められます。相談では，生活面や集団面におけるさまざまな「問題行動」が主訴となりますが，「問題行動は発達要求の現れ」としてとらえ，子ども自身の悩みや葛藤を想像してみることが大切になるでしょう。

[3] 発達診断については，次の文献を参照のこと。
白石正久・白石恵理子（編）（2009）．教育と保育のための発達診断　全国障害者問題研究会出版部

○保護者や保育者・教師が実践主体となれる相談

子どもの理解を深めるために，子どもの発達をアセスメントするだけではなく，子育て・保育のあり方をとらえ直す必要もあります。たとえば，ある1歳児がかみつきを頻繁にするのは，自分なりの意図をうまく表現できないということに加えて，気持ちを切り替えにくい生活環境になっている場合があります。このように，子どもの発達面や環境のあり方について，相談者が保護者や保育者・教師と話し合いながら，一定の実践的な仮説を導くことが発達相談の中心課題となります。子ども自身が抱える困難な状況を理解し，その状況を変えていくための実践的な手立てを具体的に考える方向性を共有できたとき，保護者や保育者・教師は実践の主体となっていくことでしょう。

（木下孝司）

Ⅱ　子どもの発達課題と教育相談

3　乳幼児期の保護者への支援のあり方

1　子育て支援に対する社会―歴史的視点

○増加する子育て支援

　乳幼児のいる保護者に対して，保健センター，行政の子育て支援担当部署，保育所・幼稚園など，さまざまな機関で子育て支援の取り組みがなされています。1970年代頃までと比べれば，そうした支援活動が格段に増えています。▲1

　どうして，子育て支援への期待が高まり，実際そうした活動が増えているのでしょうか。よくある回答の一つが，「近年，家庭の教育力が低下しており，親がわが子のしつけや教育をしっかりできなくなっている」といったものです。この「家庭の教育力低下」言説は常套句的に使われることが多いのですが，実際のところどうなのでしょうか。保護者支援や子育て支援に限らず，いかに支援するのかという方法論の議論とともに，今なぜ支援が必要とされるのかという社会―歴史的視点での問い直しも不可欠です。

○家庭の教育力は低下しているのか？

　教育社会学者の広田は，「家庭の教育力低下」言説を批判的に検討して，地域の共同体機能が減衰し，学校の影響力が低下するなかで，家庭が子どもの教育の責任を一身に引き受けざるを得なくなっている，と指摘しています。▲2 つまり，1960年代頃までは，子どもは親以外の大人や年長者によって，意図的あるいは無意図的にしつけられたり，育てられてきたのですが，今日においては親がすべての責任を担うことが当然とされるようになっています。ただ，子どもの人間形成において，親の力だけでは足りないところがあり，それが家庭の教育力の低下として映っていると思われます。

　歴史的にみれば，大正期の**新中間層**▲3から，子どもの教育に対する自覚的な関心が生まれます。そして，広田によると，この新中間層の教育方針として，相互に対立・矛盾しうる3つの考え方（童心主義，厳格主義，学歴主義）があり，当時の親たちは対立する考えの間で悩みをもっていました（図Ⅱ-1）。戦後の高度経済成長後，この社会階層が増えていくわけですが，これらの教育方針も引き継がれ「子どもはのびのびと子どもらしく育てたい」（童心主義），「非行に走らないよう，しつけは厳しくしなくては」（厳格主義），「やはり安定した職に就くには学歴もつけさせたい」（学歴主義）と3つの教育方針の間で揺れ動き，大正期以来の子育ての悩みが今日においても継承されているのです。

▶1　国の子育て支援は，1994年12月に策定された「今後の子育て支援のための施策の基本方針について」（エンゼルプラン）以後，本格的に進められている。また，子育て支援は少子化対策という観点からも行政的には実施されている。

▶2　広田照幸（1999）．日本人のしつけは衰退したか――「教育する家族」のゆくえ　講談社

▶3　**新中間層**
事務・サービス業務に従事し，俸給によって生計を立てる経済的に安定した社会階層。

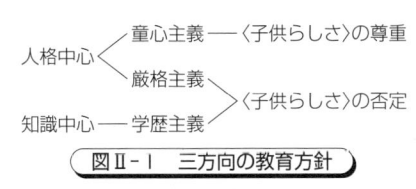

```
              ┌─童心主義──〈子供らしさ〉の尊重
      人格中心 ┤
              └─厳格主義
                         ─〈子供らしさ〉の否定
      知識中心──学歴主義
```

図Ⅱ-1　三方向の教育方針

出所：広田（1999）より。

2　"perfect parent"から"nobody's perfect"へ

　こうした悩みへの親たちの解決法として，3つの教育方針をすべて実現する，いわば「完璧な子ども」を育てることが目指されることになります。そのために，親たちはいっそう子育てに細心の注意を向け，必要な知識を得ながら，教育費の支出を増やしていき，「完璧な親（perfect parent）」であることが求められるようになっています。今日の保護者の悩みは，こうした「完璧な親」であることに対する社会的圧力によって増幅されているのです。

　そこで，誰もが親として初めての経験をしており，試行錯誤が子育てにはつきものであること，うまくいかない場合は互いに助け合っていけばよいことを中心にすえた支援が求められることになります。カナダの保護者向けの支援プログラムが，"nobody's perfect"（「誰も完璧な人はいない」）と名づけられているのは，まさに「完璧な親」を志向する流れに対して，基本的な支援のあり方を表しています。「完璧な親」を目指して心理的負担感を増している保護者に対して，安心して悩み，失敗しながら子育てに向かえる相談活動，ネットワークづくりが課題となります。

▷4　この子育て支援プログラムのテキスト"Nobody's Perfect"は以下の翻訳として紹介されている。
　子ども家庭リソースセンター（編）(2002). Nobody's Perfect ──カナダからの子育てメッセージ　ドメス出版
　ジャニス・ウッド・キャタノ，三沢直子（監修），幾島幸子（訳）(2002). 完璧な親なんていない！　ひとなる書房

3　子どもの貧困に対する対策

　このように親であることへのハードルが高くなっている一方で，経済的理由を背景としつつ，わが子に精神的にも物理的にも向かい合うことが困難になっている保護者が増えているのも事実です。1990年代に入って，日本は「格差社会」であることが指摘されるようになり，2000年代以降，健康で文化的な生活が維持できない貧困が正面から論じられるようになってきました。

　なかでも，貧困世帯で育つ子どもたちの教育機会が限られ，学力の獲得や生活の質で悪影響を被り，その後の所得や職業選択において不利な状態に置かれているという実態は，保護者の支援問題を考える上で直視すべきです。貧困の世代間連鎖を断ち切るために，子どもの貧困問題に対する政策を打ち出すことは，子どもの発達保障という点からも急務となっています。

　乳幼児期においては，諸手当の給付（「最低限保障されるべき」生活水準の国民的議論も行いつつ）や税制上の処の検討が必要ですし，経済的負担を強いない良質な保育の保障が不可欠になっています。

▷5　阿部彩（2008）. 子どもの貧困──日本の不公平を考える　岩波書店

(木下孝司)

Ⅱ　子どもの発達課題と教育相談

4　学童期の発達と教育相談

1　小学校入学頃の発達

○発達的な転換期としての7歳

　小学校に入学する7歳頃は，ピアジェ（Piaget, J.）によると，具体的操作期が始まる時期です。具体的操作とは，具体的に扱える対象にもとづいて行う論理的思考のことで，幼児期に比べて思考に論理性が認められるようになります。見た目に左右されず，論理的な関係に着目して，数や量といった対象の属性が変化しないことを理解したり（保存の成立），10本の長さの異なる棒を相互に比較して長さの順に並び替えること（系列化）が可能になったりします。

　また，ことばの面では，親しい人と状況を共有しながら対話によって成立していた一次的ことばに加えて，不特定多数の人に向けられた，ことばだけの文脈によって成立する二次的ことばが，話しことばと書きことばの両面で使われ始めます。書きことばは，学校での学習に不可欠なものであり，論理的思考をさらに深めていくのに有用です。書きことばは，単に話しことばを文字で置き換えたものではなく，あるまとまりをもった内容を筋道立てて話すこと（二次的ことばとしての話しことば）が前提になっています。

　以上のように，7歳頃は子どもの発達において大きな変化が起こっている時期であり，就学前の遊びを中心にすえた活動から，時間割に従った学習が中心になる生活が始まる大きな転換期となっています。

○小1プロブレム

　発達的にも環境的にも激変する小学1年生に，1990年代後半以降，一つの大きな問題が指摘されています。小学1年生が授業中落ち着かず，歩き回ったり騒いだりして学習が成立しないという現象が，「小1プロブレム」として問題にされるようになりました。さまざまな背景要因が考えられますが，子どもや家庭を取り巻く社会環境の変化によって，幼児の人間関係能力や自己肯定感が低くなっていること，他方で就学前教育と小学校教育の間に，教育方法と内容において大きな段差があることなどが複合して「小1プロブレム」が生じていると考えられるようになっています。

　この問題に対して，少人数学級配置を実施する自治体が増えており，丁寧な指導ができるための教育条件の整備は今後も課題となっています。また，保育所・幼稚園と小学校の子ども同士，あるいは教師同士の交流が進められてきて

▶1　ピアジェの発達段階論において，人間の認識発達は大きく次の4つの段階に区分されている。(1)感覚─運動期：誕生から2歳頃。見たり聞いたりなどの感覚と直接働きかける行為によって，外界を認識する段階。(2)前操作期：2歳から7歳頃まで。対象に直接に働きかけなくても，目の前にない事物を思い浮かべる表象能力によって，外界を認識したり想像することが可能になる。(3)具体的操作期：7歳から11歳頃。特徴は本文の通り。(4)形式的操作期：11歳頃からの段階。現実の具体的な内容にかかわりなく，可能性の問題について論じたり，仮説演繹的な推理を行うようになっていく。
　ピアジェ，J.・イネルデ，B.，波多野完治・須賀哲夫・周郷博（訳）（1969）．新しい児童心理学　白水社

▶2　岡本夏木（1985）．ことばと発達　岩波書店

▶3　新保真紀子（2001）．「小1プロブレム」に挑戦する　明治図書出版

28

います。相互の交流を円滑に行うためにも，教師の多忙化を解消することは急務ですし，幼児期から学童期への移行期の特徴を相互に理解し合うことは不可欠な課題です。

❷ 中学年頃の発達

○ 9，10歳の節

日本の教育実践において，小学校中学年，すなわち9，10歳頃に発達の節があることが指摘されてきました。

認識面では具体的な事物（事象）に関連させながら，目で直接確認できないような抽象的な関係や概念を取り出して考えることが始まります。たとえば，速度や密度といった内包量はこの抽象的な概念の一つです。あるいは，「船と自動車の似たところ」として，乗り物であることに着目し，概念の階層関係を理解するようになるのも9，10歳頃です。

また，何か考える際も計画性をもたせたり，自らの思考を意識化することも可能になってきます。ことばの面では，二次的ことばがしっかりと獲得され，自分自身が感じたことや思ったことを整理して書きことばで表現しようとします。描画表現においては，知っていることを描いていた知的リアリズムの段階から，見たとおりに描く視覚的リアリズムの段階に移り，対象を観察する能力も高まってきます。

こうした発達とともに，自分を客観的に見つめなおすことが始まり，他者から見た自分の行動や性格を評価できるようになってきます。その結果，他者と自分を比較して劣等感をもちやすくなり，他者の目を気にして自己肯定感が低くなることもあります。

○ 学びと交わりの保障

学習内容は小学3，4年生以降，学力の個人差が拡大し，その学年に期待される学力を獲得していない子どもの数が増加します。この時期の学ぶべき内容は，子どもが単に経験することで理解されるものではなく，直接観察できない事象について，ことばを駆使した系統的な教授が必要なものばかりです。ですので，学習遅滞を子ども個人の発達の問題としてとらえるのではなく，直接経験できる具体的な事象を概念化するための教授方法について検討していく必要があります。

また，9，10歳の節における特徴や問題は，認識発達にとどまらず，子どもの人格発達も大きく関連するものです。特に，他者のまなざしを意識し始め，自己評価が低くなりやすい時期ですので，仲間から承認されていることを感じられる集団づくりと相互に励まし合う交わりの指導が求められます。自分の思いを振り返り表現する力を育てるとともに，互いに思いや悩みを伝え合うことを促す取り組みが今日ますます必要となっています。

（木下孝司）

▶4 9，10歳の節
1960年代半ば，聴覚障害児に対する教育実践において，子どもたちが小学校中学年以上の内容において困難を示すことが，「9歳の峠」として提起された。その後，聴覚障害をもたない子どもにおいてもつまずきが見られることが指摘され，知能検査の分析などから9，10歳の節として知られるようになった。なお，学童期の発達について丁寧に解説したものとして，以下の文献を参照のこと。
心理科学研究会（編）(2009)．小学生の生活とこころの発達　福村出版

▶5 たとえば，取っ手のついたコップを取っ手が見えない方から書いているとき，そのコップに取っ手がついていることを知っているために，「見えているとおりに」描くように言われても，取っ手を描いてしまう場合が「知的リアリズム」である。それが次第に，見えていない取っ手を描かないようになる「視覚的リアリズム」が優勢になっていく。

II 子どもの発達課題と教育相談

5 小学校の友達関係のトラブルと対応

1 友達関係の変化

○小学校低学年の友達関係

小学校低学年の子どもにとって，友達というのは一緒に遊ぶなど行動をともにする存在を指しています▷1。その面ではまだ幼児期の特徴を残していますが，環境条件が整えば，さまざまな種類の鬼ごっこや球技をより大人数でダイナミックに楽しむことができるようになります。

○小学校中学年の友達関係

9，10歳頃にかけて，好みや性格といった心理的側面が友達であるための条件となり，友達は互いに助け合うものだという理解が増していきます。大人の力を借りないで，自分たちだけでお楽しみ会などの行事をやり遂げたいという意欲が高まり，自律意識の芽生えを感じさせる頃でもあります。

9，10歳という時期は発達の大きな節目であり▷2，目では見えない関係を理解することが可能になってきますが，対人関係においても互いに心の内を配慮することで友達関係のあり方にも大きな変化がもたらされるのです。自他の心の理解を研究する「心の理論」研究において，二次的信念（Aさんは「Bが……と思っている」と思っている）の理解は9，10歳以降に進んでいくことが明らかにされています▷3。こうした理解によって，自分が友達からどのように思われているのかを推測することが可能になり，友達と共同した取り組みがよりなされていくことになります。

また，この時期はかつて「ギャングエイジ」と呼ばれ，同性の子どもと徒党を組んで集団で活動し，仲間同士のルールや秘密を共有して結束を強める時期とされていました。しかしながら，3つの「間」（時間，空間，仲間）の欠如はいっそう深刻になり，インフォーマルな子ども集団が自発的に発生するのはきわめて困難な時代となっています。

○小学校高学年の友達関係

思春期の入り口と言える高学年の時期，友達関係は親子関係など他の人間関係に比べ相対的に優先度が増してきます。そして，友達という存在を，つらいときや悲しいときに，そばにいて自分のことを理解してほしい相手としてとらえ始めます。つまり，精神的なレベルでの共感を友達に求めるようになるのです。

▷1 友達関係の発達研究の概要は次の文献を参照のこと。
井上健治（1992）．仲間と発達　東洋・繁多進・田島信元（編）発達心理学ハンドブック　福村出版

▷2 9，10歳の節
⇒ II-4 参照。

▷3 「心の理論」研究については次の文献を参照のこと。
子安増生（2000）．心の理論──心を読む心の科学　岩波書店

❷ 友達関係のトラブルと対応

今日，地域や家族の共同体が弱体化され，個別分散化傾向が進むなか，子ども自身が友達とつながる機会が減っており，指導者がよりいっそう自覚的に子どもの友達関係を育てる必要が出てきています。

○遊びを通した居場所づくり

友達と集団で遊ぶおもしろさそのものを経験できないまま，小学校に入学している子どもも存在するかもしれません。特に，就学前教育からの接続期においては，遊びを十分に保障したいものです。そのために，保育所・幼稚園や学童保育の実践から学ぶことも大切になるでしょう。

また，自分の思いが教師や仲間に受け止められていることを実感できるように，一人ひとりの輝いているところやがんばりを発見して，他の子どもに知らせていくことも不可欠です。そのようにして，クラスを子どもにとって安心して自分を出せる居場所にしていくことが友達関係の支援への第一歩です。

○トラブルを自分たちで解決するための基盤

遊びにおいて，ルール違反などによるトラブルは頻繁に起こります。一方的にルール遵守という大人の価値を押しつけるのではなく，どうすればさらに遊びがおもしろくなるのかを子ども同士で考えていくのは意義のある取り組みです。そのプロセスで，ルールは大人から与えられたものではなく，自分たちで修正可能であり，みんなが納得のいく形に変更しうることを実体験できます。こうした経験を遊びの場ですることで，他者との葛藤に対して折り合いをつける力を子どもは獲得していくことになります。

○異質性を認めた相互理解のために

9, 10歳以降，友達が自分のことをどのように思っているのかにまで理解が及ぶようになります。自分がどう思われているのか不安に感じて，相手の意向を探り，その場の「空気を読む」ことにかけるエネルギーが増していきます。その結果，高学年あたりから，自分の思いを率直に伝えてわかり合うことを求めながら，自分の本心や悩みを語らないという葛藤状況に子どもは置かれることも少なくありません。

また，こうした緊張関係にある友達関係を維持するために，ほんの些細なものであっても，自分たちとは異質なものを有していると判断された子どもを排除することがあります。それがいじめにつながっていくわけですが，どの子どもも「自分のことをわかってほしい」という願いをもっており，それに応えていくことを基本にすべきです。さらに，友達の思いや葛藤を知る機会をつくって，それぞれ課題となっていることは違うが，友達と仲良くしたいと願っているのは同じであることに気づかせる試みも大切です。そうすることで，相互に発達的共感関係を形成していきたいものです。

(木下孝司)

▷4 子どもにとっての遊びのおもしろさを知るために，次の文献はお薦めである。
河崎道夫（2008）．あそびのちから──子どもと遊ぶ保育者の仕事　ひとなる書房
加用文男（1990）．子ども心と秋の空──保育のなかの遊び論　ひとなる書房

▷5 現代の子どもの友達関係の一つの実態は以下の文献を参照のこと。
土井隆義（2008）．友だち地獄──「空気を読む」世代のサバイバル　筑摩書房

▷6 相互の異質性を認め合い，異質・同等な親密な関係を形成することを通して，思春期の自己形成を論じたものとして以下の文献も参照のこと。
竹内常一（1987）．子どもの自分くずしと自分つくり　東京大学出版会

Ⅱ 子どもの発達課題と教育相談

6 思春期の発達と教育相談

1 思春期の発達

○思春期はいつか

思春期（puberty）は，生物学用語で，子どもを授かる能力を得る最初の身体発育段階のことを言います。身長の急激な伸び，胸の発達，顔や身体の発毛，変声，精通，初潮などといった思春期の変化は，10歳頃から始まり，15，16歳頃までに多数が経験するようになります。この時期が思春期です。

○自我の目覚め

脳の働きは，思春期から飛躍的に発達し，それがプランニング，意思決定，メタ認知といった新しい認知活動を引き起こし，20代半ばまで発達します。メタ認知とは，自分の思考過程を自覚し，それを制御する過程のことです。それは多様な他者を経験することを通して自我の目覚めをもたらします。

○思春期の行動への影響

思春期の身体的変化は，自分の容姿が他者からどのように見られるのかを気にすることで，行動に影響を与えます。たとえば，ある男性がある女性の容姿に魅力を感じ，その女性がその男性にデートに誘われると，女性もそれを望むようになり，男性に対する態度や行動を変えます。また，身長が親と同じか親を見おろすようになる頃，親子の力関係に対する見方に変化が生じます。

○親子の出会い直し

自分の進路は自分で選びたいとする自立の要求が高まります。他方で，自立の不安から親に支えてほしいという依存の要求も高まります。思春期は依存しつつ自立する時期です。自立と依存の要求がかなえられないと，愛着の対象である親に怒りを感じますが，そのことに罪悪感をもつと，葛藤が生じます。親をひとりの個人として見る脱理想化によって解消されます。また，それは親が子どもの人格を認め，子別れをすることによって成し遂げられます。なお，青年が親などの権威的な存在との情動的な愛着を断つ過程を分離と言います。

2 思春期の子どもへのかかわり方

○相互性のコミュニケーション

思春期以前は大人がリードし直接的な支えとなりますが，思春期以降は子どもの自主的な意見表明を促し，それを受けるかたちで大人が応答するという相

▷1　春日井敏之は，思春期は青年期前半を指し，性の芽生え，親からの精神的自立，友人関係を土台とした自我の解体・編成・統合などを発達課題とした時期であり，主として中学生の時期としているが，小学校高学年から高校生（10歳から18歳頃）にかけても思春期の発達課題が見られるとも言う。
春日井敏之（2008）．思春期のゆらぎと不登校支援──子ども・親・教師のつながり方　ミネルヴァ書房　19.

互性のコミュニケーションに転換します。▶2

教師の具体的なかかわり方を見てみましょう。春日井敏之は，中学教師の生徒への日頃のかかわり方として，「ぶつかり稽古を受け止める大人」と表現しています。▶3 子どもの発言の荒さや未熟さに対して，なるべく「言葉のスキンシップ」として受け止めながら，大人も適当にジャブを返し，子どもの発言に含まれたメッセージを汲み取るような向き合い方をします。たとえば，掃除さぼりへの注意に対して「うるさい，ほっとけ，しゃべるな」という返事に対しても，「見捨てない」という姿勢をもちながら，子どもたちのやり場のない攻撃性のなかにSOSのサインを探し，「今日はどうしたんや，なんかあったんか」と問いかけ，うまくいかないときには少し距離をとり，援助を求められたときには精一杯応えるのです。

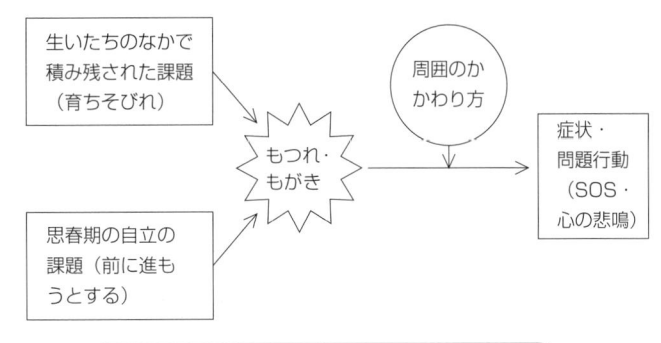

図Ⅱ-2 思春期の問題行動の発現の発達的理解

○行動の裏に秘められた意味を読み取る

思春期の問題行動は，図Ⅱ-2に示されるように，単なる未熟な行動ではなく，思春期の自立の課題を踏まえて前に進もうとして進みきれないもがきとして現れたものです。

思春期の子どもは，まだ自分で答えを見出すこともできませんし，自分の心の内を言葉で的確に表現することもできません。そのため，子どもの悩みや不安は，暴力といったかたちで行動化したり，不登校や心身症といったかたちで身体化したりすることがあります。子どもの言うことやふるまうことと，それらが示したり意味したりすることとが違う場合が少なくないのです。しかも，同じ行動でも一人ひとりの子どもで意味が違ってくることもあります。そこで，子どもの苦悩に寄り添い，子どもの発達にとって必要な危機を読み取ることが必要になります。また，思春期の子どもの揺れのもつ両面性を引き受けます。たとえば，不登校の場合，長期間，学校に行かないことがもつ本人と家族にとってのダメージは相当なものです。子どもの前途に希望を抱きながら，目の前の現実から目をそらさずに，子どもを社会につなげていく支援が求められます。▶4

○社会的な現実も見直す

子どもの揺れは全部が子どもの心の内部に原因があるわけではありません。思春期は小学校から中学校への環境移行や受験が重圧となる時期と重なります。他人と比較したり規則を守ることを重視したりするといった競争や管理ではなく，みんなのためにすることと自分をしっかりさせることを統一的にとらえる協同や自治といった活動の質を問う，という観点からも子どもの生活や学校，社会を見直してみたいものです。

（白井利明）

▶2 平石賢二（2007）．青年期の親子間コミュニケーション　ナカニシヤ出版

▶3 春日井敏之（2008）．思春期のゆらぎと不登校支援──子ども・親・教師のつながり方　ミネルヴァ書房　31.

▶4 伊藤美奈子（2009）．不登校──その心もようと支援の実際　金子書房　23-24.

参考文献
髙垣忠一郎（2007）．揺れ戻りつ思春期の峠　新日本出版社

II 子どもの発達課題と教育相談

7 摂食障害・自傷行為の理解と支援

1 摂食障害の理解と支援

◯摂食障害とは

　摂食障害（eating disorder）は，神経性無食欲症（anorexia nervosa）と神経性大食症（bulimia nervosa）からなります。神経性無食欲症とは，厳しい摂食制限を設け（拒食），その結果，深刻な低栄養状態に陥っていることを言います。神経性大食症とは，むちゃ食い（過食）をして，その後，自ら指や箸，大量の下剤等を使って，食べたものを吐き出してしまうことを長期にわたって続けていることを言います。身体像の歪みが共通してみられます。

◯摂食障害のメカニズム [1]

　本人は極度にやせた自分でないと自分が存在できないと考えています。しかも，自分の心の底にある葛藤や不安を自分の心のなかで悩み他の人と分かち合うのではなく，自分の身体をコントロールする行為に置き換えることで解消します。摂食障害は身体をむしばみ，自分を死に追いやっていきますが，それに気づいたときは，自分ではどうすることもできません。治療目標は，普通にある自分を認めることで，やせを理想化したり，自分をむしばんだりする行為をしないようにします。そして，まわりの人たちとかかわり，世話したり世話されたりする自分を楽しむようにします。

◯摂食障害への対応 [2]

　受診先は小児科，内科，精神科などですが，状態（体重減少の程度，抑うつや自殺の危険，家族の危機など）によって判断します。学校では，第1に，消耗するカロリーを少なくするために激しい運動を控えます。第2に，給食などで食事の強要や監視はしないようにします。第3に，運動選手などでは無理な減量を求めないようにします。第4に，本人が退行していることを理解し，優しく受容的に接します。第5に，一面的な価値観（たとえば偏差値で進路を決める）をもっていることがつまずきの原因となっていることがあるので，柔軟な思考を身につけるようにします。

2 自傷行為の理解と支援

◯自傷行為とは

　自傷（self-injury）とは，自らの意思で意図的に行われる致死性の低い身体損

▷1　松木邦裕（2008）．摂食障害というこころ——創られた悲劇・築かれた閉塞　新曜社

▷2　下坂幸三（1993）．過食症に対する外来精神療法の原則　精神科治療学，8(4), 389-397.

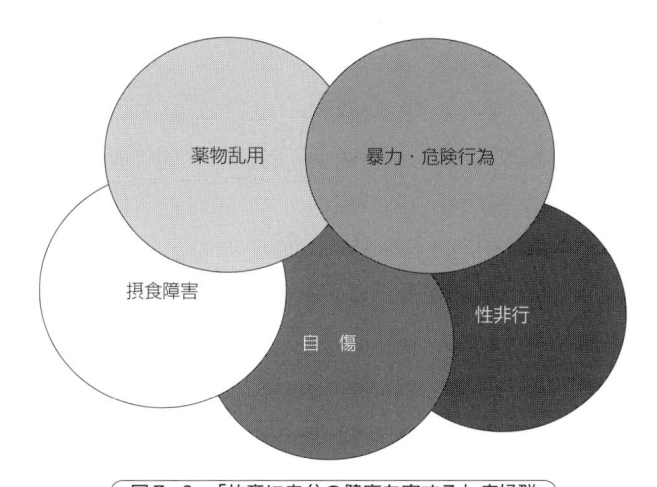

図Ⅱ-3 「故意に自分の健康を害する」症候群

出所:松本(2009) p.15.

傷で、その行為が社会的に容認されず、また心理的苦痛を軽減するために行われるものを言います。その行為が自傷行為です。自傷行為は、図Ⅱ-3に示されるように、自殺を意図しない**物質乱用**や摂食障害などとともに、さまざまな危険行為によって自らの健康を損ない脅かす行動として「故意に自分の健康を害する」症候群と名づけられています。

○自傷行為のメカニズム

自傷行為は、誰かに自分のつらさに気づいてもらうために行うものではありません。自分の力で自分の怒りや不安、孤立感を取り除こうとするものです。それが繰り返されていくうちに自分が無力化され、もともとあった「いなくなってしまいたい」「消してしまいたい」という気持ちがこうじて自殺念慮として明確に意識されていくようになります。

○自傷行為への対応

自傷行為は治療を必要とする行為です。自傷する人との初対面で心がけることは、「自傷をやめなさい」と頭ごなしに注意するのではなく、「よく来たね」と来談したことを評価します。そして、「(手首を)切るのがやめられない」といった発言に対しても「そういうふうに言えることが大切」「今は切るか切らないかよりも、信頼できる人に心を開けることが重要」と話します。そして、「あなたは違うかもしれないけど、専門家によれば、自傷で心の痛みに蓋をしていると、だんだん自傷の効き目が弱くなって、自分が消えてしまいたいとエスカレートしてしまう傾向がある、と聞く。あなたがそうなってしまったら、と思うと、心配だな」と話します。自分から「もう自傷しないって約束する」と申し出たとしても、乗らないようにします。「そんな約束はしなくてもいいよ。それよりも、もしも自傷してしまったときは報告に来てほしい。できれば、自傷したくなったときに来てくれるといいんだけど」と話します。

(白井利明)

▷3 ウォルシュ,B. W.,松本俊彦・山口亜希子・小林桜児(訳)(2007). 自傷行為治療ガイド 金剛出版 22.

▷4 物質乱用
大量のアルコールや薬物、禁止されている大麻や覚醒剤などにふけることを言う。

▷5 松本俊彦(2009). 自傷行為の理解と援助──「故意に自分の健康を害する」若者たち 日本評論社

参考文献

松木邦裕(2008). 摂食障害というこころ──創られた悲劇・築かれた閉塞 新曜社

松本俊彦(2009). 自傷行為の理解と援助──「故意に自分の健康を害する」若者たち 日本評論社

ブルック,H.,岡部祥平・溝口純二(訳)(1979). 思春期やせ症の謎──ゴールデンケージ 星和書店

Ⅱ　子どもの発達課題と教育相談

8　青年期の発達と教育相談

1　青年期の発達

○青年期はいつか

　青年期（adolescence）は10代初めから20代中頃までの時期です。親の影響のもとで発達してきた存在から，自ら自分の人生を形成していく主体に転換し，社会に移行していく時期です。青年期は，男女としての性の発達，親からの精神的・経済的自立，将来の生き方や進路の選択，労働能力や市民的能力の獲得といったことが課題となります。

○青年期の発達の節

　青年期の区分の目安として，笠原（1984）が，好発する青年期精神病理像の年齢変化から，図Ⅱ-4に示されるように，10歳，14歳，17歳の節目を提案しています。10歳は抽象的思考や性が芽生える時期です。14歳は，大人になりつつある自分の身体と出会い，進路を現実的に考え始め，親子や親密な友人関係のなかでの自律が課題となります。17歳は，それなりの現実が見えて社会との妥協的なかかわりができ始め，この世界のなかでいかに生きるのかを模索する時期です。親などの大人に期待できない場合，先輩や友人，恋人といった人たちの

▷1　笠原嘉（2011）．再び「青年期」について──笠原嘉臨床論集　みすず書房

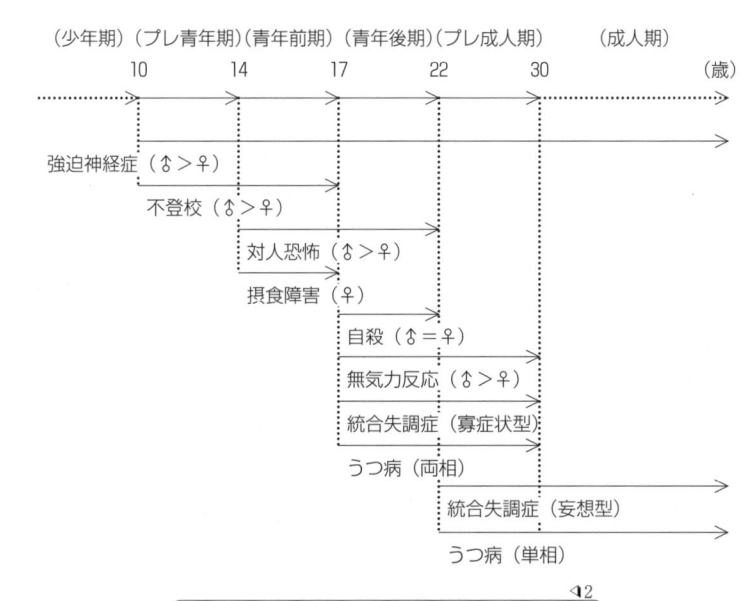

▷2　強迫神経症とは，本人も非合理であると思いつつも，それから逃れられずに苦しんでいる状態で，精神病や脳器質性の障害がない場合を言う。統合失調症の寡症状型とは，幻覚や妄想などが目立たず徐々に社会適応が困難になる場合を言う。うつ病の両相とは，躁（そう）とうつが繰り返す場合を言う。なお，原文の「分裂病」は「統合失調症」に改めたなど名称の一部を修正した。

図Ⅱ-4　青年期とその前後における好発病像

出所：笠原（2011）p.49.より一部改変。

存在を支えとしながら，親などの大人に距離をとることができるようになります。30歳になると，長かった苦悩から解放され，楽に社会参加できるようになります。広い意味での青年期的心性の終わりが30歳です。

2　青年とのかかわり方

○つまずきを経験できるようにする

青年期は，進学，就職，ひとり暮らしと，次々に新しい世界に移行していく時期です。これまでの世界ではうまく機能していた適応スタイル（不安の防衛のしかた）が，発達とともに立ちゆかなくなり，不適切な行動や症状として発現することがあります。不安の防衛のしかたとは，たとえば，高校でうまく勉強できなくても，それを考えないようにするといったやり方です。それは大学に入って通用しなくなり，「考えないようにしていても，終わった気がしない」「研究計画が立てられない」といったような悩みとして，つまずきが経験されます。こうした行き詰まりを逸らしたり，否認したりせずに，まさに行き詰まりとして体験できることが，それを乗り越えていくために必要です。青年は，それを受け止めてくれる他者を求めるのですが，そうした他者を見出すためのプロセスもまた必要であり，時間的なゆとりや試行錯誤できる空間が不可欠です。

ある学生は，大学で，高校の時に少なかった発表やレポートなど自分の意見を表す場面が増えましたが，表現しても誰がどう受け取ってくれるのか不安だと訴えました。しかも，それは学生相談の場でカウンセラーがもちこたえられなくなって突然にやめてしまうのではないかという強い不安感としても現れました。それを聞き手であるカウンセラーが理解し，受け取ろうと繰り返し試みるなかで，徐々に彼女は表現をしていくことができるようになりました。

○共存的な他者

青年が自己の生き方と社会とのかかわり方を統合させていくときに自分の心のなかに住み着いてくれている理解者・支援者・味方を共存的な他者と呼びます。相談者となる大人は，共存的他者になるようにします。また，青年が家庭・学校・職場・地域でも，こうした共存的他者となる人たちに出会っていく機会をつくっていきます。特に，親や教師とは違う多様な大人と出会っていくことは，青年のものの見方・考え方の幅を広げ，一つの価値観への狭いこだわりから解放します。また，自分と似た状態にありながら，自分の一歩前を進んでいる人と出会うことも青年の**ロール・モデル**となります。

青年にとって同世代の人たちと愚痴が言えたり，安心してありのままの自分が出せたりする居場所があることは決定的に重要です。目標を共有したり，社会のあり方や自分の生き方を対象に互いに肩を並べ合って語り合ったりする集団があることが青年を発達させていきます。

（白井利明）

▷3　田中健夫（2005）. 就学上の移行の契機となる行き詰まりの性質──学生相談からの示唆　溝上慎一・藤田哲也（編）　心理学者，大学教育への挑戦　ナカニシヤ出版　pp.160-188.

▷4　春日井敏之（2008）. 思春期のゆらぎと不登校支援──子ども・親・教師のつながり方　ミネルヴァ書房　31.

▷5　ロール・モデル
ロール・モデルとは，このような人になりたいと思う人のこと。

(参考文献)
春日井敏之（2008）. 思春期のゆらぎと不登校支援──子ども・親・教師のつながり方　ミネルヴァ書房
白井利明（編）（2015）. よくわかる青年心理学（第2版）　ミネルヴァ書房

Ⅱ　子どもの発達課題と教育相談

9　ニート・フリーター問題と進路相談

1　ニート・フリーター問題とは

○ニートとは

　ニート（NEET）は，イギリス生まれの言葉で，"Not in Employment, Education or Training"の略です。未婚者で雇用にも学業にも従事しないが，他方で職業訓練も受けていない若者を言います。厚生労働省は，15歳から34歳の非労働力人口のうち家事も通学もしていない人を若年無業者と名づけました[1]。若年無業者のうち，この状態から抜け出すのに困難がある場合がニート支援の対象です。ニートと聞くと，「無気力な人たち」「働く気のない人たち」と思われるかもしれませんが，厚生労働省の調査によれば，ニートの8割が働きたいと考えています[2]。

　フィンランドにおける縦断研究[3]によると，図Ⅱ-5に示されるように，社会に移行する以前から傷つきやすさを抱えた人は，低学歴となったり，雇用への移行や働き続けることに困難を抱えたりしやすいことが明らかになりました。傷つきやすさとは，怒りや敵意をもちやすいといったパーソナリティ要因を指します。ただし，傷つきやすさは，単に消そうとするのではなく，ありのままの自分を受け止め，そこに自信をもつことができれば，やさしさや感受性にもなりうるものです。

○フリーターとは

　厚生労働省は，15歳から34歳までのパートやアルバイトの人や，それを希望する失業者で，家事や通学もしていない人をフリーターと呼びました[4]。フリーターは非正規雇用です。正規雇用は期限が決められていない雇用のことを言うのですが，非正規雇用は有期の雇用のことを言い，契約社員・派遣労働者・パート・アルバイトなどと呼ばれます。

○ニート・フリーター問題の本質

　フリーターの増加の原因は，雇用の柔軟性や人件費の削減を目的に，企業が正規雇用を絞り込み，非正規雇用を増大させたことにあります。それにもかかわらず，青年は「自分のせい」と考え，「世の中とは，何もしてくれないものだ」「死ねないから生きているだけ」と自分を大切に思えない状態に置かれています[5]。その背後には，「仕事も家庭も自分も大切にしたい」という新しい要求の高まりがあり，「男性は仕事，女性は家庭」といった性別分業の見直しも求めら

▷1　厚生労働省（2005）. 労働経済白書──人口減少社会における労働政策の課題（平成17年版）

▷2　厚生労働省（2007）. ニートの状態にある若年者の実態及び支援策に関する調査研究 http://www.mhlw.go.jp/houdou/2007/06/h0628-1.html（2010年8月11日閲覧）

▷3　Kokko, K.（2006）. Unemployment and psychological distress, and education as a resource factor for employment. In L. Pulkkinen, J. Kaprio & R. J. Rose (eds.), *Socioemotional development and health from adolescence to adulthood*. New York: Cambridge University Press, pp.306-327.

▷4　厚生労働省（2005）. 前掲書

▷5　湯浅誠（2008）. 反貧困──「すべり台社会」からの脱出　岩波書店　61.

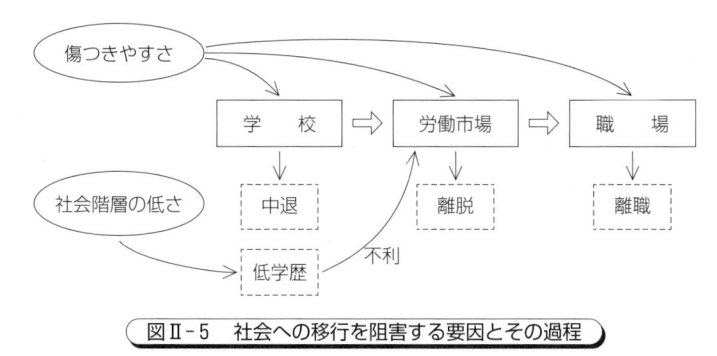

```
傷つきやすさ ──→ 学 校 ⇒ 労働市場 ⇒ 職 場
               ↓         ↓         ↓
              中退       離脱       離職
社会階層の低さ
               ↓
              低学歴 ──不利──↑
```

図Ⅱ-5 社会への移行を阻害する要因とその過程

出所：Kokko（2006）を参考にまとめた。

れます。

2 進路相談の留意点

○安心して自分を出せる雰囲気をつくる

青年の表面的な言動から青年を決めつけるのではなく，安心して自分を出せるような雰囲気をつくって本音を出してもらうようにします。初めは「何をしたいかわからない」と言っていても，何を話しても聞いてくれることがわかると，「実は美容師になりたい」などと話してくることがあります。それとて容易な道ではなかったり，実際的な行動がないために非現実的だったりすることは，自分でもわかっています。だから言わないのです。しかし，安心して自分の思いを言葉に出してもらい，それを共有することで一歩一歩進んでいくと，次第に自分で動けるようになります。

○本人の状態に応じた支援を行う

ひきこもり支援の場合，家から外に出ることができるようになると，就労支援を始めます。就労支援では，まず仕事に就くための一歩を踏み出すための支援をします。本人の挑戦を肯定的に評価し，本人の気づきを共有し，次につなげていきます。仕事に就いたら終わりではなく，職場に定着するための支援につなげます。特に，就職後での自分の期待と現実とのギャップの解決のためにも，職場の上司や同僚との人間関係をつくることを支援します。

○環境を調整する

社会への移行のつまずきは，本人だけの問題ではありません。家族がさまざまな問題を抱えているためだったり，職場が本人の特性に合っていなかったりすることもあります。そもそも適性とは個人のなかにあるものではなく，作業環境とのかかわりで決まるものです。また，社会的支援の制度を知らなかったり，頼ってはいけないなどと回避していたりすることもあります。そこで，家族支援，職場調整，生活支援，高等教育や職業訓練を受ける機会の保障などのための社会的支援を受けることも検討します。

（白井利明）

参考文献

白井利明（2014）．社会への出かた──就職・学び・自分さがし　新日本出版社

白井利明・下村英雄・川﨑友嗣・若松養亮・安達智子（2009）．フリーターの心理学──大卒者のキャリア自立　世界思想社

都筑学（編）（2008）．働くことの心理学──若者の自分さがしといらだち　ミネルヴァ書房

白井利明（編）（2005）．迷走する若者のアイデンティティ──フリーター，パラサイト・シングル，ニート，ひきこもり　ゆまに書房

Ⅱ　子どもの発達課題と教育相談

10　思春期を支え合う仲間・教師集団
——中学校現場から

1　リストカット

　A子は中学2年生。2年生になった時に，立候補して初めて学級委員になりました。つきあいは広そうに見えましたが，本人は「友達はいない」と言っていました。そんなA子に，夏休みを過ぎた頃から異変が始まりました。元気がなくなり，体育の時間を保健室で過ごすようになりました。養護教諭は，「学校でがんばり過ぎて，疲れちゃったかな？」と優しく言葉をかけました。するとA子は，消え入りそうな声で「学校でも，家でもがんばってる」と答え，リストカットをやり始めたことを告げました。養護教諭は血のにじんだ包帯を見つめながら，「つらかったんだね」と声をかけました。涙ながらに，A子はあふれる思いを語り出しました。母子家庭で育ったA子は，体調を崩した母親の代わりに家事までするようになっていました。2年生になった頃，友達もなく，誰からも認められていない自分がすごくいやになったそうです。そして，自分を変えるために学級委員をやってみる気になったということでした。話の最後に，養護教諭は「お母さんのことも心配だし，学年の先生方には，このことを話していいかな？」と聞いたそうです。A子は，先生たちにはいいけど，お母さんには絶対に言わないで，と念を押したとのことでした。

　通常，一週間に生活指導部会と教育相談委員会が別々に開催されています。ところが，A子の件のように緊急に対応しなければならないときは，学年の教師，生活指導主任，養護教諭，管理職などで拡大学年会を開きます。養護教諭の話をもとに，その日のうちに拡大学年会が開かれました。その会では，「今後，担任と養護教諭が直接支援していく」，「リストカットのことは母親の健康状況が良くなってから母親に告げる」，「監督としてがんばろうとしている文化祭の学年劇に向けてサポートする」の3点が確認されました。

2　文化祭をきっかけに

　文化祭で，A子が監督をする学年劇の役者にB子がいました。B子は「私はいじめられている」とよく訴えてきました。「体育の授業から帰ってきたら，教科書に落書きがされていた」といってマジックインキで落書きされた教科書をもってきたこともありました。担任も「イジメはやめようね」と一般的に学級で話すものの，加害者のめどが一切たちませんでした。こういったことが繰り

返されるうちに，クラスの子どもたちも辟易としだし，「B子が自分でやっているんじゃない」という噂まで出てきてしまいました。クラスの子たちはB子から遠ざかっていくようになりました。この時の拡大学年会では「もし，いじめられているのなら守られているという安心感を与えたい。逆に，いじめられていることが嘘だとしたら，もっと支えてあげなければならないだろう」という結論が出されました。教科書など，B子の荷物を職員室で預かる取り組みを始めました。その結果，休み時間ごとに，多くの教師がB子に声をかけるようになりました。B子への「イジメ」はなくなり，役者に立候補するまでになっていったのです。B子はA子に支えられ，役者を演じきることができました。文化祭の劇も大成功しました。A子は孤立していたB子を支えながら，教師たちに支えられ，監督の仕事をこなしていきました。そして，舞台の幕が下りた時，仲間たちと手を取り合って，「やったー！」と叫んでいました。仲間と共につくりあげた達成感で，A子はリストカットを忘れることができたようでした。

3 教育相談委員会

近年，教育相談委員会は活動範囲を広くしています。子どもたちの気になる行動のアセスメントはもとより，**ライフスキル教育**▷1や**構成的グループ・エンカウンター**▷2などの予防的な教育相談の企画と運営，特別支援活動のサポートチームとしての取り組み，低学力生徒への支援・授業の取り組みなど多岐にわたっています。

A子の取り組みのなかで，子どもからの打ち明け話を他の先生たちに話す許可を得ています。これが「チームで取り組む」場合の大前提になります。そして，生徒や親と直接かかわる教師と同時に支援体制を確認します。

B子の事例に関して，「人騒がせな子だ」という見方をしてしまうと，「イジメ」事件はおさまらなかったと思います。その時の拡大学年会では，「ウソ」をつかざるを得ないような子どもの「ウソ」を追求して，追いつめることはしないことを決めました。「ウソ」をつくという行為の裏側にあるB子の心情に寄り添うことが重要だと考えたのです。

4 いきいきした生活のなかで，癒され，支えられ育っていく

教師たちは，学校行事や学習活動を意欲的に組み立てています。優れた教育活動は子ども同士の人間関係をも活性化させていきます。こういったカリキュラムとB子への取り組みの時のような教師集団の「受容的な姿勢」は潜在的なカリキュラムとして学校全体を包んでいます。「がんばること」も「がんばらないこと」も受け入れられる学校では，傷ついている子どもも癒されながら，少しずつ育っていくことができるのです。教育相談は教育活動に位置づけられて，その効果を最大限に発揮できるものだと思います。

（山岡雅博）

▷1 ライフスキル教育
ライフスキルとは，世界保健機構（WHO）が提唱している概念で，「日常生活で生じるさまざまな問題や要求に対して，建設的かつ効果的に対処するために必要な心理社会的能力」と定義されている。健康教育に位置づけして，コミュニケーションやストレスへの対処などのスキルをグループワークのなかで獲得していく。

▷2 構成的グループ・エンカウンター
エンカウンターとは出会いを意味する。構成的グループ・エンカウンターは，参加構成，活動時間，活動内容などを規制し，その枠組みのなかでのグループワークによって，参加者相互の本音の交流を目指していく。
⇒ V-2 参照。

参考文献
小林正幸・橋本創一・松尾直博（編）（2008）．教師のための学校カウンセリング　有斐閣

III 学校現場における「問題行動」と教育相談

1 「問題行動」のとらえ方と指導・支援

1 「認めてほしい」という子どもの願い

　教師や保護者に対して，子どもたちが一番求めていること，それは「認めてほしい」という願いです。「問題行動」を重ねる子どもたちのほうが，この願いは強いのではないでしょうか。では，子どもを認めるとはどういうことでしょうか。子どもを認めることには２つの意味があります[1]。第一には，能力・発達レベルで認めることです。子どもは，心も身体も成長していくなかで，できなかったことができるようになりたいと願っています。第二には，存在レベルで認めることです。結果的に，教師や保護者の期待通りにできてもできなくても，かけがえのない存在として認めてほしいのです。

▷1　春日井敏之（2010）．先生から「どの子よりも好き」と思ってほしい子どもたち――子どもの気持ちを大切にした対応のために　児童心理，**912**, 82-88.

2 能力・発達レベルと存在レベルで認める――３つのかかわる姿勢

　能力・発達レベルと存在レベルで認めることには，それぞれ３つのかかわる姿勢があります。まず，能力・発達レベルで認めるとは，１つには「ほめる」こと。子どもが幼いほど，あるいは伸び悩んでいるときほど，ほめて育てることが大切です。２つには「頼る」こと。子どもは，大人に頼られて誇りや自信を育てていきます。頼られて他者のために一肌脱ぐことは，決して嫌いではないのです。３つには「励ます」こと。子どもは，「ガンバレ！」と励まされることは，決して嫌ではありません。同時に，頑張った結果がダメであっても，努力のプロセスを認めてほしいのです。

　次に，存在レベルで認めるとは，１つには「ねぎらう」こと，２つには「赦す」こと，３つには「守る」ことです。比較と競争が激しい社会や学校のなかで，結果だけで評価されることによって，傷を負っている子どもたちも少なくありません。教師同士は，「お疲れさま」などと言い合っていますが，子どもたちに対して，「ねぎらう」言葉をかけているでしょうか。また，子どもたちは，かけがえのない未熟さを抱えながら生きています。ときには，教師や保護者が，子どもの言動に対して，深い愛情に基づいて厳しく叱ることもあります。同時に，最後は子どもの成長を信じて「赦す」という姿勢が大切です。さらに，教師や保護者が子どもを叱る正当性は，子どもの権利や利益につながる守りの枠としての意味にあります。「守る」ということは，どんなときも子どもの味方になることであり，表面的に迎合することではありません。

③ 「問題行動」のとらえ方と支援の視点

　教師にとって重要な指導・支援の視点は，「問題行動」のとらえ方です。第一には，社会構造，社会環境のなかで子どもの問題をとらえていくことです。子どもだけが突出して問題を起こしているような時代はなく，大人の生きづらさが，子どもの生きづらさに反映していることは多く見られます。第二には，発達・成長のプロセスのなかで子どもの起こす問題をとらえていくことです。子どもの「問題行動」には，発達・成長への願いや契機が内包されており，問題を通して大人にSOSを求めていることも多く見られます。「問題行動」への指導・支援については，次の点に留意する必要があります。▷2

　①「問題行動」の表面的な言動で子どもを全面否定しないで意味を探る。
　②「問題行動」の意味を探りながら，子どもの発達，成長を支援する。
　③「問題行動」の背景に，児童虐待や発達障害などがないか留意する。
　④ 問題性は，「自分と他者の生命と権利や利益への侵害」で判断する。
　⑤ 悩んでいる担任と保護者に対しては，チームを組織し支援していく。

④ 「問題行動」と教育相談の実践的な課題——「０か100」を超えて

　「問題行動」に対しては，「子ども理解と取り組み方針」「担任への支援と保護者への支援」などを検討するための**チーム会議**による取り組みが有効です。ここでは，教育相談活動として，担任が子どもに個別にかかわりながら，学級で取り組むときの実践的な課題についてふれておきます。

　「問題行動」を繰り返す子どもは，すでに家庭や学校でさまざまな傷つきを受けていることが少なくありません。また，抱えている不安やストレスが，学級でいじめ，不登校，暴力，担任への暴言などに形を変えて表れていることもあります。このような子どもたちほど，「０か100」で価値判断し，努力から撤退してしまう傾向があり，**ゼロ・トレランス**といった学校の指導方針が，これを助長していることもあります。特に担任には，子どもの傷つきへの深い理解と，実は０付近しか経験していない子どもが，学習課題や進路選択も含めて，０から30や50に到達していくための具体的な支援とプロセス評価が求められています。以下に，学級で大切にしてほしい実践課題をあげておきます。

　①楽しい取り組みで学童期の回復を工夫する。②取り組みの結果よりも「結果にこだわりつつ出た結果にこだわらない」プロセス評価を重視する。③学級で多様なグループや居場所を認め合う。④進路ガイダンスを通して将来のことや生き方を考えあう。⑤担任は子どもと共に悩み考え，解決請負人にはならない。⑥受容・共感と要求・指導の実践的な統合をはかる。⑦「問題行動」の克服から管理強化に走らない。⑧子どもの自己決定のプロセスを尊重した支援を行う。⑨担任は子どもの前で輝ける大人にならなくてもよい。

（春日井敏之）

▷2　春日井敏之（2003）.「問題行動」と生活指導　白井慎・西村誠・川口幸宏（編）新生活指導　学文社，pp.54-63.

▷3　チーム会議
子ども・保護者支援のために，担任，教育相談担当，学年主任，養護教諭，スクールカウンセラー，管理職などをメンバーとして開かれる事例検討会や援助のための作戦会議などの総称。必要に応じて，メンバーや時間を絞って行われることも多く，担任への支援という機能も有している。

▷4　ゼロ・トレランス
もともとは，産業界の「不良品は許容しない」という考えに基づき，1990年代にアメリカで導入が始まった生徒への指導方針。特に深刻化する「銃刀，暴力，麻薬，アルコール」などへの「無寛容」な厳しい指導として導入され，生徒理解と支援を基本とするガイダンスとは対極にある。

参考文献
教育科学研究会（編）（2008）. なくならない「いじめ」を考える　国土社
白井利明（1999）. 生活指導の心理学　勁草書房

Ⅲ　学校現場における「問題行動」と教育相談

2　暴力，いじめ問題と指導・支援

① 暴力的な子どもへの指導と支援のあり方

　学級や学年のなかに暴力的な言動を繰り返す子どもたちがいて，かれらによって引き起こされるトラブルが日常化しているような状況では，どうしても，教師の意識は暴力的言動をいかにして抑えるか，という点に向きます。学校現場では，こうした状況を「荒れ」ている，と表現しますが，この「荒れ」の状況を解決するために，暴力を表出させている子どもや集団に対する生徒指導が行われます。

　生徒指導のなかには，暴力的な子どもを集団から隔離した上で，管理的な手法によって問題行動を抑えようとするものもあります。「力の指導」や「強い指導」と呼ばれているものがそうですが，学校の規律を守らせ，秩序を維持するためにそうする必要がある，という発想です。このような発想は，現在も，小学校高学年から中学校，高校での生徒指導に多く認められます。しかし，子どもたちの成長や発達の観点から見た場合，こうした指導は本当に有効なのでしょうか。

　「荒れている子どもたちは，好きで荒れているわけではない。自分でもどうしようもない『自分』がそこにいる」と，ある中学校教師は述べています[1]。暴力的言動を表出させる＝「荒れ」ている子どもは，好きでそうしているのではない，「荒れ」させられているのだ，というとらえ方です。では，何がそうさせているのでしょうか。この問いと向き合うことが，子どもたちの内面に届く指導の出発点になります。

　暴力的な言動の背景や要因には何があるのでしょう。友人や集団からの孤立や排除，家庭の事情や低学力に起因する進路への不安と苦悩，周囲からの自分に対する低い評価への反発……，「荒れ」る子どもたちは，こうした生きづらさを抱えながら，しかし，自分の「思い」を言語化することができずに，暴力的な形で表現しているのではないでしょうか。そしてそうすることで，ますます自分を否定しなければならないような状況へと追い込まれているのではないでしょうか。こう考えると，「荒れ」ている子どもを集団から隔離して「指導」すればすむ，という問題ではないことがわかります。

　指導や支援にあたっては，

(1)「暴力」という形で表出されている苦悩や，そのなかに隠されている発達

▶1　安子島宏（2007）．もしかしたら荒れているのかな——子どもたちの揺れにつきあいながら　全国生活指導研究協議会（編）"競争と抑圧"の教室を変える　明治図書出版　pp. 93-106.

課題が何であるのかを問う
(2)　この点の考察をふまえ，暴力的な子どもを集団から切り離すのではなく，暴力やトラブルの事実を丁寧に読みひらきながら，当人たちが抱えている苦悩や課題と応答できる集団を育てる
(3)　そうするなかで，当人たちが自身の言動を見つめ直し，他者や自己との関係を平和的なものへと編みなおしていくことを励ます
といった基本的視点をもつことが求められているのです。

2　「いじめ」問題の指導と支援のあり方

　「いじめ」の発現形態は多様です。あからさまな暴言や暴力，無視や嫌がらせ，仲間外し，金銭の強要や思春期の性的な辱め，さらにインターネット上のサイト等を使った書き込み……というように，「いじめ」問題は，おとなには見えない子どもたちの姿も映し出します。また，その構図についても，集団（多数）が「異質」とみなす特定の子ども（少数）に対して暴力や迫害を集中させているケースや，「親密な」グループの内部で外部からは見えない形で続いているケースが認められます。

　このように，「いじめ」は多様な形をとりますが，どのケースでもまず求められるのは，被害者の安全と安心をどう回復させるか，という被害者のケアです。これには，具体的事実をきちんと把握すること，その上で加害者側に被害者の悲しみや苦悩を理解させることが基本になります。その際，ただ加害者を責め立てるだけでは，かえって問題をややこしくする危険性があります。特に「親密な」グループ内で起こる「いじめ」の場合，被害者・加害者とも「傷つけ―傷つきあう関係」のなかに閉じ込められており，双方の事実認識にズレがあることも多いからです。それだけに，本当はどういう関係を望んでいるのか，お互いの「思い」を丁寧に突き合わせていく働きかけが求められます。

　しかし，この問題への指導や支援は，被害者と加害者の関係の調整や修復だけにとどまりません。関係の修復によりいったんは「問題」が解決するかもしれませんが，指導課題は残されたままです。それは，「いじめ」という暴力的な関係性そのものを乗り越えていく子ども集団を育てる，という課題です。

　この指導課題を追求するためには，教師自身が関係性についての理解を深める必要があります。たとえば，もっぱら仲のよい，親密な人間関係を学級のなかに築くことを目指すのか，それとも，親密であるかどうかにかかわりなく，だれもが学級の一員として大切にされるような関係の構築を目指すのか，という点です。これは，集団像にかかわる問いですが，「困難」を抱えるがゆえに「異質」とみなされる子どもとの関係も含め，日常の教育活動において，お互いを対等な存在として受け入れ，共に平和的に生きることの意味や価値に気づかせる指導を追求することが求められているのです。

　　　　　　　　　　　　　　　　　　　　　　　　　　　　（照本祥敬）

▷2　たとえば，発達障害の子どもと学級集団の共生的な関係をつくり出す指導については，以下の文献が参考になる。
　鈴木和夫（2005）．子どもとつくる対話の教育──生活指導と授業　山吹書店

Ⅲ 学校現場における「問題行動」と教育相談

3 不登校問題と指導・支援

　不登校という言葉は子どもが学校に行けない，あるいは行っていない状態を表す言葉であり，今，不登校状態になっている子どもがどのような困難さや課題をもっているのかはそれだけではわかりません。一人ひとりの子どもたちやその家族の思いに寄り添いながら，丁寧に理解していく必要があります。

　ここでは，不登校状態にある子どもを理解していくために求められるいくつかの視点を紹介し，指導・支援の課題を述べたいと思います。

1 不登校問題をどうとらえるのか？

○子どもの人格発達のプロセスでのつまずきや葛藤としての不登校

　不登校の問題は，まず，子どもの人格発達のプロセスのなかでのつまずきや葛藤として生じてきます。たとえば，小学校高学年の時期は同性の友人との親密な友情を築いていく時期ですが，同時にこの時期は「私的グループ」の内外でのトラブルや仲間外しが生じやすい時期でもあり，自分の所属するグループからいじめを受けたり，仲間外しにされたことが大きな心の傷になり，学校のなかに「居場所」を失って不登校に追いつめられる事態も生じてきます。

　また，中学2年生頃は，既存の大人の生き方や価値観を批判したり，相対化したりしながら，大人からの自立を図っていく「価値的自立」の始まりの時期ですが，この時期，親や教師などの大人の価値観に支配され，自分自身の生き方や価値観を発見，探求していくことが困難なとき，そこでのストレスや葛藤が心身症的症状や不登校への引き金となる場合もあります。

○家族病理，児童虐待問題と不登校

　不登校の子どものなかには，まともな衣食住が保障されず，いわゆるネグレクト（養育放棄）の状況に置かれているがゆえに，学校に来るエネルギーを奪われている子どもや，小さな子どもの面倒をみるために学校を休まされている子どももいます。また，保護者が学校への批判や攻撃のために，「わが子を学校に行かせない」という手段に出ている場合もあります。このように，不登校の事例のなかには，虐待的な養育環境に置かれていたり，激しい家族内葛藤に巻き込まれて不登校状態になっている事例もあることには留意する必要があります。

○発達障害の問題と不登校

　近年，不登校になる子どものなかに，発達障害の子どもが多く含まれていることが指摘されるようになりました。たとえば，アスペルガー症候群の子ども

▶ 楠凡之（2002）．いじめと児童虐待の臨床教育学　ミネルヴァ書房

は学力的な遅れはあまり見られませんが，状況判断や対人関係での困難さを抱えるがゆえに，予定が変わるとパニックになったり，仲間集団とのトラブルに巻き込まれることがしばしばあり，小学校中・高学年頃からいじめのターゲットにされるなかで不登校に追いつめられる子どもも多く出てきています。また，感覚過敏の問題があり，教室のなかのさまざまな刺激がとても苦痛になり，その苦痛を回避するために教室に入ることができなくなる子どもも出てきます。

　このように，不登校状態にある子どもたちの抱えている課題は実に多様であり，さまざまな可能性を考えながら支援していくことが求められています。

❷ 不登校の子どもへの指導・支援の課題

○子どもの内面世界への共感的理解を

　不登校の子どもとのかかわりで何よりも大切なことは，その子どもから見たときに学校，教師や家族，そして，仲間集団がどう見えているのかを共感的に理解していくことでしょう。不登校の子どもたちはそれまでの体験のなかでさまざまな傷つきや葛藤を体験し，学校や教師に対する深い不信感や仲間集団への恐怖感をもっている場合も少なくありません。しかし，多くの不登校の子どもたちは自分の見え方，感じ方をありのままに理解してくれる他者をどこにももてないまま，孤立無援感を抱えながら生活しています。それだけに，まず，その子どもが今，感じている思いに寄り添い，共感的に理解していくことが子どもとの信頼関係を築いていくための大切な一歩になるのです。

○「発達の源泉」となる生活世界の保障

　先述したように，不登校の問題は子どもの人格発達過程でのつまずきや葛藤として生じてくるものでもあります。それだけに，それぞれの時期に必要な活動と人間関係を保障していくことが大切です。たとえば，小学校高学年であれば，学校には来られなくても，放課後や休みの日に親しい友達と一緒にお菓子づくりをしながら，たわいもない話をするなかで友人関係のなかに居場所を築いていけるように支援していくこと，思春期であれば，保育所でのボランティア体験や農業体験，ホームステイなどの非日常的な体験を通じながら，自分なりの生き方や価値観を探求・発見できる機会の保障などが重要になってきます。

○「特別なニーズ」をもつ子どもの問題への配慮を

　アスペルガー症候群の子どものように，独自の感じ方や思考の様式をもっている子どもに対しては，まず，その子どもの特性をしっかりと理解していくことが支援者には求められます。その上で，その子どもが自分自身の特性と上手につきあっていけるように支援していくことや，その子を取り巻く環境の調整を行っていくことが結果として不登校状態の克服につながることもあります。

　このように不登校の子どもたちの自立支援を行っていく際には，きわめて多様な知見を総合化していくことが必要になってくるのです。　　　（楠　凡之）

III 学校現場における「問題行動」と教育相談

4 万引き，金銭問題と指導・支援

1 万引きへの指導と支援

　万引きをした理由で最も多いのは「ゲーム感覚」です。「スリルを味わう」というのも，これに含まれます。通常，こうした理由から導き出されるのは，規範意識が薄い，という結論です。自分がした行為の重大さがわかっておらず，「遊び感覚」で行っている，犯罪（窃盗）であるとの認識が欠落している，といった了解です。こう了解すると，万引きは反社会的な行為であり，犯罪でもあると認識させることに関心が向くことになります。[1]

　しかし，それだけで済む問題なのでしょうか。他の逸脱行動にも共通することですが，とりわけ万引きは，それを通じて何らかのサインを発しているととらえる必要があります。本人も気づかぬまま，心のなかに蓄積されている不安や葛藤が「万引き」という形で表出されている，という理解です。このように理解すると，万引きの行為だけを取り上げて，批判や叱責をしても，根本にある課題は解決しないことがわかります。たとえば，親の期待に応えるために塾通いの毎日を過ごし，友達と一緒に遊ぶこともできずに孤立感を抱えながら，この思いを誰にも打ち明けることができずに万引きをしてしまうような子どもがいます。当然，万引きの事実を親に知られることを怖れますが，しかし同時に，そこには発覚することで自分が抱えている寂しさや苦しさに気づいてほしい，という思いが隠されてもいます。こう考えると，万引きの直接的な理由とは別に，子どもが抱えている「思い」を聴き取ろうとする姿勢が教師にも，また保護者にも必要であることがわかります。また，この「思い」を言語化できるよう励ましつつ，「万引きをした自分」を乗り越えさせていく指導が重要だということがわかります。[2]

　さらに，万引きは，仲間関係をめぐる問題とも深くかかわっています。「遊び感覚」という理由も，もうすこし掘り下げてみると，仲間外れにならないためにやった，あるいは仲間から強要されてやった，といったケースが多く含まれます。こうしたケースでは，「いじめ」や金銭の強要ともち出しといった問題とも結びついているわけです。こう考えると，万引きは単独の問題としてあるのではなく，問題構造の先端部分に過ぎない，むしろ，その裾野に解決すべき課題が隠されている，と指摘することもできます。したがって，「規範意識」を育てようとする指導も，こうした仲間関係をめぐる問題状況と切り離して行うの

▷1　ただし，近年の貧困の広がりのなかで，食品や日用品を万引きする子どもも出てきている。こうした困窮家庭の子どもの保護や福祉への迅速かつ的確な対応が求められている。

▷2　このような指導の参考になるものとして，以下のものがある。
　朝日野茂利（2003）．K子の素顔が教えてくれたもの　竹内常一ほか（編）教師を拒否する子，友だちと遊べない子　高文研　pp.36-52.

であれば，あまり効果は期待できません。

❷ 金銭的な問題への指導と支援

　金銭の強要やこれに付随するもち出しの問題は，子どもたちがきり結んでいる仲間関係のあり方にかかわる重大な問題です。たとえば，「仲間」のなかで自分たちより「弱い」位置にいる者に対して執拗に金銭を要求するケースです。1994年に愛知県西尾市の中学校で起きた大河内清輝くんの「いじめ」自殺事件がその典型ですが，暴力や脅しによる金銭の強要が続けられていました。そこに成立していたのは，暴力に縁取られた支配―被支配（服従）の関係と言えますが，他方で，大河内くん自身も，学校側が「問題グループ」と見る加害者たちとの関係から離脱しようとはせず，そのなかにとどまり続けることを選んでいました。このグループから抜けることにより，完全に孤立してしまうことを恐れたからです。

　別のケースでは，下級生から奪ったお金を自分のためには一切使わず，同級生数人に食事をおごったりしていた中学生もいます。この生徒は友達もなく，学級集団から「軽く」見られているような子でした。「仲間に入りたい」という一心から金銭を奪っていたのです。この子どもの場合，暴力や金銭を介さなければ他者との関係を築くことができない，という対人関係の未熟さを抱えていたわけです。

　このように見ていくと，金銭をめぐるトラブルの指導は，トラブルが解消すればそれで終わる，というものではないことがわかります。「弱い」位置にいる者を暴力的に支配しても構わないとする価値観や，多分に発達的な課題を伴った対人関係をめぐる困難さにこそ目を向ける必要があります。その上で，本当はどのような関係を求めているのか，仲間にふさわしい関係とはどういうものなのかを，子どもたちに問いかける指導を展開する必要があります。子どもたちの関係そのものを学びの対象にするということですが，そうするなかで，金銭の強要や服従で成り立っている関係がいかに貧しいものであるのか，「弱い」位置にいる者を守ろうとするのが，本当の〈友達〉や〈仲間〉ではないのか，といったことに気づかせていきます。

　万引きも含め，金銭的な問題への指導と支援は，子どもたちの他者関係や集団関係に目を向けながら，一人ひとりが抱えている「思い」と応答しつつ，集団としての規範意識を醸成していく，という構想をもつことが重要であると言えます。

（照本祥敬）

III 学校現場における「問題行動」と教育相談

5 意欲の乏しい子どもと指導・支援

1 「意欲の乏しい子」をどうとらえるか

「問題」行動を表出している子どもの対極に,教室にいることさえ気づかないほどに目立たないような子どもが存在します。学級の活動や学習への取り組みに限らず,交友関係においても非常に消極的であるような子どもです。また,ほんの少し努力すれば達成できると思われるような課題についても,最初から無理だと決めつけてやらなかったり,やり始めてもすぐに投げ出してしまう子どもがいます。「意欲が乏しい」と映る子どもたちです。

この意欲の乏しさの根底にあるのは,自分自身に対する自信のなさだと言えます。では,なぜ自信がないのでしょうか。おおよそ以下の3つのことが考えられます。

1つは,生活経験の不足や発達上の課題などから,活動や学習に積極的に参加できるだけの力が育っていない,ということです。この場合,周囲からの指示や要求に対して,何を,どうすればよいのかがわからないため,周囲からの働きかけに対応した行動を起こすことができず,本人自身が困っている状態にいると考えられます。

このことに関連して,2つめに,みんなと同じようにできない自分に対して強い自己否定感を抱いていることが考えられます。この場合,「できない」ことを周囲から責められる負の体験の蓄積が自分への否定的なまなざしを強化し,さらに自信を喪失させる,という悪循環に陥っているわけです。

3つめは,周囲との関係が「お世話をする―される」といったものになってしまっている場合です。2つめの場合とは逆に,周囲との軋轢や本人の心理的負担は軽減しますが,みんなから「遅れている」という低い自己評価は強化されます。そのため,こうした関係への依存がさらに強まり,いつまでたっても自分への信頼感が育ってこないということです。▷1

2 「意欲の乏しい子」への指導と支援

以上のとらえ方をふまえて,留意点も含め,指導と支援のあり方で重要と思われる点を述べていきます。

第1に,意欲の乏しさに生活経験の不足や発達的な課題が深く関与している場合,基本的な生活習慣の未確立,交わりの未熟さ,学習活動への準備(レディ

▷1 こうした自立を励ます観点から,受容や共感のあり方を考えていくことが指導や支援の基本になる。

ネス）など，どのような経験が不足しているのかを具体的に把握することが出発点になります。また，発達障害の有無に限らず，どのような発達上のつまずきがあるのかを理解する必要があります。担任だけでなく養護教諭をはじめとする教職員集団や保護者を交えて，子どもがどのような「ニーズ」をもっているのかを多面的に検討するわけです。

　第2に，このアセスメント（診断）をもとに，かれらの「ニーズ」に対応した指導のステップを展開していきます。自分に自信をもてないでいる子どもに「まちがってもいいから，意見を出して」「失敗してもいいから，やってみて」という働きかけは，かえって自己否定感を強化する危険性があることに留意する必要があります。「みんなと同じようにできるはずだ」という発想ではなく，その子が確実にできることを指示し，達成できるよう励ましていくことが肝要です。その積み重ねのなかで，達成感や自分への肯定感を育んでいきます。

　と同時に，うまくできなかった場合にも，自分を責めるのではなく，「失敗してもだいじょうぶ」という安心感を育てる必要があります。そのためには，焦りは禁物です。結果だけを見るのではなく，なぜうまくいかなかったのか，失敗したのかを一緒になってじっくり考えるような働きかけが求められます。こうしたかかわりのなかで，子どものなかの他者像を，否定的なものから肯定的なものへと転換させていきます。「もう一度やってみよう」といった意欲や主体性は，自分の「弱さ」や「苦しさ」に共感的に応答してくれる他者との出会いや関係を土台にして生まれてくるのです。

　第3は，こうしたかかわり方を，学級の子どもたちに意識的に見せていくことです。その際に重要なのは，「遅れている子」という集団の見方をどう転換させていくかという点ですが，そうするためには，みんなと同じようにすることが困難な子どもの「ニーズ」を学級の子どもたちのニーズとつなぐことが鍵になります。たとえば，交わりの未熟さが幼少期からの遊び体験の欠乏からくるものだとすれば，程度の差はあっても，この課題は子どもたち全般に該当します。硬直した身体と心を解放し，これを仲間と響き合わせるような遊びの経験を十分に保障することは，学級のすべての子どもたちのニーズに応えるものだと言えるでしょう。

　遊びに限りませんが，「意欲」が湧き立ってくるような生活や活動を学級集団のなかにどうつくり出すかの指導構想をもつことが基本になります。この構想のもとで，子どもたち相互の交わりを豊かにし，それぞれの「おもしろさ」（個性）を発見し合うような関係性を育てていきます。このような関係性を築かせていくなかで，「遅れている子」という集団の否定的な見方や「お世話をする―される」という垂直的な関係を転換することが可能になるのです。▶2

（照本祥敬）

▶2　学級集団や子どもたちの関係性を育てる指導の展開については，以下の文献に詳しく述べられている。
　全国生活指導研究協議会常任委員会（2005）．子ども集団づくり入門──学級・学校が変わる　明治図書出版

Ⅲ 学校現場における「問題行動」と教育相談

6 児童虐待問題と指導・支援

　児童虐待は，厚生労働省の定義では身体的虐待，ネグレクト（育児責任の放棄），性的虐待，心理的虐待の4つに分類されています。虐待の種類によって子どもの抱える傷つきや葛藤は異なりますが，ここでは，児童虐待状況に置かれた子どもたちが学校で示す問題事象を紹介し，虐待状況に置かれている子どもへの理解と支援の課題を考えていきます。

1 被虐待児が学校現場で示す問題事象

○大人との安定した愛着関係を形成することの困難さ

　被虐待児は大人との安定した愛着関係を築いていく権利を奪われています。したがって，家族外の大人との関係でも安心して自分の思いを表現することは困難であり，かえって相手を怒らせたり，嫌われる行動をとってしまうこともしばしばです。また，一度依存関係ができてくると，その相手にしがみつき，際限のない「甘え」を示すと同時に，少しでも相手が自分の期待に応えてくれないと激しく傷ついて攻撃的な態度をとったり，わざと窓から飛び降りる真似をするなど，他者を操作するための行動化が頻繁にみられます。

○自分の世界への閉じこもりと白昼夢，ファンタジーの世界に対する埋没

　虐待を受けることは子どもにとってあまりにも辛いことであるため，子どもたちはしばしば"心のスイッチ"を切り，何も感じないようにして自分を守っていくしかないときもあります。また，ときには「マッチ売りの少女」の白昼夢のように，空想世界のなかに自分の居場所を築いていくこともあります。

○虐待的関係の人間関係の強迫的反復

　自分がされてきたのと同様の言動や暴力行為を仲間集団との関係で強迫的に繰り返していく場合もしばしばみられます。それだけに，学校などで示される子どもの問題行動が家族内での虐待的な関係の「再演」である可能性については常に考えておく必要があります。

○「食」やモノ，お金に対する異常なこだわり

　身近な人間関係は安全ではなく，自分の力ではコントロールできない世界であるため，モノの世界で自分がコントロールできる世界をつくり，安全感を確保するしかない場合もしばしばです。そのために食べ物を机のなかに貯めておいたり，粘土や色紙などを盗って大量に集めるなどの問題行動が出てくるときもあります。また，万引きなどの問題行動も被虐待児にはしばしばみられます。

❷ 被虐待児に対する指導・支援の留意点

　虐待を疑った場合には児童相談所や市町村の関係機関に通告することが学校には義務づけられています。しかし，家庭からの分離に至る事例は一部であり，通告後も学校がその子どもと継続的にかかわっていく場合がほとんどです。ここでは学校における子どもとのかかわりにしぼって課題を整理してみます。

○ライフスキルの取り組み

　被虐待児が感じる感情そのものは今，そうとしか感じられない感情として受容していく必要があります。その際には，「そのときはこんな気持ちだったのかなぁ」と，行動化の背後にあった自分の感情への気づきを深め，表現していけるように支援することが大切です。その上で，しかし，行動の選択においては感情を暴力的，攻撃的に表現するのではなく，他者を傷つけない，自分の人生を大切にする行動を選択することを繰り返し要求し，そのための具体的なスキル（たとえば，「自分の気持ちを信頼している大人に話す」「その場を離れて頭を冷やす」など）を学習できるように支援していくことが重要になってきます。

○自分自身の生活とそのなかでの感情を物語として語る取り組み

　自分の生活のなかでの体験とそのときの感情を物語として語っていくことは，自分の感情をすぐに暴力などで行動化していくことへの歯止めとなります。たとえば，父親が家でアルコールを飲んで母親と自分が殴られたことへの傷つきや葛藤を引きずって登校し，学校で他児に暴力をふるう衝動的な「行動化」をしていた子どもであっても，自分の体験とそのときの感情を物語として表現できるようになるにつれて，そのような衝動的な行動化が減少していくのです。

○お互いを大切にする関係性の実践的な創造

　被虐待児の場合，これまで体験してきた支配─被支配の関係を他の人間関係のなかでも「再現」してしまう場合がしばしばあるだけに，支援者がその関係の「再現」に巻き込まれないように十分に注意していくことが大切です。

　また，こちらの心と身体に侵入してくる行為に対しては，「私はあなたの心と身体を大切にしたいと思っているの。そして，あなたから私の心と身体を傷つけられる行為はされたくはないの」ということを率直に，しかし，拒否的ではないかたちで「私メッセージ」として伝えていくことが大切です。なぜなら，大人自身が子どもの前で自らの思いを率直に，しかし，非攻撃的に表現していくことが，被虐待児にとって，自分の思いを「私メッセージ」の形で表現するための実践的なモデルを学習していくことにもなるからです。

　このようにして，お互いの「私」を大切にし合う関係を実践的に築いていくことこそが，被虐待児がこれまでの人間関係からは学ぶことができなかった，「自分を大切にし，他者を大切にする」関係というものを体感として学習することにつながっていくのです。

（楠　凡之）

参考文献
楠凡之（2002）．いじめと児童虐待の臨床教育学　ミネルヴァ書房

III 学校現場における「問題行動」と教育相談

7 「性の問題行動」に対する理解と指導・支援

1 「性」の問題は人間関係の問題

　マスメディアでは性情報が反乱し，そのなかでは男女の性関係は愛情によって結びついた相互尊重の関係ではなく，男性による女性への一方的な支配関係として描かれていることがしばしばです。また，そのほとんどは"性と生のつながり"を無視した「快楽としての性」であり，しかも，男性本位の視点のみが強調されたものとなっています。それだけに，それらのマスメディアの性情報を批判的にとらえていく力を育んでいくための指導が重要になってきます。

　しかし，性の問題行動はマスメディアの影響によってのみ起こるわけではありません。性の問題は最も深い部分での人間関係のあり方を反映したものでもあります。したがって，原家族のなかで個々人の人格が尊重され，お互いの思いを安心して表現できるような環境で育ってきた子どもたちは，性関係においても相手をモノ化したり，暴力的な支配関係に置くことはないでしょう。また，家族のなかで自分の心と身体を大切にされてきた少女たちが売春や援助交際に走ることもまず考えられないと思います。

　ある女子学生は次のような文を感想に書いていました。

　「私は，小学生から中学生の間，性的虐待を受けていました。高校生になり，自分が何をされていたのかをはっきりと認識した瞬間，『殺してやりたい！』という思いと共に，荒れに荒れました。それこそ，性的に必要とされることでしか自分の価値を見出せなくなり，援助交際もやったりしました。」

　このように，売春や援助交際などの性の問題行動を繰り返す少女たちのなかには，原家族のなかでの傷つきや虐待の体験，とりわけ性的虐待の被害体験をもっている少女が含まれていることには十分に注意する必要があるでしょう。

2 性の問題行動の背後にある内的葛藤への共感的理解を

　性の問題行動に対して，上からの道徳的な説教や叱責を繰り返しても，子どもの心には届きません。性の問題行動を表出する子どもたちの多くは，「ありのままの自分が他者から愛され，大切にされている存在である」という自己肯定感を奪われてきています。そのために，たとえ相手から性欲を満たす手段として扱われている状況でさえも，「こんな自分でも必要とされている」というように，屈折した形で自己肯定感を感じることができるため，そのような関係の

なかにどんどんと入っていってしまうのでしょう。

　性の問題行動を抱える子どもたち，とりわけ少女たちは心のなかに深い寂しさや傷つき，そして見捨てられ感を抱えています。家族や友人関係などの身近な関係のなかに自分の寂しさや傷つきを受け止めてくれる他者が存在していないとき，テレクラや出会い系サイトなどにメールや電話をして，その寂しさを埋めてくれる関係性を求めたとしても，何ら不思議ではありません。

　性行為そのものは嫌だけれども，自分の話をうんうんとうなずきながら聴いてくれ，寂しいときに一緒にいてくれるので，その寂しさを埋めてもらう代償として，性行為を受け入れてしまっている少女も少なくないのです。それだけに，性の問題行動への指導を行っていく前提として，まず，そのような関係を求めていかざるを得なかった少女たちの抱えている自己肯定感の弱さや寂しさを共感的に理解し，受容していくことが必要不可欠になってくるのです。

❸ 自分と相手の心と身体を大切にする関係性の創造を

　今日，デート・バイオレンスという言葉がよく使われるようになりました。思春期になってつきあい始めた相手から性暴力を含む暴力を受ける事例が少なくないのです。2人の関係が親密になればなるほど，原家族のなかで体験してきた傷つきや葛藤がそこに投げ込まれ，性行為のなかで相手を暴力的に支配することを通じて支配欲求を満たすと同時に，自分自身の抱えてきた傷つきや葛藤を暴力的に表出してしまうこと，これは男子生徒に多くみられます。

　また，少年期にはいじめ加害者だった少年が，思春期に入ると，異性との関係で性暴力の加害者になっていくことも指摘されています。やはり，相手を貶め，支配することによって，歪んだ形で自己効力感を取り戻そうとする行為であるという点では，いじめもデート・バイオレンスも共通しているのです。

　それだけに，一方的な支配関係ではなく，お互いの心と身体を大切にする関係のあり方を実践的に学習していくことが何よりも大切になってくるのです。

　しかし，家族のなかで，また，これまでの生活史のなかで自分の心と身体を大切にされてこなかった子どもにとって，これは容易ならざる課題です。他者を性的に支配したり，貶めたりする行為は決して許されない行為であることを明確にしつつ，それと同時に，教師や支援者との関係で等身大の自分が受容されていると感じられること，そして，「こんな自分でも生きていていいんだ。こんな自分でも大切にされている」という自己肯定感の回復を支援していくことが重要になってきます。その点で言えば，性の問題行動を示す子どもへの支援は被虐待状況に置かれてきた子どものそれと共通した面をもっているのです。

　自分の思いを安心して表現し，受容されていくこと，そして，自分を大切にし，他者を大切にする関係をまずは支援者との関係で体験していくことが性の問題行動を乗り越えていく上でも重要になってくるのです。

（楠　凡之）

Ⅲ　学校現場における「問題行動」と教育相談

8　ケータイ・ネット問題と指導・支援

1　子どもたちにとってのケータイ・インターネットの世界の意味

　ケータイを日常的に使用している子どもたちにとって，ケータイを通じてのコミュニケーションは日常生活のなかで大きな部分を占めています。
　ケータイは友人関係のなかでお互いの友情やつながりを確認し合う重要な手段となっている一方で，ケータイが子どもたちの家庭生活にまで侵入し，大きなストレスや束縛になっている場合もしばしばです。実際，1日に4時間も友人とメールのやりとりをしている高校生が3割もおり，学習時間を奪っている現状も報告されています。また，時間の問題だけでなく，ケータイが子どもたちの友人関係に及ぼしている影響はきわめて大きく，メールをめぐっての友人とのトラブルからいじめや仲間外しが起こってしまうこともしばしばです。それだけに，ケータイの功罪について，子どもたちと一緒に学習し，友人同士でも使用のルールを決めていけるように指導を行っていくことが重要です。

2　ケータイ・インターネットをめぐるいじめ・犯罪の問題

　今日，ケータイやインターネットの普及がより深刻ないじめを生み出し，被害者のダメージをさらに大きくしている側面があることは否定できません。たとえば，友人関係のなかで生じる嫉妬や反発が仲間外しや悪口の手紙などのいじめにつながる事例はこれまでにも数多くありました。しかし，掲示板やインターネットでは偽名を使って匿名性を担保できるため，自分の行為に対する葛藤や罪悪感をほとんど感じずに攻撃的な言動をしてしまいがちです。
　しかも，インターネットの普及によって，きわめて広範囲の相手，極端に言えば全世界に個人の情報が流れてしまいます。たとえば，学校裏サイトなどにその友人を「〇〇，マジキモイ！　死んだらいいのに」などと誹謗中傷するメールを実名で，場合によっては携帯番号やアドレスまでも入れて流したり，更衣室やトイレで携帯を使って写真を盗撮し，その写真をインターネットで流すというような陰湿ないじめが今日，頻繁に起きています。あるいは，ある生徒になりすまして出会い系サイトに「エッチ大好きです。セフレ募集中！」などのいかがわしいメールを写真つきで送り，その生徒が不審者からつきまとわれる事態さえ生じています。これらのいじめの多くは仲良しグループの関係がこじれた場合に生じるのですが，不特定多数の人々に情報が流れてしまうため，

通常のいじめ以上に大きな心的外傷につながることもしばしばです。とりわけ性的ないじめは最も人間的尊厳を脅かすものであり，相手を自殺にまで追いやるほど深刻なダメージを与えかねないのです。

それと同時に，ケータイやインターネットによって犯罪に巻き込まれていく危険性も決して軽視できない問題でしょう。

思春期の子どもたちは好奇心旺盛であるだけでなく，日常生活のなかでさまざまな悩みや葛藤を抱えている子どもたちも少なくありません。それだけに，非日常空間であるインターネットの世界に子どもたちが居場所を求めたとしても何ら不思議ではありません。もちろん，インターネットのブログやサイトのすべてが否定的なものというわけではなく，生身の人間関係のなかでは自分の思いを表現できなかった子どもが，ブログやサイトのなかでは自分の思いを安心して表現し，応答し合えるつながりを築いていけることもあります。

しかし，それと同時に，好奇心から出会い系サイトなどに連絡をとり，そのなかで性犯罪の被害を受けたり，自殺願望をもっている思春期の子どもがますます自殺を煽られて実行に追いつめられたり，自殺サイトで知り合った相手から殺害される事件なども起こっているだけに，十分な注意が必要です。

3 ケータイ・インターネットの適切な使用に向けての指導・支援の課題

今日，学校でもメディアリテラシーの教育の重要性が提起されています。

ケータイ・インターネットに関しても，「友人関係に及ぼす影響」「ネットいじめの問題」「インターネット犯罪」などのテーマで，具体的な事例を取り上げつつ，子どもたち自身に考えてもらうことも重要です。たとえば，ケータイが友人関係に及ぼす影響について，①いいところ，②悪いところ，などを子どもたち自身に考えて発表してもらい，その悪いところを改善していくためのルールをどのようにつくるのかを考えてもらうワークなどが考えられるでしょう。

また，インターネットを通じたいじめは通常のいじめ以上に深刻な心的外傷を及ぼすものであり，警察が調べれば発信者を特定でき，逮捕される場合もあることを伝えていく必要もあります。また，過去の事例を取り上げたロールプレイなどによって被害者の傷つきの感情を体験する学習なども，軽い気持ちでネットいじめを行ってしまうことに警鐘を鳴らす上では有効でしょう。

しかし，ケータイやインターネットの危険性を強調するだけでなく，非日常空間のなかに心の居場所を求めていかざるを得ない思春期の子どもたちの思いへの共感的理解も必要不可欠であり，そのような理解がないところでの「上からの指導や注意」は決して思春期の子どもたちの心には届かないでしょう。これらの取り組みが，思春期の子どもたちがお互いの悩みを安心して表現し合い，日常生活のなかでの他者とのつながりを実感できるような取り組みとなったとき，より有効な指導となっていくのではないでしょうか。

（楠　凡之）

参考文献
渡辺真由子（2008）．大人が知らないネットいじめの真実　ミネルヴァ書房

Ⅲ　学校現場における「問題行動」と教育相談

9 学力問題と指導・支援

1 「学力問題」をとらえる視点

　学力をめぐる問題として一般的に注目されるのは，いわゆる「低学力」です。1980年代頃から，子どもたちの「荒れ」の基盤にはこの「低学力」の問題がある，と了解されてきました。典型的なのは，基礎学力とされるレベルでさえ十分に定着していないような中学生が，卒業後の進路選択を迫られるなかで，その見通しのなさから問題行動をより深刻化させる，といったケースです。こうした「低学力」の問題群のなかには，学習障害が認められるようなケース以外にも，小学生時代から授業にまじめに参加してこなかった，宿題を含め予習や復習も全くしてこなかったなど，学習の習慣そのものが身についていないケースも含まれます。このような場合，「学力」以前の学習意欲や学習習慣をどう育てるのかが指導課題になるわけです。学習への意欲や習慣の未形成の問題は，さらに学習する（できる）環境が保障されているかどうかの検討，すなわち幼少期からの生育状況や保護者の学習や学力に対する関心，これまでの「学校」体験や「授業」体験がどのようなものであったのか，といった点の検証を要するものとなります。

　しかし，「学力問題」は，こうした「低学力」に付随するものだけに限られません。学力的に高いとされる子どもたちのなかにも，この問題は存在します。能力主義的な価値観のもとで強迫的な学習を続けているような子どものケースです。「低学力」に付随する問題群が広い意味での「適応不足」だとすれば，能力主義的な「学力」観，競争的な「学習」観にとらわれている子どもは「適応過剰」だということができるでしょう。かれらは相対的に「受験学力」は高くても，自然や社会，人間や文化についての知識や教養を獲得しつつ，ものの見方や感じ方，考え方を深めていく，という学ぶこと本来の意味や喜びを経験することができないでいます。「成績」や「順位」に執拗にこだわる子どもが象徴的ですが，かれらは他者との競争に追い立てられるように「学力」や「学習」と対峙しているわけです。

▷1 竹内常一 (1987).
子どもの自分くずしと自分つくり　東京大学出版会

2 「学力問題」への指導と支援

　まず，学力的に遅れが目立つ子どもについては，Ⅲ-5「意欲の乏しい子どもと指導・支援」のところで述べたように，その子の学習達成度を具体的に把

握した上での取り組みが求められます。それぞれの教科のどの段階で、どのようにつまずいているのかを丁寧に洗い出す必要があります。その上で、達成可能な課題に取り組ませながら、「わかった！」「できた！」という体験をくぐらせていきます。

このようにして、学力補充の面だけにとどまらず、学力の土台となる学習への意欲や習慣を育てていきます。さらに、保護者と十分な連携を取りながら家庭での学習活動を支援していくことや、場合によっては、管理職と相談しつつ、生活・学習環境を改善するために関係諸機関への働きかけを行う必要もあります。

次に、こうした子どもも主体的、積極的に参加できるような授業の工夫が求められます。授業づくりの構想にかかわる課題ですが、この子たちの「ニーズ」に応じた学習内容を授業全体のなかにどう位置づけるか、という観点をもつことが重要です。「正答─誤答」「できる─できない」だけを問うような授業では、かれらは授業の進行を妨げるか、"お客さん"として静かに過ごすしかありません。また、こうした授業では、能力主義的な「学力」観や「学習」観を強化することはあっても、仲間の多様な見方や感じ方、考え方と出会い、さまざまな発見をしていく学習本来の楽しさを生み出すことができません。教科によって困難さは違いますが、「学力」差に関係なく、子どもたちの活発な対話・討論によって成立するような授業づくりの構想が必要です。

さらに、放課後に自主的な学習会を立ち上げるなどの取り組みも求められます。このとき重要なのは、学力不振の子どもへの学習支援だけをねらいにするのではなく、学級の子どもたちの「学習」への向き合い方やニーズを深めていこうとする指導の観点をもつことです。したがって、ここでの学習は、教科の内容だけにとどまりません。それは、進路に対する不安や希望、友人関係の悩みや親との葛藤など、一人ひとりが抱えている課題について互いに応答し、対話していくようなものとなります。そうしたなかで、「学力」的には高いが、周囲の期待に押しつぶされそうになっている子どものつらさや、競争的な価値観にとらわれることで自分を否定的に評価している子どもの苦しさなども語られていきます。また、「学力」の高・低に関係なく、自他の「学習」への向き合い方を見つめ直すなかで、それぞれが得意なところを教え合ったり、遅れている子を援助するような関係が築かれていきます。

このようにして競争的・強迫的な学習から共同的な学習への転換を図っていくわけですが、こうした学級集団の質的な変化が、「低学力」の子どもの学習意欲や学習習慣の形成、また「まちがい」や「失敗」を恐れずに主体的に授業に参加していく基盤になるのです。

(照本祥敬)

▷2 こうした授業の必要性およびその具体的展開については、以下の文献に詳しく述べられている。
　鈴木和夫 (2005). 子どもとつくる対話の教育──生活指導と授業　山吹書店

Ⅲ　学校現場における「問題行動」と教育相談

10　問題行動を通して何を指導するのか
――中学校現場から

1　隆信（仮名）の問題行動

　隆信は中学校入学以来，生徒間暴力・器物破損・授業中の勝手な行動，そしてこれらの指導に対する指導拒否と対教師暴言を繰り返してきました。最も大きな事象は，2年生の1学期に起こした金銭強要問題です。同学年のひとりの生徒から，10数万円に及ぶ金銭強要事件でした。被害者の生徒が生徒間のトラブルを，お金で解決しようとしたことが引き金になった事件ですが，途中からは明らかな恐喝行為まで含んだ事件でした。

　隆信は幼児期に実の両親と暮らしていましたが，父親の家庭内暴力が激しく，「なんでやられるのかわからない（本人の弁）」暴力にさらされてきました。5歳頃に両親が離婚し，その後，就学前に実の母親と再婚した義父との3人暮らしです。就学後，学校生活で多くの問題が発生していたようです。本人が4年生頃に，母親が勤めに出始めます。父親は夜勤と日勤の入れ替わる勤務でしたから，ひとりでいる時間が多くなったようです。

　この頃，子どもの世界では乱暴な隆信と放課後に遊ぶものはいない状況でした。授業が終わって遊び相手を探しても，だれも相手にしなかったようです。しかたなく遊んだのが，同じく子どもの世界では相手にされない子どもたちでした。頻繁にトラブルを起こし，教師に指導されることが続いたようです。教師の指導に対して「俺ばっかり怒る」と，担任にナイフを向けたこともありました。

2　問題行動は常に両価値的である

　事実を徹底的に明らかにすることが，問題行動の指導の基本です。隆信の保護者に了解を得て，事実を細かく確認しました。十数回にわたる強要行為の日付・要求の仕方・金額・使途を整理しました。

　被害者両親と隆信両親も同席の上，最終確認の場をもち，保護者同士の対処の仕方の相談まで行いました。事件発覚直後，被害者の保護者から「被害届の提出は学校の指導を待ってから判断する」と言ってもらっていたこともあり，学校の今後の指導に任せてもらい，警察への届けは出されないことになりました。事件としての指導は一段落ですが，隆信の指導はここからが大切になります。否定的な行動の裏に隆信の発達要求をどう汲み取るのかが，私たちの仕事です。隆信は金銭強要問題と時期を同じくして，授業中のエスケープ，他授業

への侵入・妨害を頻発させ，指導する教師とトラブルを起こしていました。強要して得たお金は，その大半を同級生におごって使っている事実を重ね合わすと，彼の行動の背景が読めてくるのです。

被虐待体験を背負う隆信は，自己を侵害される体験から，他者を侵害することをいとわない幼児期を過ごしています。それゆえ，少年期の同級生の世界から排除されてきました。少年期の発達条件としての友達を望む思いが背景にあることを確信していました。強要して得たお金で友達を求め，その仲間と学校での時間を過ごしたい想いが他授業侵入となり，行為を否定し指導する教師は，自分の願いを侵害する他者となるのです。この分析は，校内ではケース会議を通して合意し，隆信両親と被害者両親にも説明しました。

３ 本当の指導は別にある

生徒の問題行動の指導は，当面行動の指導として行いつつ，彼の行動の裏にある願い・発達要求を汲み取り，時間をかけて取り組んでいくものです。

隆信の指導は，徹底したケアから始まりました。日常の逸脱に対しては，否定しつつ追い込まないで，荒れさせないよう配慮しました。彼の起こすトラブルや暴力問題に対する対応は，クラスの生徒を常に同席させ，行動の裏の想いを同時に理解できる生徒をつくり出しながらすすめました。

彼が抱えてきた成育史のなかで，否定面を指導されることは山ほどあっても，その裏で，他者に励まされ，支えられながら何かをやり遂げる経験はありません。その結果，彼は幼児的全能感が成熟しないまま大きくなりました。

それは，常に「100か０の行動パターン」となり，それが彼の自立を阻害することになっています。紹介するのは，事件後，２学期に入って授業中の落ち着きがなくなりだした頃，別室での学習を父親に提案したときの会話です。

隆信「別室なんていらんて，ちゃんとやるし！」Ｔ「できひんって！ 今まで何回お父さんの前で『やる！ できる！』って約束してきた？ 次の日からあかんようになってるやんけ！ ようもって２，３日やろ！ できひんのにできるって言うな！」隆信「できるし，やる！」Ｔ「お父さんの前で約束する気持ちはホンマなんやとは思うで，でもやりきる力ついてないからできないやろ！ 完璧にできなくていい，100で約束して50できたらいいねん。その繰り返しで成長するしな。しかしお前はお父さんの前で100の気持ちで決意するけど，100できなかったら止めてしまうやろ，０にもどる。100か０しかない」。隆信は泣き出した。父「約束したこと忘れるのか！ 何考えてやってるんや！」隆信「何も考えてない」Ｔ「決意したことが無理やったら，その後は何も考えないってことやろ！」隆信「うん」。

耐えうる限界を想定し，課題に迫り励ますこと，同時に他者への基本的信頼感を獲得させることが本来の指導であると思います。

（高木安夫）

Ⅳ　特別支援教育と教育相談

1　特別支援教育の基本的な考え方

1　特別支援教育制度について

　文部科学省のホームページによると特別支援教育について以下のように説明されています。

　「『特別支援教育』とは，障害のある幼児児童生徒の自立や社会参加に向けた主体的な取組を支援するという視点に立ち，幼児児童生徒一人一人の教育的ニーズを把握し，その持てる力を高め，生活や学習上の困難を改善又は克服するため，適切な指導及び必要な支援を行うものです。平成19年4月から，『特別支援教育』が学校教育法に位置づけられ，すべての学校において，障害のある幼児児童生徒の支援をさらに充実していくこととなりました。障害があることにより，通常の学級における指導だけではその能力を十分に伸ばすことが困難な子どもたちについては，一人一人の障害の種類・程度等に応じ，特別な配慮の下に，特別支援学校（平成18年度まで盲学校・聾学校・養護学校）や小学校・中学校の特別支援学級（平成18年度まで特殊学級），あるいは『通級による指導』において適切な教育が行われています。」。そして，障害者権利条約による「インクルーシブ教育システム」の理念の実現に向け整備が行われています。

2　特別支援教育の現状について

　特別支援教育にはそれまでの特殊教育が対象としている障害のある幼児児童生徒に加えて，**発達障害**が加えられました。図Ⅳ-1に特別支援教育制度にある特別支援学校，特別支援学級それに通級指導による指導の全体の在籍者数と割合を示しています。特別支援学校では視覚障害者，聴覚障害者，知的障害者，肢体不自由者，病弱・身体虚弱者の教育を行う領域の5つに専門性が分かれていて，1つの特別支援学校で複数の専門領域を兼ね備えることが可能となりました。特別支援学級は法律上では高校にも設置可能ですが，現在では小中学校のみに置かれ，公立高校には設置されていません。視覚障害，聴覚障害，知的障害，肢体不自由，病弱・身体虚弱，言語障害，自閉症・情緒障害のある子どもを対象としています。一方，通常の学級に在籍しながら，一定の時間，障害の状態に応じた指導を受ける「通級による指導」があり，視覚障害，聴覚障害，肢体不自由，病弱・身体虚弱，言語障害，自閉症，情緒障害，学習障害，注意欠陥多動性障害のある子どもたちが対象となっています。しかし，中学校における

▷1　文部科学省ホームページ「特別支援教育」http://www.mext.go.jp/a_menu/shotou/tokubetu/main.htm（2015年1月5日閲覧）

▷2　発達障害
学習障害，注意欠陥多動性障害，高機能自閉症やアスペルガー症候群。
⇒ Ⅳ-2 参照。

IV-1 特別支援教育の基本的な考え方

	（平成23年度）	（令和3年度）
義務教育段階の全児童生徒数	1,054万人 →0.9倍	961万人
特別支援教育を受ける児童生徒数	28.5万人 2.3% →1.9倍	53.9万人 5.6%

特別支援学校
視覚障害 聴覚障害 知的障害
肢体不自由 病弱・身体虚弱
6.5万人 0.6% →1.2倍 8.0万人 0.8%

小学校・中学校

特別支援学級
知的障害 肢体不自由
身体虚弱 弱視 難聴
言語障害 自閉症・情緒障害
15.5万人 1.5% →2.1倍 32.6万人 3.4%

通常の学級（通級による指導）
言語障害 自閉症 情緒障害
弱視 難聴 学習障害
注意欠陥多動性障害
肢体不自由 病弱・身体虚弱
6.5万人 0.6% →2.0倍 13.3万人 1.4%

※平成23年度は公立のみ

図IV-1　特別支援教育の対象の概念図（義務教育段階）

（注）通級による指導を受ける児童生徒数は，令和元年度の値。
出所：「特別支援教育の充実について」文部科学省初等中等教育局特別支援教育課 https://www.mhlw.go.jp/content/000912090.pdf（2022年11月28日閲覧）

通級による指導を受ける生徒の数は非常に少ないのが現状です。

　特別支援教育制度になってから，各学校に**特別支援教育コーディネーター**[3]が校内教員から指名され，学校内の特別支援教育に関する調整と外部機関との連携をするための役割を担っています。特別支援学校の特別支援教育コーディネーターは，幼稚園・小学校・中学校・高等学校，さらに保育所への支援を行い，特別支援教育のセンターとしての役割を担うことが期待されています。また，2008年には小学校と中学校，2009年には高等学校と特別支援学校の学習指導要領が改訂されました。そのなかで，通常の学級のなかに発達障害のある児童生徒が在籍していることに言及し，これらの児童生徒に適切な教育的配慮を行うとともに，「**個別の教育支援計画**[4]」と「**個別の指導計画**[5]」を作成するよう言及しました。

（落合俊郎）

▷3　特別支援教育コーディネーター
⇒ IV-4 参照。

▷4　個別の教育支援計画
一人ひとりの幼児児童生徒について，学校卒業後までを見通した長期的な視点に立ち，家庭・医療・保健・福祉・労働等の関係機関と連携し，一貫した支援を行うための計画。

▷5　個別の指導計画
障害のある幼児児童生徒一人ひとりに作成し，各教科等の目標や内容，配慮事項などを具体的に示し，教職員の共通理解による実践，指導や支援の継続や評価に役立てる。

（参考文献）
文部科学省（2009）．特別支援学校学習指導要領解説総則等編（幼稚部・小学部・中学部）

IV 特別支援教育と教育相談

2 発達障害についてのとらえ方と対応について

▷1 DSM-5では,「神経発達症」と表記されている。

▷2 文部科学省ホームページ「特別支援教育：発達障害とは」http://www.mext.go.jp/a_menu/shotou/tokubetu/004/008/001.htm（2010年8月10日閲覧）

▷3 DSM-5では,総括して「自閉スペクトラム症」と表記されている。

▷4 DSM-5では,「限局性学習症」と表記されている。

1 発達障害とは

以下の実線の枠のなかに示すのは文部科学省による定義です。また,破線の枠のなかに示してあるのが,ある小学校の「学級担任へのサポートガイド」によるものです。実際の教育現場でどのような状態像を示すか記述しています。

○自閉症・高機能自閉症の定義

・自閉症 〈Autistic Disorder〉

> 自閉症とは,3歳位までに現れ,他人との社会的関係の形成の困難さ,言葉の発達の遅れ,興味や関心が狭く特定のものにこだわることを特徴とする行動の障害であり,中枢神経系に何らかの要因による機能不全があると推定される。

・高機能自閉症 〈High-Functioning Autism〉

> 高機能自閉症とは,3歳位までに現れ,他人との社会的関係の形成の困難さ,言葉の発達の遅れ,興味や関心が狭く特定のものにこだわることを特徴とする行動の障害である自閉症のうち,知的発達の遅れを伴わないものをいう。また,中枢神経系に何らかの要因による機能不全があると推定される。

・話す内容はしっかりしているのに,話の内容や周囲で起こっていることが意外と理解できないことがあります。
・ゲームをしても「面白さ」を友だちと共有できないことが多く,自分だけでゲームをしているかのように楽しんでしまいます。「ルールが守れない」とよく言われます。
・することをいつもとがめられて,不満が蓄積してしまいます。

○学習障害の定義

・学習障害（LD）〈Learning Disabilities〉

> 学習障害とは,基本的には全般的な知的発達に遅れはないが,聞く,話す,読む,書く,計算する又は推論する能力のうち特定のものの習得と使用に著しい困難を示す様々な状態を指すものである。学習障害は,その原因として,中枢神経系に何らかの機能障害があると推定されるが,視覚障害,聴覚障害,知的障害,情緒障害などの障害や,環境的な要因が直接の原因となるものではない。

- 学習障害のある子どもの中には，読むことに大変苦労している子がいます。自分では上手に読もうと精一杯頑張っているのに，読んでいる途中でどこの行を読んでいるか分からなくなってしまうのです。
- お手本の文字を書き写すのに大変な苦労をしている子もいます。一生懸命手本を見ながら書くのだけれど，どうしても正しく書けないのです。
- 「何度練習しても上手にできない」「もっと練習しなさい。一生懸命やりなさい」と繰り返し言われているうちに，意欲をなくしてしまい，ますます「なまけている，不真面目」と見られてしまうのです。

○注意欠陥多動性障害の定義

- 注意欠陥多動性障害（ADHD）〈Attention-Deficit/Hyperactivity Disorder〉

▷5 DSM-5では，「注意欠如・多動症」と表記されている。

　ADHDとは，年齢あるいは発達に不釣り合いな注意力，及び／又は衝動性，多動性を特徴とする行動の障害で，社会的な活動や学業の機能に支障をきたすものである。また，7歳以前に現れ，その状態が継続し，中枢神経系に何らかの要因による機能不全があると推定される。

- とにかく気が散りやすく，興味のあるものが見えるとすぐそちらに行ってしまいます。面白そうなことが「気になる」というより，気にしないではいられないといったほうがいいかもしれません。
- 「しゃべりたい」と思ったとたん，しゃべってしまいます。しゃべった後で，「今しゃべったらいけない時だった」と気づきますが，周りの人から注意や叱責をうけます。
- 「やりたい」と思った時も，やらなければ気が落ち着きません。それを無理に止められるとカッとなり思ってもいないような激しい行動に出てしまいます。いつも叱られてばかりでだんだん自信をなくしていきます。

○アスペルガー症候群の定義

　さらに文部科学省のホームページでは，「アスペルガー症候群とは，知的発達の遅れを伴わず，かつ，自閉症の特徴のうち言葉の発達の遅れを伴わないものである。なお高機能自閉症やアスペルガー症候群は，広汎性発達障害に分類されるものである」としています。

▷6 DSM-5では，「自閉スペクトラム症」に含まれる。

　なお，文部科学省（2012）の調査では小学校中学校の通常の学級に在籍する発達障害のある可能性のある児童生徒が6.5％，4.5％が学習障害，3.1％が注意欠陥多動性障害，1.1％が高機能自閉症と同じような特徴を示すとの結果が出ています。

▷7 文部科学省（2012）．通常の学級に在籍する発達障害の可能性のある特別な教育的支援を必要とする児童生徒に関する調査結果について

❷ 発達障害のある子どもたちの教室での様子

　前出の「学級担任へのサポートガイド」では，「こんな子どもはいませんか」

という問いかけに対して以下のように説明しています。

> - 読むことが苦手，漢字も苦手，字がマスから大きくはみ出してしまう。
> - 話すことが苦手，何から話していいのか分からない。言いたいことがいっぱいあるけど話がまとまらない。
> - 集中して話が聞けない（すぐ気が散ってしまう），たくさんの人と話すと必要なことが聞き分けられない。
> - 数の把握が苦手，算数の学習の遅れが2学年以上ある。
> - 形の構成や成り立ちが分からない，図形がとても苦手。
> - 鍵盤ハーモニカやリコーダーの音程が分からない，押さえ方が分からない。
> - 絵が描けない，はさみやのりや絵の具道具が上手く使えない。
> - ルールが守れない，順番が待てない，思いついたことを出し抜けにしゃべる。
> - 衝動的な行動（暴力・暴言）が多く危ないことも平気。トラブルが絶えない。
> - 席を離れて歩き回る。
> - 興味・関心がすぐ変わり，つい他のことに気が移ってしまう。
> - 整理整頓ができなくて，プリントもどこへいったかわからないことが多く，お便りのプリントが家庭に届かない。
> - 忘れ物や落し物がとても多く，何度注意しても直らない。
> - 宿題をすることが極端に嫌いで，宿題をほとんどしてこない。宿題をやり終えるのに大変時間がかかる。
> - 友だちと遊ぶよりも一人遊びを好み，なかよしの友だちがずっといない。
> - こだわりがあり，次の行動に気持ちが切り替わらない。
> - 作文やお話の絵や工作など創造力をはたらかせて学習する場で，何をしていいか分からずパニックを起こしてしまう。
>
> 　こんな子どもたちと出会ったとき，私たちは「なんと勝手なわがままな子なんだろう」と思ってしまいます。こんな子どもたちは，見た目には表れていませんが，実は周囲の状況に慣れにくく，不安な気持ちで学校生活を送っているのです。不適切な行動や言動を「わざとしている」「ふざけている」と思わないでください。自分がどうしたらいいか分からなくて，こんな不適切な行動をとっているのです。また，「しなければいけない」と分かっていても，できなくて困っているのです。カッとなると自分を抑えることができなくて不適切な言葉を言ってしまうのです。それぞれ異なる困難を抱えて学校生活を送っている子どもたちが，困難を乗り越えられるように，サポート（支援）していきましょう。

　そして，これらの子どもたちは，周囲からの無理解や不安により，不登校になったりいじめの対象となったりする場合が多いのです。

❸ 発達障害のある子どもたちへの対応方法

　学校生活のルールは，絵や文字で表し視覚的な指示を出すとよいでしょう。授業でも切り絵や挿絵を多く使い視覚的な授業をします。しかし，あまり多す

ぎると混乱を生ずるので，いつも目にする正面はすっきりと構造化し，ヒントになるような掲示物は，横に貼るなどの工夫をしましょう。音声の指示は少なめにし，はっきりとわかりやすくすることが重要です。

　運動会や学芸会などの練習がある時期には予定が変わります。予定の変更に対して不安やパニックを起こす子どもがいます。このような場合，事前に説明して，どうすればよいか指示を出しておくことが必要です。「～しようね」という言い方をしましょう。「どうする？」という問いかけでは，ますますわからなくさせます。具体的に指示し選択させる問いかけをします。難しいことから始めないで，できそうなことから始め，できたら必ずほめてください。そして，スモールステップで進めることが大切です。ドリルが20題並んでいれば5題ずつ切って別々に出したり，算数の文章題を区切りながら進めていったりします。

　教科書1ページのなかにさまざまな絵や説明がある場合，他の部分をポストイットで遮蔽することも注意の集中に役立ちます。大事なことは，当たり前と思えることでも認めてほめることです。「これくらいできて当たり前」と思ってはいけません。自信がない子どもたちは，ほめられたことだけが心に残ります。

　じっとしていられない子どもたちのために，授業は10～15分で区切り，書く・読む・話す・考える・動く（操作活動・動作化），この5パターンを入れ替えて組み立てます。机上の学習から動きのある学習への転換が必要となります。離席が多く集中できないときは，操作的な課題を用いたり，担任の助手をしてもらうことも大切です。「座っていなさい」と何回言っても効果はありません。担任の助手をさせて，役に立っていると感じることは，自分の居場所をつくり不安の解消になります。落ち着く場所をまず見つけてください。授業中教室から出たいときには必ず先生に理由を伝えるようにしましょう。一定の約束を決めておき，行き先と帰ってくる時間を必ず決めておきましょう。落ち着く場所に保健室を選ぶ児童が多くいます。養護教諭と連携をして，約束の時間がきたら上手に教室へ返してもらいましょう。

　中央教育審議会では，「障害の有無にかかわらず，当該学校における幼児児童生徒の確かな学力の向上や豊かな心の育成にも資するものと言える。こうしたことから，特別支援教育の理念と基本的考え方が普及・定着することは，現在の学校教育が抱えている様々な課題の解決や改革に大いに資する」としています。実際，特別支援教育を組織的に実施することによって，不登校の激減や学力の底上げが生ずることを証明した自治体もあります。

▶ 3　中央教育審議会（2005）．特別支援教育を推進するための制度の在り方について（答申）

　2010年から内閣府に「障がい者制度改革推進会議」が設置され，政府は，国連障害者権利条約の批准に向けて，障害者基本法の改正，障害者の日常生活及び社会生活を総合的に支援する法律，障害を理由とする差別の解消の推進に関する法律，障害者の雇用促進等に関する法律の改正など国内法の制定を行い，2014年1月20日に批准した。

（落合俊郎）

Ⅳ 特別支援教育と教育相談

③ 発達障害のアセスメント

▷1 WPPSI（Wechsler Preschool and Primary Scale of Intelligence）
3歳10か月から7歳1か月の子どもを対象とした個別式知能検査法で，測定された知能の内容を分析し，診断的に理解する。

▷2 WISC-Ⅲ（Wechsler Intelligence Scale for Children）
5歳0か月から16歳11か月の子どもを対象とし，全体的な知的発達水準を測定するとともに知的発達の状態を個人内差という観点から分析する。群指数より子どもの特徴を多面的にとらえることができ支援の手立てにつなげる。現在 WISC-Ⅳの標準化が進められ，この改訂により，言語性IQ，動作性IQ が廃止され，また，下位検査のいくつかも新しいものに置き換えられた。

▷3 K-ABC（Kaufman Assessment Battery for Children）
2歳6か月から12歳11か月の子どもを対象とし，得意な認知処理スタイル（情報処理の仕方）を見つけ指導に役立てることができる。能力の高い部分は視点の手立てとして，低い部分はつまずきの内容を理解する手掛かりとする。現在，KABC-Ⅱも使用されている。

▷4 ITPA（Illinois Test of Psycholinguistic Abilities）
3歳から8歳11か月の子ど

　アセスメントは査定とも言われます。発達障害のアセスメントのうち心理検査を使用した心理アセスメントを紹介します。この目的は，ただ障害の有無を調べるだけでなく，子どもの成長にふさわしい教育や環境を知る必要があるとき，本人や保護者の了解を得て行い，習熟した検査者によって実施されなければなりません。最初に生育歴の聴き取りや行動観察を行います。そして，心理検査や尺度によって全体像を把握します。これには以下の6点に留意する必要があります。

❶ 気づきからアセスメントへ

　すでに Ⅳ-2 で言及したように，発達障害のある子どもたちの実態を体験したとき，子どもや保護者の責任にするのではなく，子どもの困難さとして見て，これらの行動の原因を明らかにし，子どもの困難さを解決しようとする気持ちが重要です。

❷ 検査の種類と検査者の技術

　一般に検査は発達や能力に関するものと性格，人格あるいは精神状態などを見るものとに大きくわけられます。また，検査者は熟練していなければなりません。子どもへの対応の善し悪しで，結果が異なることがあります。発達障害の子どものなかに，教示を音声言語で行った場合と筆談を伴って検査を行った場合，その結果が大きく異なる値を示す子どもがいます。また，年齢によって使用するテストが異なります。幼児に対しては，◁1 WPPSI，◁2 WISC-Ⅲ と ◁3 K-ABC，◁4 ITPA，◁5 田中ビネー，◁6 DTVP，◁7 PVT，◁8 DAM などを使用します。小学生には，WISC-Ⅲ と K-ABC，ITPA，田中ビネー，DTVP，PVT，DAM などを使用します。中学生には，WISC-Ⅲ と K-ABC，田中ビネーなどを使用します。一般的には，WISC-Ⅲ，WISC-Ⅳ と K-ABC，KABC-Ⅱ の組合せが多いようです。

❸ 解釈について

　知能検査だけ，あるいは1種類の知能検査だけで判断することは禁物です。たとえば高機能自閉症や自閉症と思われる子どもの場合，不登校，他傷行為や自傷行為等の二次障害が出てきたとき，WISC と K-ABC のような認知構造や効果的な学習方法を検討するためのテストだけではなく，描画検査等による

自尊感情や適応状況を把握するためのテストも必要です。検査を行う側も検査される側も，日々揺らいでいる存在であり，常に誤差を含んでいることを忘れてはいけません。同じ検査を一定の間隔を置いて再検査することもあれば，複数のテストバッテリーを行うこともあります。WISC-Ⅲの場合，全検査IQと言語性IQ，動作性IQが出ます。このとき，言語性IQと動作性IQとの差を見る必要があります。さらに，言語性検査の下位項目（知識，類似，算数，単語，理解，数唱），動作性検査項目の下位項目（絵画完成，符号，絵画配列，積木模様，組合せ，記号探し，迷路）で測定される主な能力がプロフィールのグラフとして出されます。この能力の高低によって，なぜ対象の子どもが困難を抱えているのかを読み取ります。同じようにK-ABCテストの結果を使用して，認知処理過程尺度として継次処理：下位項目（手の動作，数唱，語の配列）と同時処理：下位項目（魔法の窓，顔さがし，絵の統合，模様の構成，視覚類推，位置さがし）の値を解釈し，子どもの困難の原因を解明します。

4 授業や指導への活用

ここがゴールです。対象の子どもが示す下位項目の得点が高い項目と低い項目によって，その子が得意なこと，支援が必要なことは何かを伝えます。よくあることですが，このようなテスト結果から音声によるコミュニケーションが困難であることがわかり，視覚的に配慮した掲示物あるいはスケッチ様の描画でも意図が通じるようになるなど，さまざまな成果を生むことがあります。決して「努力不足」や「ふざけている」のではなく，何らかの原因があり，それを支援によって解決する方法を提案します。

5 ラベリングと診断の違い

この2つを誤解することがあります。子どもの対応に困難を感じたとき，医療機関に行って診断名を求めることがあります。学級のなかで困難が生ずるのは，発達障害のせいであり教員の指導能力の低さからではないとか，保護者の育て方が悪いのではないことを証明するだけでは，単なるラベリングです。診断とは，アセスメントの結果をきちんと生かし，子どものより良い生活や教育・指導に役立てることです。

6 検査を実施する際の倫理について

医療的診察に厳しい倫理規定があるように，知能テストに関しても同様な倫理があります。テストを行うときの本人や保護者からの合意，さらにインフォームド・コンセントによる保護者への説明と第三者に対する守秘義務です。このような配慮の上に適切な連携が生まれます。

（落合俊郎）

どもを対象とし，子どもの知的活動の個人内差をコミュニケーション過程の側面からとらえ，言語学習関連領域の到達度を個人内差で比較できる。

▷5　田中ビネー
2歳0か月から成人までを対象とし，個人の知的水準の発達状態を明らかにすることを目的とし，知的発達の状態を把握し指導に役立てる。

▷6　DTVP（Developmental Test of Visual Perception：フロスティッグ視知覚発達検査）
4歳0か月から7歳11か月の子どもを対象とし，視覚と運動の協応，図形と素地，形の恒常性，空間における位置，空間関係の5つの視知覚技能を測定。

▷7　PVT（Picture Vocabulary Test：絵画語い発達検査）
3歳0か月から10歳11か月の子どもを対象とし，言語理解力のなかでも基本的な語いの理解の発達程度を短時間に測定できる。言葉や知的発達に遅れがある子どもの早期発見と指導の手がかりにする。

▷8　DAM（Draw-a-man Test：グッドイナフ人物画知能検査）
幼児ならびに小学校低学年の児童や障害児を対象とし，主として動作性の知的発達水準を測定。

参考文献
坂本龍生・田川元康・竹田契一・松本治雄（編著）(1985).　障害児理解の方法――臨床観察と検査法　学苑社
上野一彦・海津亜希子・服部美佳子 (2005).　軽度発達障害の心理アセスメント　WISC-Ⅲの上手な利用と事例　日本文化科学社
日本発達障害学会（監修）(2008).　発達障害基本用語事典　金子書房

Ⅳ 特別支援教育と教育相談

4 特別支援教育コーディネーターの役割

1 特別支援教育コーディネーターとは

　特別支援教育コーディネーター（以下，コーディネーター）は，小・中学校または特別支援学校（盲・聾・養護学校）における特別支援教育の推進のため，学校長から指名され，校務分掌に明確に位置づけられることになっています。

　指名される教職員は，必ずしも特別支援教育にかかわった経験があったり，以前から関心をもち自主的に学んだことのある教職員とは限らず，従来のいわゆる特殊教育の対象となるような児童生徒についての知識・経験のみであったり，それさえほとんどないままコーディネーターに指名され困惑するといったことも，そう珍しくないのが実情です。

　指名を受けた場合，コーディネーター養成研修を受けるなど，自己研鑽を積むことはもちろん期待されるところですが，コーディネーターは特別な知識技能を修得して，直接的に児童生徒に教育的支援を行わなければならないということではありません。特別支援教育を必要とする幼児・児童・生徒には，その保護者や担任にとどまらず，学校内外の異なる立場・職種の方たちがかかわりそれぞれに支援を試みることが多々あります。そこでは，支援しようとするそれぞれの立場・職種の人たちの力をうまく引き出し，より支援の効果が上がるよう方向づけたり連絡調整する機能が必要となります。コーディネーターは，その役割を担うのです。

2 学校内でのコーディネーターの役割

○担任への支援

　中学校においては，教科担任制で学年全体がチームとして生徒に対応することが比較的できやすいのに比べ，小学校の場合担任ひとりが問題を抱え込みがちであるとは，よく聞かれることです。適切な支援が行われないまま放置されれば，担任の孤立や学級崩壊などの事態も起こり得ます。

　また，特別支援教育関連の研修会に参加したり著作文献などに触れて，学んだことのある教職員であってもなお，得られた知識と現実の児童生徒の状況とをうまく結びつけて理解することは容易ではなく，たとえば目の前の児童生徒の落ち着きのなさを，子どもの性格や保護者の養育態度によるものと一方的に決めつけてしまったり，逆に自身の指導力不足のためと意味づけて自信を喪失

してしまうこともありがちです。

　コーディネーターは，気軽に相談できる身近な支援者として，担任が早期に児童生徒の課題に気づくことを助け，児童生徒の理解の仕方や指導方法・保護者への支援方法について，校内委員会や校外の専門家に相談することができるよう橋渡しをします。

　疲労困憊に陥りやすい担任を，周囲の職員とともに心理的に支えることもまた，コーディネーターの重要な役割だと言えます。

○保護者への支援

　特別な支援を要する児童生徒への教育的支援をより有効なものとするためには，その保護者の理解と協力は不可欠です。知識や学校内外の情報をもつ教職員として，またより客観的に状況を見ることができる立場の人として，時には担任や管理職らとともに，直接保護者の相談を受けます。

　また，コーディネーターの保護者支援の対象は当該児童生徒の保護者に限らず，その周囲の保護者をも対象とすることがあります。周囲の児童生徒と保護者らの理解を得ることで，校内での支援が促進されることがあるからです。

　いずれの場合も，保護者の悩みや要望を十分に把握した上で，慎重かつ丁寧な説明，情報提供を行うことで理解を深めてもらい，学校と家庭の連携を強化していくことが大切です。

○校内の支援組織における役割

　各学校には，特別支援教育に関する校内委員会が設置されることになっており，コーディネーターはその運営，推進役を務めることが求められます。委員会がうまく機能するためには，事前に直接かかわる学級担任らから当該児童生徒の実態についての情報を収集し，整理されたものを用意することが必要です。

　また，校内の教職員の特別支援教育に関する知識・理解の状況を把握し，その要望も考慮した上で，資質の向上を図るために研修会を企画し，運営を行います。

３ 関係機関との連携に果たす役割

　コーディネーターは，学校と関係諸機関との間での連絡調整が必要とされる場合，その窓口となります。また，地域の教育・医療・福祉の支援システムについての情報を収集・整理し，必要に応じて教職員や保護者へ伝達・説明を行います。

　これらに加えて，特別支援学校の場合は，これまで蓄積されてきた専門的な知識や技能を生かして，地域の特別支援教育のセンターとしての機能を果たすことが期待されています。そのため，特別支援学校のコーディネーターは，地域内の保護者の相談を受けたり，要請に応じて幼稚園，小・中・高等学校等の支援をも行うことになっています。

（金丸慣美）

Ⅳ 特別支援教育と教育相談

5 校内での取り組み

1 校長の役割

　校内での特別支援教育への取り組みを考える上で重要なことの一つは，当該児童生徒にかかわる一部の教職員によってなされるものではなく，学校全体で取り組まれるべきものだということです。それが可能となるためには，それぞれの学校の実情に合った組織的な支援体制が構築される必要があります。

　全校的な支援体制を整備していくためには，リーダーとしての校長の指導性が欠かせません。校長には，Ⅳ-4で述べたように支援体制において重要な役割を担う特別支援教育コーディネーターの指名，支援体制の中心となる校内委員会の設置をはじめ，いろいろな側面で推進を図ることが求められます。全校の児童生徒・保護者また地域の人々へ向けて，特別支援教育についての正しい理解を広めるべく働きかけをすることも重要な役割です。

2 校内委員会

　校内での取り組みのなかで，中心的な役割を果たすのが校内委員会です。各学校の状況により異なりますが，校長，特別支援教育コーディネーター，特別支援学級担任，教育相談担当者，学年主任，当該児童生徒の学級担任等，学校の支援方針を定めるために必要な人たち，また当該児童生徒についての情報を把握している人たちで構成されます。

　校内委員会の主な役割としては，下記のようなものがあげられます。

　〇早期の〈気づき〉への対応

　学校をあげての取り組みは，極端な学力不振や授業妨害，保護者からの強い訴えなど，ある程度問題が大きくなってから開始されることが多いのが実情です。学級担任が指導上の疑問や不安をもちながらも，確信がもてないために対応が遅れるといった事例もみられることがあります。

　発達障害等の支援には，早期発見・早期支援が重要と言われます。担任にとって校内委員会が，児童生徒の理解の仕方や対応方法について意見交換ができ，助言を得ることができる身近な資源としてよく機能できれば，見過ごしや安易な先延ばしを回避することにつながります。委員会が抵抗なく活用されるような校内の雰囲気が醸成されることが大切です。

○個別の指導計画の作成と活用

　個別の指導計画とは，特別な教育的支援を必要とする児童生徒個々の教育的ニーズに応じた指導目標・指導方法の具体的な計画です。個別の指導計画は，大まかには下記のような手順で作成されます。

(1) 当該児童生徒について担任・校内関係者・保護者らから情報を収集し，実態を把握する。

(2) 実態に基づき，指導の具体的な目標を設定する。

(3) 目標を達成するための具体的な指導内容・手立てを設定する。

　個別の指導計画には，実施期間も具体的に記載しておき，その節目ごとに，目標が達成されたか否かを評価し，必要な改善を行っていきます。

○専門家への支援の要請に関する検討

　校内委員会では，当該児童生徒の教育的支援のため，教育委員会に設置されている巡回相談員や専門家チームに依頼するかどうかの検討を行います。依頼することが決定されると，校内委員会の構成員が，巡回相談員や専門家チームに報告する資料を作成し提出します。巡回指導員の助言，専門家チームの判断・助言は，校内委員会で検討され個別の指導計画に反映させるなど，校内での支援に活用していきます。

3 関係者チーム

　迅速な対応を迫られるような場合，校内委員会の構成員が揃わなければ当該児童生徒への対応が検討できないというのでは，児童生徒・保護者のニーズに応えることは困難です。より柔軟な体制が必要とされます。

　学校全体に個別の指導計画が報告され，共通理解が得られていることを前提に，日常的には，当該児童生徒に直接かかわる機会の多い教職員が少人数のチームとして，必要に応じてやりとりをしながら対応していくのが現実的です。そこでの検討事項，行った支援については記録がとられ，校内委員会に報告されることが必要です。構成員としては，学級担任・特別支援教育コーディネーター・学年主任等がその中心となると考えられます。

4 学級担任の取り組み

　学級経営に特別支援教育の視点を取り入れることにより，担任は児童生徒の示すサインに敏感になり，困難や課題にいち早く気づくことができる可能性が広がります。そのサインをこれまでと違った角度から理解し，支援を試みることも可能となるでしょう。また，気づいたことや自分自身が行った対応を具体的に記録に残しておくことは，非常に重要です。自身の支援の効果を検討する上で，また引継ぎや学校内外との連携の際に提示する資料としても役立ちます。

（金丸慣美）

Ⅳ　特別支援教育と教育相談

6　保護者との関係づくりと支援

1　当事者同士としての自覚に立って

　保護者とのかかわり方というのは大事なことです。子育てをすすめる人と教育をすすめる人とが手を結ぶことが求められるのは当然です。しかし，それが意外と上手くいっていないのが現実です。なぜでしょうか。

　親の側には，警戒心があります。「障害」をもつ子どもとして見られるのを嫌うからです。親は今までさんざん苦労してきています。子育ての苦労は想像する以上に大変なのだと思います。ですから，まずは今までの苦労と現在の悩みを聞いてあげることが大事です。そして，「これからは一緒に苦労してみましょう」と手を差しのべることです。たいていの人は，聞いてくれることを喜ぶと思います。「発達障害」の傾向を強くもつ子どもの親は，自分の子育てのせいなのかと悩んでいます。祖父母や親戚からも母親は非難の目で見られることがあります。幼稚園や保育所の時代には，周囲に迷惑をかけるなどして謝って歩くということなども経験しているかもしれません。何度言ってもわからずに，心ならずも強く叱責したり，体罰を繰り返したりなどの苦い経験をもっている人もいます。まずは，苦労話に耳を傾けることです。いろいろな手立てを検討するのはその後です。「発達障害」という診断を受け取っている人であったら，それこそ親のしつけや子育ての問題ではないのですから，安心させてあげます。その上で，これからの子育てと教育のありようを検討していきます。

2　保護者との対話の方法

　保護者との連携をすすめるとき，一番基本的な手立ては対話です。対話には，口頭で話を交わすことと手紙や連絡帳で連絡をとり合う方法があります。私がA君を受けもったとき，「これは封印したいけど，先生に見せてからにしようと思って」と，前の先生との連絡ノートを見せてくれました。封印したいという理由がわかりました。その日その日で大変だったこと（確かに連日大変だった様子でした）が，事実の報告のように箇条書きにして書いてありました。しかも見たところ，ほとんどは良くない行動の報告です。これでは，封印してしまいたくなります。書いてあることは事実だとしても，どうにかならなかったのだろうかと考えさせられました。親とのすれ違いを起こす一因になるのが，こうした連絡ノートの書き方をめぐる問題です。書いてあることは確かに間違い

のないことでしょうが，問題は書き方です。知らせ方と言ってもいいでしょう。

　記録にとどめることになるわけですから，書くことには神経を使います。初めの時期は，徹底して良いことを記録にとどめます。悪さをしたというような事柄はできるだけ口頭で伝えます。軽く触れることはしても，詳しくは電話や直接会って話します。記録に残ってしまいますから，少なくとも，良いこと悪いこと半々にならないと。読み返す親の気持ちを考えたらどう思いますか。共感したり励ましたりの部分も大事です。良いことを書けるときは，遠慮しないでたくさん書いておくことをすすめます。親も不安です。自信も薄らいでいます。子どもと同じように自己肯定感が低くなっていても不思議ではありません。親の子育てを励ましてあげられるような書き方を考えていきたいものです。

　連絡ノートを苦手とする人もいます。なかなかノートがつながらない場合もあります。ですから，気楽に交わす交換ノートのような気分になれるといいのです。あまり書くことがないというときでも書いていないと，いざというときに役に立ちません。慣れることが大事です。その日のちょっとした様子などでいいです。伝えてあげれば，親は喜んでくれます。

❸ 保護者会でどう伝えるか

　ADHDなど発達障害の子どものことを親たちにどう伝えるか，子どもたちにどう伝えるかという質問を受けることが多いのですが，当事者の親の考えが一番に優先されなくてはなりません。親の覚悟が決まらないのに，無理して話したり，話させたりしてはいけません。

　話す場合，当事者の親が，保護者会や懇談会の席で，他の親に語るという方法が一番いいのですが，担任や養護教諭の助けも必要となります。親と学校側とでよく話し合って，どのように話したらよいか，他の保護者の協力をどのような形で得たらいいかを打ち合わせておく必要があります。事前の了解なしに，それらしい発言や報告をしたりしてはいけません。中途半端な形は害あっても一利なしです。トラブルの原因になりやすい事柄ですから，学年の先生や管理職の先生と複数で，親と対応し話し合っておくことを勧めます。

　「あの子はADHDじゃないですか」「自閉傾向がありますよね」「衝動的で恐いんですが，アスペルガーとかじゃないんですか」など，個人面談や保護者会で話題にされたりすることがあります。そんなときは注意しなければなりません。噂話から「そうですね」「そうかもしれませんね」などといった受け答えは禁物です。「多くの子にそうした傾向はあるんですよ」「みんな同じような発達課題をもっているんです」といった対応が正しいでしょう。それは，決して誤魔化しでなく事実そうだからです。「発達障害」の子どもに現れている傾向は，どの子の課題でもあるのです。ですから，どの子にも共通した問題・課題として，保護者への協力もお願いできます。

（大和久　勝）

Ⅳ 特別支援教育と教育相談

7 特別支援教育にもとづく学級での取り組み方

① 個人指導の展開と集団づくりの展開のなかで

　ADHDやLD，高機能自閉症などの子どもたちは，わかってもらえない，理解してもらえない苦しさ，つらさを抱えて過ごしています。「できない」ことを「できるはず」とみられ，「なぜあなたはできないのか」と否定的評価を繰り返し受け，自尊感情や自己肯定感を低めてしまっているのです。「自分なんて」「どうせ何やったってダメなんだから」「いなけりゃいいんだ」と口癖のように言います。「学校なんか嫌いだ」「みんななんか嫌いだ」と，周りとのかかわりを拒否し，孤立を深めます。時にはパニックを起こしたり，他者との間にいざこざや争いをつくり出したりします。

　この子たちは，個人指導の展開と集団づくりの展開という形での適切なサポートを必要としているのです。ところが，個人指導への傾斜，あるいは，問題・トラブルの後追い実践になってしまうケースが多くみられ，集団づくりがうまくできないという悩みが深刻です。多様な子どもたちの出現，集団参加が困難な子どもたちの増加に直面するなかで，今まで以上に個々の子どもへの個人的対応に時間を多く割くことになるなど，集団への指導が不十分な実践が目立つようになっています。実は「困った子」として抱えるのは，「発達障害」と診断される子だけでないからです。それだけに，個々の子どもを育てる教育力をもつ集団をつくっていかなければなりません。

　個人指導だけでの追及では，特別支援の対象となる子どもたちをサポートしていくことはできません。「個人指導と集団指導のそれぞれの展開とその結合」が最も有効な実践方法だと知ることが重要です。

② 「ひとりで抱え込まない」という意味と「3つの共同」の展開

　指導を展開するなかで何よりも重要なことは，自分ひとりだけで抱え込まないということです。このことが実践の基本にすわれば，どんな事態も乗り越えていくことができるような気がします。そのためには「ひとりで抱え込まない」という意味を深くとらえる必要があります。これが「3つの共同」につながります。

　まず考えるのは，「教職員との共同」です。合意に支えられて実践をつくり出すことは，誰もが願うところです。自分の指導，学級をオープンにするのは勇

気のいることですが，指導記録の公開を抜きに教職員の協力・共同はつくれません。「事実の共有」は「課題の共有」を導き，それがもとになって，共同が展開されます。

次に考えるのは，「保護者との共同」です。保護者との信頼関係は，保護者の子育てへの共感と励ましでつくられます。そして，子どもに何がしてあげられるかを共に考え，協力し合うことです。

ADHDとアスペルガーの合併症だとされたA君のお母さんの場合，毎週金曜日，図工の時間に一緒に授業を受けてくれました。そのあと，給食前の時間帯を利用して，子どもたちにお話や絵本の読み聞かせをしてくれました。毎週の，その時間は「お話玉手箱」と呼んで，誰もが楽しみにする特別な時間となり，それがきっかけになって，A君のお母さんとクラスの子どもたちが親密な関係をもつようになりました。そして，その評判を子どもから伝え聞いて他の親たちからのA君のお母さんへの応援，支持が広がっていったのです。

3つ目は「子どもとの共同」です。すなわち，集団づくりです。この視点が落ちてしまっては，実践は成功しません。個人指導が重すぎるために，どうしても集団づくりとのかかわりを忘れてしまいがちなのですが，子ども集団がサポートしている事実を見落としてはならないのです。教師以上に接点をもち，仲間としてのかかわりを日々実践しているのは，学級や学年の子どもたちです。子どもたちとの対話・討論・学びのなかから，事実の共有・課題の共有をつくり出し，子どもたちとの共同を進めていきます。

3 「支援」のなかで目指すもの

「『発達障害』とされる子どもへの支援」というのは，その子どもへのケアだけで終わるものではありません。私たちが指導のなかで目指すのは，どの子にも居場所と出番をつくり個々の子どもの成長をすすめるという集団づくりをもとに，多様であり個性的であるさまざまな他者と「共に生きる力」「共に生きる世界」を子どもたちのなかに育てていくことです。

だとすると，私たちが発達障害の子どもたちをどうとらえるのかが重要です。まずは，「困った子」ではなく「困っている子」なのだということ。そして「発達障害」を子どもたちの「特性」として見る見方です。誰もが似たような特性をもっているが，その特性を人一倍強くもち，強いがゆえに「生きづらさ」を示している子なのだという見方です。そして，他者に理解され認められるなかで，自己肯定感が育ち，安定した行動がとれるようになったり，自分の力を生かせる行動の仕方が身についたりするのだということを承知しておきたいと思います。

子どもの「特性」を「個性」に磨き上げるのも，支援のなかで目指すものです。

（大和久　勝）

Ⅳ 特別支援教育と教育相談

8 専門家や専門機関との連携の仕方

1 児童生徒・保護者の支援をめぐる連携

○身近な専門機関

　特別な教育的支援を要する児童生徒とその保護者の相談に応ずる専門機関は，医療・教育・福祉など，多領域にわたっています。

　身近な機関としては，教育センター，児童相談所，療育センター，精神保健センター，大学の臨床センター（教育相談室）などがあげられます。また，地域にある発達障害の臨床経験の豊かな医師のいる診療所・病院は，児童生徒と保護者，教職員にとって重要な資源となります。

　また，特別支援教育にかかわる教職員への支援としては，教育委員会が設置する「専門家チーム」，学校からの要請に応じて各学校へ赴き指導・助言を行う「巡回相談」などがあります。

○専門機関への相談を提案するということ

　保護者の側から専門機関の紹介を要請される場合もあれば，学校の側から提案する場合もあります。保護者によっては，わが子が偏見の目で見られるのではないかという不安をもったり，過去に専門機関にかかることで何らかの不快な経験をしている可能性もあります。専門機関への相談は，児童生徒への理解を深め，より適切な支援を可能にするためになされるものですから，その過程で，児童生徒や保護者の気持ちを傷つけたり，学校との関係を悪くするようでは本末転倒です。どんな場合でも，児童生徒と保護者の立場や考えが尊重され，提案には慎重を期さなければなりません。

　直接，校外の専門機関を紹介するよりも，特別支援教育コーディネーターやスクールカウンセラーなどへの相談を勧めることで，より支援の過程が円滑になることがあります。そういった場で，保護者や児童生徒の不安や思いが十分に傾聴され，校外の専門機関の活用についてより詳細な説明がなされることで，保護者や児童生徒の動機づけが高まるのです。

○紹介・情報提供のあり方

　児童生徒や保護者が，相談のため専門機関を初めて訪れる際，学校で把握された情報をとりまとめ，整理して当該機関に提供することは重要です。集団での学習・生活の場である学校では，児童生徒は家庭とは異なる行動や困難を示すことがあります。そういった側面についての具体的な記述は，専門家が見立

てや助言を行う上で参考となるのです。

　それらの情報を正確に安全に伝達しようとすれば，当該機関へ直接足を運ぶことが最善ではありますが，より現実的・実際的な方法は電話か郵送ということになるでしょう。専門機関によっては，情報提供が的確になされるために書式を定め，その用紙に記入して来談の折に提出するよう求めるところもあります。そういった書式がない場合でも，読みやすく簡潔にまとめられている必要があります。

　当然のことながら，学校外の機関に保護者・児童生徒の個人情報を伝える場合には，少なくとも保護者の同意を得る必要があります。希望があれば，保護者にその内容も提示されるべきです。

　専門機関への情報提供者（特別支援教育コーディネーター・担任・スクールカウンセラーなど）と保護者との間に十分な信頼関係があれば，保護者は積極的に当該機関への情報提供を承諾されるでしょうし，むしろ，心強いサポートとして受け止められることが多いものです。

○相談後の対応と継続

　児童生徒・保護者の相談・受診の後の専門家・専門機関から教育現場へのフィードバックのありようは，さまざまです。保護者を通じて検査結果や見立てについて伝えられることもあれば，学校での支援方法について口頭や書面で示唆・助言をされることもありますし，さらにより積極的に，学校を訪問して児童生徒の状況を観察されたりする場合もあります。

　それらを受けて，校内では校内委員会を中心に支援のあり方についての検討が行われます。また，学級担任は，特別支援教育コーディネーターやスクールカウンセラーなどの支援を受けつつ，保護者と話し合う場を設定する必要があります。そこで，診断・検査の結果また専門家の意見・助言について話し合い，家庭や学校での支援に生かしていくよう検討することが重要です。

　専門機関での相談・訓練や医療機関への通院は，長期間にわたって継続されることも多いものです。支援のためとはいえ，その過程は，児童生徒・保護者にとって，時には過重な負担ともなります。疲弊しがちな保護者を支え，児童生徒の成長・変化を見守りつつ，必要に応じてまた事例によっては定期的に，専門機関との間で情報交換や意見交換を行っていくことが望まれます。

❷ 支援体制づくりにおける連携

　校内研修会に，大学・医療機関・特別支援学校等の専門家を招き，特別支援教育にかかわる研修を受けて理解を深めたり，校内の児童生徒についての事例検討会に参加を要請し，助言を求めることなどが行われています。

　これらは，教職員の資質の向上に資するだけでなく，特別支援教育についての学校全体の意識統一，共通理解を進める契機ともなります。　　（金丸慣美）

Ⅳ　特別支援教育と教育相談

9　気になる子どもへのかかわりと学級の取り組み——特別支援教育の現場から

▶ 大和久　勝（2003）.「ADHD」の子どもと生きる教室　新日本出版

1　出会い直し——「困った子」を「困っている子」として

　私は私自身の実践のなかで「出会い直し」の大事さを実感しました。暴力を加えたり，切れたり，パニックを起こしたりするのは，「困っている」ことの訴え，叫びなのだということを理解するには，ある一定の時間が必要なのだと思います。子どもが示す，もめごと，ケンカ，逸脱行為など，さまざまなトラブルとかかわることで「出会い直し」の大事さが見えてくるのです。

　私が3年生で受けもった海田君（仮名）は，ADHDとアスペルガー症候群の合併症だと診断されていました。奇妙な行動をとる子，指導の入らない子，際立った異質性を示す子として，受けもつときから大変さは覚悟していたのですが，「困っている子」としての見方を助けにしながらも，なかなか思うように実践は進みませんでした。「困った子」という意識も出たり入ったりしていました。そんな気持ちが大きく私のなかで変化していったのが，子どものパニックに遭遇していったときです。海田君は4月後半から次々にパニックを起こしたりして失敗をしました。3度目の大きなパニックのときでした。

　楽器をいじりたくて入り込んだ音楽室から海田君を連れ出しました。以前にも楽器で失敗していました。音楽室の前の図工室に入ってキャーキャー言って暴れる海田君をしゃがんで抱きかかえました。初めはいつものように抵抗しましたがだんだん脱力し，私の背中に手を回してきました。やがてしくしく泣き始める彼を抱きながら，何かとても切なくなってきてしまったのです。

　「自分の感情や行動を自分で思うようにコントロールできない苦しさ」が伝わってきました。私は，震える彼の体を抱きしめながら「彼の味方になってやりたい」と思ったのです。

　これが，私にとっての海田君との一番印象強い「出会い直し」でした。「出会い直し」は，この後も何回か繰り返しましたが，このときの「出会い直し」は私の実践を大きく決定づけました。そのときの「共感」の深さが，その後のすべてを決めていったと思います。「共感」から得たものを他の子どもたちに伝え，教職員に，保護者に伝えました。そこから，それぞれの「共同」が進みました。

2　成長を支えた子どもたち——「子どもとの共同」

　海田君との一年間の実践を支えたのは，「教職員との共同」，「保護者との共

同」，そして「子どもとの共同」でした。とりわけ，子どもたちとの共同は心に残るものでした。教師が発信するメッセージに応答してきた子どもたちがリーダーとなり，教師との共同を媒介に子どもの間の共同関係を育てたのです。

　海田君は，自己肯定感をもてずにいました。「できない」ことを「できるはず」と見られ，否定的評価を繰り返し受け，自尊感情も低めてしまっていました。しかし，海田君だけでなく，今の子たちは，自尊感情や自己肯定感が低い子たちが目立ちます。ですから，この問題は「発達障害」の子どもだけでなく，多くの子どもたちの問題なのです。私は，海田君への指導を通しながら，どの子にも海田君と同じように居場所と出番をつくり出そうと考えました。

　授業や仕事や遊びやおしゃべりなどを中心とした班の生活を充実させること。係り活動に文化性を加え自分の好みと得意を生かせるようにすること。共同の学びをつくりだし共に学ぶ喜びをつくること。みんなで創意工夫してつくるイベントや行事を大事にすること。そんな授業づくり・生活づくりのなかで，海田君とのかかわりも育てていきました。

　学級の班から出発した「海田君応援団」や，海田君の得意からスタートした学級内クラブの「将棋クラブ」や「折り紙クラブ」の活躍が力を発揮しました。どの子にも居場所と出番をつくるというのが私たちの集団づくりの方法です。居場所は，信頼し安心できる人間関係であり，出番は授業や学級活動で活躍することです。その安心と自信のなかから自己肯定感が育ち，自立していくことができたのです。

　なかでも，海田君の得意なことに目をつけて海田君応援団と一緒につくった「フラフープ体操」の創作は秋の運動会の成功につながりました。曲は，〈ホワイトベリー〉の「夏祭り」。〈モーニング娘。〉が大好きな女子のリーダーたちの手によるものでした。前年の運動会は練習で失敗を繰り返しまともな参加ができませんでした。しかも，そのときからパニックも多くなっていったので，この年の運動会は何としても成功させたかったのです。

　学年ダンス「フラフープダンス・夏祭り」の創作には海田君もダンス実行委員のひとりとして加わり最後まで学年の輪の中心にいて活躍することができました。海田君は，得意の機械操作と隊形移動，反省会の司会，フラフープの運搬・出し入れなど多様な仕事を務めました。他の子と協力し合ってやり遂げたこのときの喜びと自信は，その後の海田君に大きな変化をつくり出しました。日常の授業や仕事への参加もできるようになり，自分の感情や行動を自分でコントロールできるようにもなっていきました。

　自己肯定感は，他者とのかかわりのなかで育つものです。共に生きる教室の子どもたちの支えと評価で，自分への肯定的見方ができていきます。私たちは，集団づくりの効果を忘れてはならないと思います。

（大和久　勝）

V 予防・開発的取り組みと教育相談

1 問題解決から予防・開発的な教育相談へ

1 教育相談の対象と内容

　日本学校教育相談学会は，学校教育相談について，「教師が，児童生徒最優先の姿勢に徹し，児童生徒の健全な成長・発達を目指し，的確に指導・支援すること」と定義しています[1]。学校における教育相談の主たる対象は子どもですが，子どもとかかわる保護者と教職員も対象となってきます。狭義の教育相談は，教育相談担当とすべての教師を担い手として行われ，その活動内容は次の4点があげられます。①個人やグループを対象としたカウンセリング，②学級や学年などを対象としたガイダンス，③援助者同士が課題解決のために相互支援として行うコンサルテーション，④学校内外の援助資源（リソース）の連携，調整を図るコーディネーションです[2]。なお，広義の教育相談は，これらに加えて，教育相談活動の計画立案，調査・検査の実施，資料整備・活用，研修会の企画・実施，広報活動，相談室の管理・運営，評価などが含まれてきます[3]。

2 教育相談の3つの機能

　学校における教育相談には，3つの機能が含まれています。1つには問題解決的教育相談であり，2つには予防的教育相談であり，3つには開発的教育相談です[4]。問題解決的教育相談は，いじめ，不登校，暴力，トラブルといった課題を抱える子どもに対して，解決を図るための指導・支援です。予防的教育相談は，欠席や遅刻，学習意欲の低下，些細なトラブルが目立つなど，日常生活のなかで気になる子どもに対して，不適応状態に陥らないようにするための指導・支援です。開発的教育相談は，学級，学年などのすべての子どもに対して，キャリア・ガイダンス，ソーシャルスキル・トレーニング，構成的グループ・エンカウンター，ピア・サポートなどを通して行う人間関係・信頼関係の形成や人としてのあり方・生き方などにかかわる心理教育的指導・支援です[5]。

3 問題解決から予防的・開発的教育相談へのアプローチ

◯「つながる」ことと「つなげる」こと

　学級担任が果たす役割は，大きく2つあります。第一には，担任が一人ひとりの子どもたちとの信頼関係を大切にしながら，個別に丁寧につながっていくことです（パートナー）。しかし，限られた条件のなかで，全員と同じようにか

---

[1] 日本学校教育相談学会刊行図書編集委員会（編）(2006). 学校教育相談学ハンドブック　ほんの森出版

[2] 栗原慎二（2002）. 新しい学校教育相談の在り方と進め方　ほんの森出版

[3] 大野精一（1997）. 学校教育相談──理論化の試み　ほんの森出版

[4] 日本学校教育相談学会刊行図書編集委員会（編）(2006). 前掲書

[5] 広木克行は，開発的教育相談について，「教育相談は信頼関係のうえに成り立つ活動であり，その関係を創り出すカウンセリングの姿勢を教育活動に生かすことこそ開発的な機能の意味だといってよい」と指摘している。
広木克行（編）(2008). 教育相談　学文社　14-32.

かわっていくことは大変困難です。また，どちらのせいでもなく，相性が合わないといったことも起きてきます。そこで，第二には，学級の子どもたち同士，子どもと他の教師，子どもと親，子どもと学外の大人など，担任以外の他者とつなげていくことです（コーディネーター）。

○関係する子どもたちのグループで相談する──問題解決的アプローチ

学級のインフォーマルグループのなかで，いじめなどのトラブルが発生することも少なくありません。学級全体で話し合い解決を図ることも一つの方法ですが，逆に問題を広げてしまい，被害にあっている子どもをさらに傷つけるような結果を招くこともあります。思春期を迎えた女子と男子の意識や関心の違いなどが，話し合いの妨げになることもあります。たとえば，インフォーマルグループでのいじめであれば，「まず，被害者から個別に話を聴く」「他の当事者から，同様に事情を聴く」「問題点の確認と同時に，今後どうしていきたいのか，双方から話を聴く」「距離をとるのか，和解するのか，方針を定めながらグループでの話し合いを行う」「学級に対してどのように報告するのか，当事者の意向を尊重しながら決めていく」といった担任の姿勢，対応が大切です。

○気になる子どものことを周辺の子どもに相談する──予防的アプローチ

気になる子どもに対して，どのように理解してかかわればよいのかわからない時には，気にかけてくれている周辺の子どもたちに率直に相談をもちかけ，聴いていくことです。そこから，支援のためのチームが学級に誕生し，作戦会議が始まったりします。たとえば，「Aさんのこと最近気になるんだけれど，何かあったのかな」と，子どもたちに聴いて頼っていってください。時には，「先生は，今は何もしない方がいい」といった反応も返ってきて，がっかりすることもあります。しかし，よく考えるとそれは取り組みが展開するチャンスです。子どもたちに可能な支援を依頼し，様子を見守ることも大切です。こうして，担任と子ども数名からなる「チームA」が誕生し，機能していったりするからです。この時，子どものことは子どもに聴くという担任の姿勢が大切です。

○面談期間を活用したグループアプローチ──開発的アプローチ

学校における面談期間の取り組みは，個別面談を中心に行われますが，学習，生活面の状況を話し，ひたすら叱咤激励しているのは担任であったりします。これでは，教育相談とは言えません。なかなか担任と対面では話しにくい子どもも少なくないため，グループ面談の工夫は有効です。2～5人程度のグループを自主的に組んで，学習や生活面について，担任だけからではなく，グループ内での自己評価や相互評価も行っていくのです。また，学級で気になっていることや担任への注文などについても聴いていくのです。担任としては，時には耳の痛い注文を聴く機会になりますが，同時に子どもたちの学級での友人関係をリアルに把握することができて，今後の指導・支援につながっていきます。

（春日井敏之）

参考文献

石隈利紀（1999）．学校心理学──教師・スクールカウンセラー・保護者のチームによる心理教育的援助サービス　誠信書房

春日井敏之（2002）．希望としての教育──親・子ども・教師の出会い直し　三学出版

V 予防・開発的取り組みと教育相談

2 構成的グループ・エンカウンター

1 構成的グループ・エンカウンター（SGE）とは

　構成的グループ・エンカウンターのエンカウンターとは，「出会い」を意味します。ここでは，本音の交流や親密な人間関係の形成を意味する言葉として使われています。構成的グループ・エンカウンターとは，さまざまな**エクササイズ**◁1を遂行しながら，自己開示によって温かな人間関係を形成し，心と心のふれあいを深めるなかで，自己理解，他者理解を進め，自己変容，自己成長を図ろうとするグループ体験を指しています。◁2

　その展開は，①リーダー（教師など）が用意したプログラムで，作業や討議をする方法で行う，②リーダーはねらいを説明し，グループサイズ，グループメンバー，実施時間などを状況に応じて構成する，③リーダーは，メンバー（生徒など）がエクササイズの実施を通して感じたことや気づいたことなどを**シェアリング**◁3し，自己開示していく場面を設定していく，といったグループによる体験活動を内容としています。◁4

2 構成的グループ・エンカウンターの理論と技法

　育てるカウンセリング◁5の視点から，構成的グループ・エンカウンターの理論と技法について述べておきます。國分康孝は，構成的グループ・エンカウンターを体験することは，次の6つを体験することであると強調しています。◁6

　①ホンネを知る（自己覚知），②ホンネを表現する（感情表現），③ホンネを主張する（自己主張），④他者のホンネを受け入れる（他者受容＝傾聴訓練），⑤他者の行動の一貫性を信じる（信頼感），⑥他者とのかかわりをもつ（役割遂行）です。

　構成的グループ・エンカウンターは，新年度の新しい学級集団の人間関係づくりやいじめの予防などを意識しながら，日常の教育活動において計画的・継続的に実施されます。育てるカウンセリングが，集団を対象として予防的・開発的に行われる能動的なカウンセリングであり，その1つが構成的グループ・エンカウンターだからです。提唱者である國分は，育てるカウンセリングにおける構成的グループ・エンカウンターのねらいとして，①人間関係をつくること，②人間関係を通して自己発見することの2点を強調し，人間関係をつくることは，役割関係をつくること，感情交流をもつことであると指摘しています。◁7

▷1　エクササイズ
　エクササイズは，集団を対象に予防的・開発的に取り組まれる心理教育的な達成課題，および実習を指す。エクササイズは，児童生徒の課題状況に即して，リーダーの人生観，カウンセリング観，教育観などの専門性により選定される。

▷2　國分康孝・片野智治（2001）．構成的グループ・エンカウンターの原理と進め方　誠信書房

▷3　シェアリング
　シェアリングとは，エクササイズを通して気づいたこと，感じたことなどを，お互いに振り返りながら，グループで分かち合い明らかにしていくこと。グループ内で伝え合うことによって，自己と他者への肯定的な考えやとらえ方につながっていく。

▷4　國分康孝（編）(1999)．学校カウンセリング　日本評論社

▷5　育てるカウンセリング
　育てるカウンセリングについて國分康孝は，①構成的グループ・エンカウンター，②キャリア・ガイダンス，③グループ指導，④対話のある授業，⑤サイコエデュケーション（たとえばいじめ問題など，共有する課題に対する心理学的な見方や行動の集団教育）を提言している。

▷6　國分康孝（1981）．エンカウンター――心とこころのふれあい　誠信書房

③ 構成的グループ・エンカウンターのエクササイズ

エクササイズは無数にあり，目の前の子どもの状況や発達に即した工夫によって，生徒たちとも相談しながら，新しいエクササイズを開発していくことも期待されています。たとえば，「全員との出会いの握手」「2人1組でのブラインド・ウオーク」「2人1組のインタビュー」「3人1組で小学校時代に一番楽しかった思い出を話す」「5年後の私をグループで語り合う」「サイコロトーク（出る数字に応じて話題を決めて話す）」「共同絵画」「短所は長所」などです。

実際のグループ体験の一コマを紹介します。初めに**ウォーミングアップ**[8]として，関係づくりのために「自由歩行あいさつ」からスタートします。その後，誕生日順に手をつなぐ「バースデーチェーン」で1つの輪になり，6～7名のグループに分かれます。続いて参加者に，「自分の人生に影響を与えた人」というエクササイズを与えます。一人ひとりが，自分の人生を省みて，今の自分につながる人について考え，グループ内で発表し合います。その後のシェアリングでは，グループの人に対して，以前から友達だったような感じが生じたことを共有していくのです。また，影響を与えた人との出会いや言われた言葉を人生の岐路で思い出したことなどに気づき，肯定的に自己開示をしていきました。

④ 構成的グループ・エンカウンターの実践の広がり

予防的・開発的な実践をするには，児童生徒の教育相談上の問題を把握し，育成する能力を明らかにすることが必要です。育成のためのエクササイズの設計・選定に際しては，児童生徒の発達段階を理解し，教育課程に位置づけていく必要があります。したがって，構成的グループ・エンカウンターの実践は，教科指導・道徳教育・総合的な学習の時間・特別活動に位置づけながら，エクササイズのねらいを明らかにして設計・選定をしていくことになります。

リーダーは，エクササイズによる体験学習を通して，児童生徒の「思考」「感情」「行動」に視点を置き，シェアリングにより抵抗感も含めて，気づきや成長を把握していきます。実践の流れは，ウォーミングアップ→事前説明→エクササイズ→シェアリングといった具合に，対象の実態を把握しながら段階的に進められます。

大学の講義でも，模擬授業のなかに構成的グループ・エンカウンターを取り入れた実践を工夫することもできます。学生は，対象を想定してエクササイズを選定し，実践計画を作成します。指導者と児童生徒の役割を決め実践します。教員を志望する学生に予防的・開発的な教育相談を理解させ，自己理解，他者理解を促すために有効と考えます。今，構成的グループ・エンカウンターは，実践や研究の成果をもとに，学校教育だけでなく，広くさまざまな教育機関や対人援助の場で活用されています。

（春日井敏之・懸川武史）

▷7 國分康孝（編）(2000). 続 構成的グループ・エンカウンター 誠信書房

▷8 ウォーミングアップ
ウォーミングアップは，エクササイズの円滑な展開につながるように，人間関係づくりのきっかけ，心身の準備段階として行う導入的活動を指す。なお，リーダーは，エクササイズのねらいを共有するために，内容の説明を事前に行う。

参考文献
諸富祥彦（1999）．学校現場で使えるカウンセリング・テクニック（上・下）誠信書房
片野智治（2007）．構成的グループエンカウンター研究──SGEが個人の成長におよぼす影響 図書文化社

V 予防・開発的取り組みと教育相談

3 ブリーフ・カウンセリング

▷1 解決志向アプローチ
アメリカの Brief Family Therapy Center の Steve de Shazer と Insoo Kim Berg らが開発したカウンセリングモデルで，問題の原因追及より解決状態自体をダイレクトに志向する点に特徴がある。

▷2 ナラティブセラピー
社会構成主義やポストモダンの影響を受けたカウンセリングの理論や技法で，クライエントが語る「自分の物語」を，カウンセラーとの対話を通してより肯定的・建設的な「物語」へ変化させることで問題の解決を図る。

▷3 時間制限カウンセリング
面接期間を初回面接の時点で決めるカウンセリングモデル。短期的で，退行現象も起こりにくく，計画的に進めやすいことから学校向きである。J. マンが開発し，日本には上地安昭が紹介した。

▷4 シングルセッションカウンセリング
文字通り1回限りのカウンセリングで，タルモン（2001）が理論的に検討し提唱した。最も短期的な時間制限カウンセリングとも言える。

ブリーフ・カウンセリングとは，「短期間での問題解決を目指すアプローチの総称」で，**解決志向アプローチ**▷1，**ナラティブセラピー**▷2，**時間制限カウンセリング**▷3，**シングルセッションカウンセリング**▷4 などのさまざまなモデルがあります。そのなかで，学校への影響が強いのは解決志向アプローチ（Solution Focused Approach：以下 SFA）です。ここでは SFA を中心に紹介をします。

1 解決志向アプローチの特徴

○クライエントが解決のエキスパート

SFA を実践する上で一番大切なのはカウンセラーの姿勢です。カウンセラーは「クライエントが解決のエキスパート」であるという立場をとります。厳しい状況にあるクライエントがぎりぎりのところでもち堪えているとすれば，問題に対処するスキルと**リソース**▷5 をもっているわけですし，状況もカウンセラー以上に熟知しているはずです。だとすれば，解決方法もクライエントが考え出せる，あるいはすでに実行しているかもしれないと考えるわけです。このようなカウンセラーの姿勢をワンダウンポジションと言います。

○問題の解決ではなく，解決状態の構築

SFA の面接では，「問題そのものの解決」ではなく，「よりよい状態を構築」することを目指します。たとえば不登校の児童生徒との面接では，不登校そのものを解決しようとするよりも，ほんの少し今よりもよい状態を具体的に構築していくことを目指します。例をあげれば，それはコンビニに買い物に行くことであったり，居間で食事をすることの場合もあります。一見すると不登校の解決とは全く関係のないように見えることもあるでしょう。しかし，その小さな変化がやがて大きな変化につながっていくと考えます。

○例外とリソースへの着目

その方法としては，「例外とリソース（資源）」への着目があげられます。

どのような児童生徒であっても，問題がないときや状態のよいときは必ずあります。そのような「すでにある解決の一部」を SFA では「例外」と呼びます。

この「例外」は偶然の産物ではありません。例外の背後には必ず「リソース」が隠れています。面接のなかでこの例外とその背後にあるリソースを見出し，リソースを活用して例外状態を拡大・強化していくのです。

○特徴的な質問

そのためのSFAの特徴として「練り上げられた多様な質問の使用」をあげることができます。たとえばSFAの代表的な質問に，ミラクル・クエスチョンがあります。これは「寝ている間に奇跡が起こって問題がすべて解決したときにはどうなっていますか」という質問で，解決像を明らかにするとともに，例外を探す手がかりになる質問です。スケーリング・クエスチョンはたとえば「現状は10点満点の何点ぐらいですか」「やる気度はどのぐらい？」といった自分や状況を客観化する質問で，さまざまな応用が可能な質問です。コーピングクエスチョンは「困難な状況にもかかわらず，その状況にどうやって対処し切り抜けてきたか」を問うことで，問題解決につながるその人の対処方法やリソースを明らかにする質問です。このような特徴的な質問を投げかけ，それについて児童生徒が考えていくことで，児童生徒自身が問題解決への道筋をつかんでいくようにします。

❷ ブリーフの学校カウンセリングモデルとしての特徴

○問題解決の促進と心を育てる

SFAは，「次の一手」が見えてくるアプローチです。これは進路問題や人間関係の問題など，具体的で，すぐに解決したい問題を抱えた子どもたちには有効なアプローチであると言えるでしょう。また，このような面接を数回行うと，子どもたちの心のなかには，「問題があったとしても，解決策を見出せるし，解決だってできる」という自己効力感が育っていきます。ちょっと重めの問題でも面接自体が明るくなり，子どもたちが笑顔になっていくアプローチです。

○児童生徒との信頼関係を育てる

このアプローチは児童生徒の成功体験，リソース（資源）などの肯定的な側面に焦点をあてますので，児童生徒は「先生は私のいいところをちゃんとわかっていて，自分の可能性を信じてくれている」という感情をもちます。それは児童生徒と教師の関係を肯定的なものに変え，児童生徒の「自己肯定感」を大きく改善し，情緒的な安定をもたらします。それは，ごく普通の児童生徒でも，不登校の生徒でも，非行の児童生徒でも同じです。

○学校や教師の実態に合う

SFAに限らずブリーフ・カウンセリングの諸技法には，カウンセラーの積極性と柔軟性，明確で具体的なゴール設定，介入の焦点の明確化，来談者の積極性と資源への着目と活用などの共通点があります。学校は教育機関ですし，教師はプロのカウンセラーではないので，過度に治療的な技法や，時間がかかる技法，あるいは高度なテクニックや安全性の低い技法は使えません。その点，このような特徴をもつブリーフ・カウンセリングは，教師にとって使いやすく，学校になじむモデルと言えます。

（栗原慎二）

▷5 リソース
できたこと，成功体験の背後には必ずそれを可能にした何かがある。それをリソースと言う。内的なリソースと外的なリソースとがある。なお，一見弱点と思われるものがリソースとなることも少なくない。

参考文献

ピーター・ディヤング，インスー・キム・バーグ，玉真慎子・住谷祐子・桐田弘江（訳）(2004). 解決のための面接技法（第2版）金剛出版

上地安昭（編著）(2001). 学校の時間制限カウンセリング　ナカニシヤ出版

栗原慎二 (2001). ブリーフセラピーを生かした学校カウンセリングの実際　ほんの森出版

モーシィ・タルモン，青木安輝（訳）(2001). シングル・セッション・セラピー　金剛出版

V 予防・開発的取り組みと教育相談

4 アサーション・トレーニング

1 アサーションの歴史と現代的な意味

　アサーションとは,「相手を尊重しながら自己主張をする」ことを意味しています。歴史的には,1950年代にアメリカで心理療法の技法の一つ,行動療法として,対人関係や自己表現がうまくいかなくて悩んでいる人のための自己表現方法を身につけていくアサーション・トレーニングとして開発されてきました。そして,1960年代から70年代のキング牧師に象徴される人種差別撤廃運動と国際婦人年(1975年)を契機とした女性の地位向上運動のなかで新たに発達してきました。これは,差別を受けてきた人々による暴力によらない自己表現,自己主張の運動として広がっていきました。[1]

　平木典子は,アサーションの現代的な意味について,次の2点を強調しています。①国際化の時代(グローバリゼーション)のなかで異なる文化を担う人々の交流の難しさがあり,違いを認め合って分かち合う。その上で何かを共有し,共にしていくことが重要になっていること。②差異・変化の時代,モビリティの高い社会にあって,相互の思いやりが交流しにくくなってきた。世代間でどう理解し合い分かち合って生きるか,社会的弱者への虐待・差別をどう克服していくのかが重要になっていること。[2]

2 対人関係の3つのスタンス

　平木は,対人関係における3つのスタンスについて,次のように特徴をまとめて,アサーション・トレーニングの必要性を強調しています。[3]

　①非主張的(non-assertive)——引っ込み思案で自己主張できない

　　自分への自信のなさがあり,弱い立場の人にみられる。自分というものをもってはいけないと思ってしまうこともある。また,過剰な思いやりをもっている人,対人援助職の人にも多い。心理的フラストレーションがつのると,対人関係に影響が出てしまうこともある。

　②攻撃的(aggressive)——一方的な自己主張

　　権力や社会的地位をもっている人が陥りやすい。相手の立場をよく考えずに,相手の権利を侵害したり,無意識のうちに相手を傷つけていくこともある。操作的,支配的になっていないか,相手に対する「言い方」「態度」も課題となる。

▶1 平木典子(1993).アサーション・トレーニング——さわやかな〈自己表現〉のために　日本・精神技術研究所

▶2 平木典子(2000).自己カウンセリングとアサーションのすすめ　金子書房

▶3 平木典子(2000).前掲書

③アサーティブ（assertive）──相手も自分も大切にする自己表現

　話すことと聴くことを大切にして，相手の考えを理解しようとする態度をもって話すことは「自己確認と自己表現」であり，聴くことは「相手理解と相手尊重」の態度である。しかし，聴くことは同意することではなく，違いを認め合ったり，歩み寄ったりできる話し合いをしていくことが大切である。

3　アサーション・トレーニングのねらい

　菅沼憲治は，「アサーティブ行動とは，自己や他者の欲求・感情を必要以上に阻止することなく自己表現することである」と定義し，対人的葛藤への対処能力，受容性，権利主張，自己開示をアサーティブ行動の構造としてあげています[4]。アサーション・トレーニング学習のねらいとしては，3点をあげています。

①自分の欲求や感情を課題化し，言語または非言語で自己表現する。
②人権に近い権利として，すべての人にアサーション権が与えられていて，これを行使してもよいという自覚と実践行動を育成する。
③自分・他者や社会の見方に対する固定観念から自己を解放し，事実に即したものの考え方を育てる。

　学校におけるアサーション・トレーニングとしては，「消しゴムを黙って使われてしまったとき，どう相手に伝えるか」といった日常生活での具体例をあげて，漫画ドラえもんの登場人物である「ジャイアン（いばりやさん）」「のび太くん（おどおどさん）」「しずかちゃん（さわやかさん）」といった身近なモデルになって，ロールプレイを通して学んでいくといった取り組みが行われています。

▷4　菅沼憲治（1990）.アサーティブ行動入門　科学情報企画

4　基本的アサーション権について

　予防的・開発的な教育相談において，アサーション・トレーニングを実施する際には，平木が主張しているように，基本的アサーション権（Ⅰ～Ⅴ）について理解をはかっていくことが大切です[5]。それは，次のような内容です。Ⅰ「私たちは誰からも尊重され，大切にしてもらう権利がある」。誰でも自分の意見や希望を述べ，依頼してもよいという基本的な人権です。Ⅱ「私たちは誰もが，他人の期待に応えるかどうかなど，自分の行動を決め，それを表現し，その結果について責任をもつ権利がある」。どうするのか決める権利は自分にあり，その責任はできる限り自分で取るということです。Ⅲ「私たちは誰でも過ちをし，それに責任をもつ権利がある」。人は完璧ではないので，失敗をしながら責任も取り，成長していくということです。Ⅳ「私たちは，支払いに見合ったものを得る権利がある」。サービスを受けたりするときに，支払いに見合った要求をしてもよいということです。Ⅴ「私たちは，自己主張しない権利もある」。自分を守るためには，自己主張しないという権利の選択もあるということです。

▷5　平木典子（1993）.前掲書

参考文献
園田雅代・中釜洋子（2000）.子どものためのアサーション自己表現グループワーク──自分も相手も大切にする学級づくり　日本・精神技術研究所

（春日井敏之・懸川武史）

Ⅴ 予防・開発的取り組みと教育相談

5 交流分析

▶1 交流分析（TA）
TA は1970年代初頭に池見酉次郎が交流分析として日本に紹介して広がった。その後、日本での交流分析は独自の発展を遂げた。

▶2 I'm OK, You are OK.
人は、自分も他人もみな存在として OK であるという考え方で TA の目指す人生に対する態度。他に、自己肯定・他者否定、自己否定・他者肯定、自己否定・他者否定の3つがあり、誰もがいずれかの立場に立っている。

▶3 ストロークおよびストロークフィルター
人と人とのコミュニケーションの単位を「ストローク」と言う。たとえば、頭をなでるのは身体的なプラスのストローク、怒鳴るのは言語的なマイナスのストロークとなる。プラスのストロークをやりとりすれば肯定的な関係が生まれるし、自信や意欲につながる。マイナスのストロークの場合、その逆になる。褒め言葉を受け取らない人はプラスのストロークに対してフィルターがかかっていることになる。

交流分析▶1（Transactional Analysis：以下 TA）は、アメリカの心理学者エリック・バーン（Eric Berne, 1910-1970）が提唱した心理学理論で、自他の理解を深め、親密な関係を築きながら、I'm OK, You are OK.▶2の人生を生きることを目的としています。TA には①構造分析、②やりとり分析、③ゲーム分析、④脚本分析の4つの分析を軸に、**ストローク**▶3、人生態度、時間の構造化といった理論があり、それが相互に関係し合いながら理論全体を構築しています。

1 TA の内容

○構造分析

自我を P（Parent：親），A（Adult：大人），C（Child：子ども）という観点から分析するパーソナリティ理論です。機能を分析する場合は、Pはさらに CP（厳しい親）と NP（やさしい親）、C は FC（自由な子ども）と AC（順応した子ども）に分けます。**エゴグラム**▶4はパーソナリティや行動をこの CP, NP, A, FC, AC の5つの自我機能から検討し、自己理解や他者理解を深めるために使います。日本では機能分析のための質問紙がいくつか開発されており、比較的簡単で分析も容易なので、多くの学校で使用されています。

○やりとり分析

人と人との交流を分析するコミュニケーション理論です。たとえば、友達からミスを責められ、まわりの目が気になって不登校になった子どもがいたとします。それは CP と AC の交流の結果、AC から動けなくなった状態と考えることが可能です。そのような AC 行動（萎縮）に対して、「AC を解きほぐして FC（意欲）を刺激しよう、そのためには NP（受容や優しさ）と FC で対応しよう。また、十分にほぐれた段階で解決行動を引き起こすには A を刺激する必要があるから、徐々に A を使おう」といったように、実際に起こっている現象を分析したり、必要な行動を考える手がかりが得られます。

○ゲーム分析

人はそれぞれ特有のコミュニケーションパターンをもっています。ゲーム分析とは、そのなかの非健康的なパターン分析を行います。代表的なものには「はい、でも……」を繰り返す Yes-But ゲームがあります。たとえばアドバイスを受けた人が、その都度「そうですね」と言いながら、最後は「やはりダメでした」とまたアドバイスを受けに来ることを何度も繰り返すような場合、表面

的には従順に見えますが，実際にはButを繰り返し続け，アドバイスを拒絶しています。これはゲームの可能性があり，おそらく最後は双方が不快感をもって終わります。

ほとんどの場合，人は自分が行っているゲームに無自覚です。「またこうなった」「いつものパターンだ」ということの背後にはゲームが潜んでいることがあります。ゲーム分析は一種の精神病理論と考えることが可能です。

◯脚本分析

TAでは，人は親たちの影響下で主に幼児期に形成された人生の脚本をもっており，その脚本に従って人生を歩むと考えます。この脚本とはいわゆるドラマの脚本とほぼ同義です。「三つ子の魂百まで」と内容的には近いものです。

人生脚本にはいろいろありますが，脚本分析の目的は，個々人が自己の脚本に気づき，その脚本を書き換えて，I'm OK, You are OK. の豊かな人生を主体的に生きることができるようになることにあります。

◯その他の理論

その他にもTAには学校に適用可能な多くの理論があります。たとえばI'm OK, You are OK.という考え方は人生態度という理論にもとづくものですが，生徒を押さえつけることはYou are not OKになりますし，逆に生徒に合わせすぎることはI'm not OKになります。こうした観点から学級経営を考えることができます。また，ストロークは相手の存在認知の一単位ですが，人はストロークハンガー（ストローク飢餓）になると否定的なストロークでも欲するようになると考えます。たとえば繰り返される問題行動をこのような観点から考えてみることも可能です。褒め言葉を受け取らないとか否定的な言葉を過剰に受け取るというのはストロークフィルターという理論に照らすととてもよく理解できます。

2 TAの活用

的確な児童生徒理解には，体系的な心理学の理論を知っていることが非常に役に立ちます。特にTAは，その適用範囲が，個人だけではなく，人と人との交流や学級などの組織のあり方にも及ぶため，学校での有効性の高い理論です。またその理論は平易な言葉で説明されているため，児童生徒にも理解しやすく，たとえばエゴグラムのような自己理解や他者理解を深めるための教材としても利用可能です。さらにTAは心理学理論であるとともにカウンセリング技法であり，具体的な手法も多く開発されています。継続的に学び続けることで教師としての力量の基盤とすることができると考えます。

（栗原慎二）

▶4 エゴグラム
パーソナリティや行動をCP, NP, A, FC, ACの5つの自我機能の強弱でとらえる。たとえば人の目が気になってどうしていいかわからなくなる人はACが高く，Aが低いかもしれない。エゴグラムは自己理解や他者理解を図り，その後の指導や支援を進める上で有益である。

参考文献
繁田千恵（2003）．日本における交流分析の発展と実践　風間書房
柴崎武宏（2004）．自分が変わる・生徒が変わる交流分析（教師のためのカウンセリング技法シリーズ）学事出版

V 予防・開発的取り組みと教育相談

6 ストレスマネジメント教育

1 ストレスとは

「ストレス」という言葉は，もともとは物理学の用語ですが，ここでは，日常生活における「心理社会的ストレス」について述べていきます。私たちは，ストレスという言葉から，「不安，イライラ，体調不良」といった否定的な状態を連想しがちです。しかし，人生のなかには，受験，就職，結婚，出産，退職，家族との別離など，ライフイベント型と呼ばれる，さまざまな負荷がかかる出来事があります。また日常的にも，友人関係，家族関係，学校や職場での人間関係などで，負荷がかかることがあります。他方では，同じような出来事に直面しても，人によっては不安を高め体調不良になることもあれば，逆に成長につながるエネルギーとなっていくこともあります。これはなぜでしょうか。

この時のストレスには，①ストレスをもたらすもの（ストレッサー：負荷），②これに向き合い，受け止め取り組む構え（ストレイン：変形），③そこで踏ん張る力（ストレス：応力）が含まれています。過大な負荷がかかったり，受け止め対応する力が不足している場合には，ストレス反応が起きます。ストレス反応は，身体面（自律神経系，内分泌系，随意運動系の乱れなど），心理面（自信喪失，思考力低下，無気力など），行動面（ひきこもり，衝動的行動など）に現れますが，負荷がかかること自体を否定しているのではありません。[1]

2 ストレスマネジメントとは

松木繁は，ストレスマネジメントについて，「自分のなかに生じた環境に向かう力を活用して環境との間で発展的な関係をつくっていくことだ」と述べています。[2]それは，ストレッサーへの認知的評価，ストレインの調整，ストレス反応の軽減などをしながら，ストレス状況と上手に付き合っていくことなのです。具体的には，ストレス状況を軽減するための対応策と具体的介入，およびストレスに備える予防措置を行っていくことです。

ラザルス（Lazarus, R.S.）らは，日常の刺激や出来事に対して，個人によって認知的評価に差があることに注目して，ストレス状況への評価について，第一次的評価（ある出来事が本人にとってどのくらい脅威的か）と第二次的評価（ある出来事に対して具体的に対処できるかどうか）について論じています。そして，ストレス状況に対する対処や工夫（コーピング）について，問題焦点型（問題の[3]

▷1 松木繁・宮脇宏司・高田みぎわ（編）（2004）.教師とスクールカウンセラーでつくるストレスマネジメント教育　あいり出版

▷2 松木繁・宮脇宏司・高田みぎわ（編）（2004）.前掲書

▷3 リチャード・S.ラザルス，スーザン・ファルクマン，本明寛・春木豊・織田正美（監訳）（1991）.ストレスの心理学──認知的評価と対処の研究　実務教育出版

所在を明らかにし，問題の解決を図る試み）と情動焦点型（問題にとらわれないように，避難したり気晴らしを試みる）の視点から検討しています。

③ ストレスマネジメント教育

学校では，「友人との人間関係がうまくいかない」「進路・進学で自信がない」「先生との関係がうまくいかない」といった不安や葛藤を抱えた児童生徒が増加傾向にあります。特に思春期は，自己の解体・再編という発達課題に直面する時期でもあり，自信喪失やイライラは，時にはいじめ，不登校，暴力，自傷行為といったかたちで，他者や自分を傷つける結果を招いてしまうことがあります。しかし，危機は同時に成長，発達への可能性を内包しています。

ストレスマネジメント教育は，個人や集団を対象とし予防的・開発的取り組みとして意義があり，学校教育では，体育（保健体育）において，心身の機能の発達，心の健康とかかわって取り入れられていますが[4]，総合的な学習の時間，特別活動，生徒指導，スクールカウンセリングなどの場面においても，その必要性や展開の可能性は高まっています。

ストレスマネジメント教育について，竹中晃二は「ストレスの本質を知り，それに打ち勝つ手段を修得することを目的とした健康教育である」と定義しています[5]。山中寛は「ストレスに対する自己コントロールを効果的に行えるようになることを目的とした教育的な働きかけ」と定義しています[6]。

また山中は，ストレスマネジメント教育の内容について，次のように述べています。第1段階「ストレスの概念を知る」，第2段階「自分のストレス反応に気づく」，第3段階「ストレス対処法を習得する」，第4段階「ストレス対処法を活用する」。

④ ストレスマネジメント教育の展開

ストレスマネジメントの技法については，パテル（Patel, C.）による9つの技法分類をあげることができます[7]。具体的には，「呼吸法」「身体的リラクセーション」「精神的リラクセーション」「コミュニケーションスキルの向上」「認知的方略」「栄養と健康的なライフスタイルの確立」「体力の改善」「ソーシャルサポート」[8]「対人スキルの向上」です。

学校における実践としては，児童生徒の課題状況を踏まえた取り組みが求められます。たとえば，動作法を取り入れて，2人1組になって，首や肩を緩めていく身体的リラクセーションの実践，アサーション・トレーニングを取り入れたコミュニケーションスキル向上の実践，課題解決や対立解消といったピア・サポートのプログラムを生かしたソーシャルサポートの実践などがあります。同時に，技法を超えて，人としてのあり方や生き方を考え合い，人生を主体的に生きる幹の太い人間を育てていく視点も重要になっています。 （春日井敏之）

▷4 詳しくは，文部科学省（2008）．小学校学習指導要領解説 体育編を参照。

▷5 竹中晃二（編）（1997）．子どものためのストレス・マネジメント教育——対症療法から予防措置への転換 北大路書房

▷6 山中寛・冨永良喜（編）（2000）．動作とイメージによるストレスマネジメント教育〈基礎編〉北大路書房

▷7 チャンドラ・パテル，竹中晃二（監訳）（1995）．ガイドブックストレスマネジメント——原因と結果，その対処法 信山社出版

▷8 ソーシャルサポート
ソーシャルサポートは，その人をとりまく重要な他者から得られるさまざまな種類の援助を指し，安心感や自尊心を増していくために有効である。具体的には，情動的支援，物質的支援，情報的支援を含んだ支援をいう。

参考文献
冨永良喜・山中寛（編）（1999）．動作とイメージによるストレスマネジメント教育〈展開編〉北大路書房

V 予防・開発的取り組みと教育相談

7 ソーシャルスキル教育

1 ソーシャルスキルとは

ソーシャルスキルについて相川充は,「他者との関係や相互作用のために使われる技能」と定義しています。同時に,「ほかの人に対する振る舞いやものの言い方に関して認められる違いを表す概念」であると述べ,誰とでも上手につき合っていける人物と,人づき合いが下手な人物と比較するなかで,一般に社会的スキルを身につけている人は他者と仲よくトラブルも少なく,生活や人生を楽しむことができると指摘しています[1]。

たとえば,少年院では,反社会的な行動を主な理由に入所した少年たちに対して,社会復帰を目指したソーシャルスキル・トレーニング（Social Skills Training：以下 SST）のプログラムによる訓練などが行われています。少年一人ひとりが,過去の対人関係において繰り返していた失敗を解決するという個人目標を立てて,解決する状況を設定していくのです。社会に適応する能力の育成が,スキルを習得している他の少年の行動モデルの観察（**モデリング**[2]）や自分の課題解決場面に応じた役割演技（**ロールプレイ**[3]）などを通した体験によって展開され,新たなスキルを身につけていくのです。

2 ソーシャルスキルのリスト

学校教育においても児童生徒に対する援助や指導の一環として,社会性の獲得,対人関係能力の育成のために,ソーシャルスキル教育として,SST が取り入れられています。

ソーシャルスキルを理解する上で,菊池章夫・堀毛一也らが作成したリストがあります。社会的スキルとして10領域から10項目ずつ,計100項目があげられています[4]。たとえば,〔A〕基本となるスキルは,①聞く,②会話を始める,③会話を続ける,④質問する,⑤自己紹介する,⑥お礼をいう,⑦敬意を表す,⑧あやまる,⑨納得させる,⑩終わりのサインを送るという10項目スキルからできています。同様に,〔B〕感情処理のスキル,〔C〕攻撃に代わるスキル,〔D〕ストレスを処理するスキル,〔E〕計画のスキル,〔F〕援助のスキル,〔G〕異性とつきあうスキル,〔H〕年上・年下とつきあうスキル,〔I〕集団行動のスキル,〔J〕異文化接触のスキルがあります。計100項目のスキルリストを示し,その背景について述べています。

---

[1] 相川充・津村俊充（編）(1996). 社会的スキルと対人関係――自己表現を援助する 誠信書房

[2] モデリング
社会的スキルの行動モデルを観察する。観察した者は,学習により示された行動パターンの習得が可能となる。

[3] ロールプレイ
日常生活における状況を設定し,その場面における役を演じることで行動のリハーサルを体験する。

[4] 菊池章夫・堀毛一也（編）(1994). 社会的スキルの心理学――100のリストとその理論 川島書店

3 学校におけるソーシャルスキル・トレーニング

核家族化と地域社会の機能低下，受験競争と学童期における遊びの不足など，子どもたちが社会性や人づきあいの技術を身につけていく機会は乏しくなってきました。その結果が，攻撃的な行動（いじめなど）や回避的な行動（不登校など）をとる子どもたちの増加につながってきたことも否定できません。

ソーシャルスキルは，「人づきあいの技術」であり，体験のなかで学んできた後天的なものととらえられています。子どもたちが，これを学んでいなかったり，間違って学んでいるのであれば，新たに学んだり学び直せばいいと，認知行動療法の行動理論（学習理論）に基づくSSTが提唱され実践されてきました。

渡辺弥生は，SSTについて，「人と人とのつきあい方を学び，不足している知識を充足し，不適切な言動（非言語的な行動も含めて）を改善し，より社会的に望ましい行動を新たに獲得していく方法」と定義しています。[5]

学校教育現場におけるSSTとしては，①コミュニケーションスキル（あいさつの仕方，上手な聴き方など），②受容・遊び参入スキル（仲間への入り方など），③受容・共感スキル（温かい言葉のかけ方など），④主張スキル（上手な断り方など），⑤問題解決スキル（トラブルの解決策など）といった基本スキルを身につけていくことが期待されています。そのために，具体的なトレーニングの場面では，「インストラクション（言って聞かせる）」「モデリング（見本を示す）」「リハーサル（実際にやってみる）」「フィードバック（やったことの振り返り・評価）」「般化（実際の生活場面で使う）」といったステップを踏みながら，ロールプレイなどを通した練習を積んでいきます。

4 ソーシャルスキル教育のために

ソーシャルスキル教育による予防的・開発的取り組みとしては，個人と集団へのトレーニングがあります。実態をアセスメントし，育成する能力を明らかにすることがトレーニングの前提として必要です。渡辺は，認知的・行動的・生理的という3つの側面と，行動観察・情報提供者からの報告・自己報告をクロスさせながらアセスメントしていくことを強調しています。[6]

また，キングとキルシェンバウム（King, C.A. & Kirschenbaum, D.S.）は，幼児・児童の個人や集団を対象とした社会性発達プログラムについて，9つのモジュールの構成として述べています。[7] 具体的には，「私は誰でしょう・私たちは誰でしょう，社会的スキルとはなんでしょう，積極的な聞き方，温かいメッセージ，質問する，感情を分かち合う，自分を守る，自己コントロール，社会的問題解決」です。さらに，社会的スキルの概念を教える，練習の機会を与える，正のフィードバックをすることを強調し，新しい社会的スキルを別の場面に般化できる介入法について提案しています。

（春日井敏之・懸川武史）

▷5 渡辺弥生（1996）．ソーシャル・スキル・トレーニング 日本文化科学社

▷6 渡辺弥生（1996）．前掲書

▷7 キング，C.A. & キルシェンバウム，D.S.，佐藤正二・前田健一・佐藤容子・相川充（訳）（1996）．子ども援助の社会的スキル——幼児・低学年児童の対人行動訓練 川島書店

参考文献

佐藤正二・相川充（編）（2005）．実践！ソーシャルスキル教育 小学校——対人関係能力を育てる授業の最前線 図書文化社

渡辺弥生・小林朋子（編）（2009）．10代を育てるソーシャルスキル教育 北樹出版

V　予防・開発的取り組みと教育相談

8　ピア・サポート

1　ピア・サポートとは

　学校での**ピア・サポート**◁1は1970年代にカナダで生まれました。その目的は、「思いやりのある子どもを育て、思いやりあふれる学校風土を醸成する」ことです。日本では1990年代後半から広がり始めました。◁2

　子どもたちは日常生活のなかでさまざまな問題にぶつかり、悩み苦しみます。しかし、いつの時代も、子どもたちはそうした問題のほとんどを相互に相談したり助け合ったりして解決してきました。ただ、社会環境の大きな変化のなかで、必要なサポートを得られずに孤立し、苦戦する子どもたちが増えているのも事実です。その結果が、いじめや不登校をはじめとする各種の問題行動と言えるでしょう。こうした現実を前に、「友達を支えるのは友達」という基本的な認識に立ち返り、彼らの力を信じ育てることで、友達が相互にサポートし合えるような風土やシステムを生み出すことを目指す一連の取り組みをピア・サポートプログラム（Peer Support Program：以下、PSP）と呼びます。

2　PSPの実際

　PSPは、4つの要素で構成されます。仲間（ピア）のサポートができる態度や意欲、そしてその能力や資質を高めるための"**トレーニング**"◁3、より効果的なサポートをするための"**プランニング**"◁4、その計画にもとづいて主体的で自主的な"**サポート活動**"◁5の実践、そして活動後に行われるよりよいサポーターになるための"**振り返り活動**"◁6です。

　これまでの学校でも、"ピアのサポート"を目的としたPSP"的"な活動は多く実践されてきました。たとえば、上級生による下級生のお手伝い活動や、卒業生による進路体験報告会などはその例です。しかし、この4つの要素が意識的に展開されていたわけではありません。PSPは、従来の日本の実践に不足していたこのような視点と方法を提供し、従来の活動を「仲間への主体的なサポート」という本来の姿に近づける活動でもあると考えています。

　なお、PSPのトレーニングでは、エンカウンターやスキルトレーニングで行われる演習とかなり近い演習を行います。ですからその場面だけを見れば、「どれも同じ」という「誤解」も生じます。しかし、それらの目的が自己成長にあるのに対して、PSPでの演習は、より適切に「ピアのサポート」をすること

▷1　**ピア・サポート**
当初はピア・カウンセリングと呼ばれていたが、活動内容がカウンセリング（相談活動）だけではなく、幅広い活動になっていくにつれて、ピア・ヘルピング、そしてピア・サポートと呼ばれるようになってきた。

▷2　日本のピア・サポートプログラム（PSP）にはいくつかのタイプの実践がある。それらは社会性の伸張を目指すという点で共通しているが、サポート活動や実施形態についての考え方や取り組み方に違いがある。本書で取り上げたPSPは日本ピア・サポート学会の考えに準拠したものである。

▷3　**トレーニング**
他者支援ができるようになるための基礎的なトレーニング。傾聴スキルや、他者の感情を理解するスキルなどのコミュニケーションスキルを中心に、問題解決スキルや対立解消スキルなど、特に他者支援に役立つ社会的スキルと情動に関するスキルを学習する。

が目的であり，あくまでも，それに続く「サポート活動」の準備なのです。自己成長はもちろん伴いますが，あくまでもその結果と考えます。

3 代表的なサポート活動

　PSPでは，トレーニングを生かしてピア（仲間）のために何ができるか，どうかかわればいいかを考え，プランを立て，行動します。この実際に他者支援活動を行うというところも従来のアプローチでは弱かった部分です。なお，活動後は振り返り学習で次の活動への準備と動機づけを行います。

　2000年代に入ってたくさんのサポート活動が生まれてきました。ちょっとしたボランティアに取り組む"ちょボラ隊"，こっそりと友達を支援する"秘密の友だち（シークレット・バディ）"や，"転校生を受け入れ隊""いじめ劇""相談活動""低学年への支援""学習支援""ピア・サポート新聞"など，オリジナリティのある活動が増えています。

　また，既存の教育活動を生かしたものが多くあります。たとえば「委員会型」の取り組みです。保健委員会が児童生徒から困り事や相談事を集め，それに対する回答を保健委員が知恵を出しあって考え，紙上で回答していくような紙上相談などは，代表的な活動の一つです。また，「イベント型」とも言える実践があります。たとえば学校では異学年交流がよく行われますが，これをトレーニング，プランニング，振り返りという一連の流れのなかに組み込んだ実践です。イベント型の活動は単発的なものが多いので，組織的な取り組みが難しい場合も，比較的容易に実践が可能と思われます。この他，JRC部（青少年赤十字）やボランティア部の活動にPSPの発想や手法を取り入れる「クラブ型」，生徒会役員，各種委員会委員長，部長などを育てる「リーダートレーニング型」の実践などが行われています。

4 PSPを成功に導くために

　子どもたちのサポート活動は常に成功するわけではありません。ただ，自分のサポートが人の役に立ったことを実感した子どもは本当に大きく成長していきます。したがって，教師には子どもたちの活動を丁寧に見守り，必要に応じて支え励ますこと，すなわち子どものサポーターとなる覚悟と力量が必要です。また，教師集団には共通理解と協力が求められます。

　何年か前，カナダを訪問した際，PSP実践校の校長たちは，異口同音に「PSPは本校にとって不可欠」と述べていました。それはPSPが実際に，学力の向上や問題行動の減少に寄与し，子どもたちの人間的成長を促進し，思いやりのある学校風土の醸成に貢献しているからに他なりません。筆者は，このPSPに新たな生徒指導・教育相談の創造と教育の質的転換を促進する可能性を感じています。

(栗原慎二)

▶4　プランニング
活動自体のプランニングと，その活動に自分はどのように取り組むかという個人プランニングがある。たとえば「挨拶活動をする」というのが活動のプランニング，その活動で「笑顔を心がけて，普段あまり話さない友達に声をかけよう」と決め，意識して行うのが個人プランニングである。

▶5　サポート活動
実際の支援活動。いくつかの類型があるが，友達づくり，相談活動，対立の解消といった分け方も可能である。

▶6　振り返り活動
サポート活動は必ずしも成功するわけではない。成功は大いに賞賛し，うまくいかなかった点については，サポーター同士でアイデアを出し合いながら次の活動で成功するための方策を練ったり，必要な場合はトレーニングをする。そうすることで，次の活動への動機づけと準備をする活動である。

【参考文献】
中野武房・森川澄男・高野利夫・栗原慎二・菱田準子・春日井敏之（編著）(2008)．ピア・サポート実践ガイドブック——Q&Aによるピア・サポートプログラムのすべて　ほんの森出版

ヘレン・カウイ・栗原慎二　(2009)．日本におけるピア・サポートの発展への展望——国内・国外から観て　現代のエスプリ第502号　ぎょうせい　60-72．

V 予防・開発的取り組みと教育相談

9 キャリア教育，進路指導

21世紀に入り，社会・産業構造の変化は激しさを増しています。そのなかでニート・フリーター問題[1]やワーキング・プア問題[2]などは深刻さを増しており，看過できないところまで来ています。

学校教育には，このような時代の変化や現実に柔軟に対応し，たくましく職業的な自己実現を果たしていく子どもたちを育てることが求められます。そのために「望ましい職業観・勤労観及び職業に関する知識や技能を身につけさせるとともに，自己の個性を理解し，主体的に進路を選択する能力・態度を育てる教育」[3]がキャリア教育です。それを通じて，社会人・職業人として豊かな人生を送ることができるようにするのです。

1 キャリア教育で目指すもの

○育てるべき能力──4領域8能力

そこで，育てるべき能力として示されたのが以下の4領域8能力[4]です。

(1) 人間関係形成能力（自他の理解能力とコミュニケーション能力）
(2) 情報活用能力（情報収集・探索能力と職業理解能力）
(3) 将来設計能力（役割把握・認識能力と計画実行能力）
(4) 意思決定能力（選択能力と課題解決能力）

○進路自己効力感

もう一つ育てるべき重要なものとして，進路選択に対する**自己効力感**[5]をあげることができます。これからの社会では進路を開拓したり選択を迫られる機会も多くなりますが，自己効力感の高さはその行動の遂行可能感を高めます。

なお，**自己効力感には4つの源泉**[6]あるとされており，特に，キャリア領域での成功の積み重ねや，自分と似た境遇や能力の人が成功に至るプロセスの追体験は主体的で意欲的な行動を引き起こすと考えられます。

2 キャリア教育の進め方

○横の連携と縦の連携を組み合わせる

これまで学校では進路指導という言葉が使われていましたが，進路指導の実態が進学や就職という出口保障に過度に偏っていた反省から，キャリア教育という言葉が使われるようになりました。ですので本質的には両者に違いはありませんが，キャリア教育はより能力開発的であり，発達支援的です。

▷1 ニート（NEET: Not in Education, Employment or Training）
学業にも，職業にも，職業訓練にもついていない15～34歳の若者。

▷2 ワーキング・プア
定義自体が確立していないが，働いている貧困層を指す。日本でも年収200万円以下の労働者は2006年には1,023万人で労働者全体の22.8％であった

▷3 中央教育審議会(1999)．初等中等教育と高等教育との接続の改善について（http://www.mext.go.jp/b_menu/shingi/12/chuuou/toushin/991201.htm）

▷4 国立教育政策研究所生徒指導研究センター(2002)．「児童生徒の職業観・勤労観を育む教育の推進について」調査研究報告書（http://www.nier.go.jp/shido/centerhp/sinro/1hobun.pdf）

▷5 自己効力感
「ある行動を自分は遂行できる」という自己の効力についての予期。これが高ければ，行動は起こりやすい。進路自己効力感は，キャリア領域における自己効力感。

このキャリア教育で育てるべき能力は先述の4領域8能力で，キャリア領域にかかわる幅広い能力を育てようとしていることがわかります。これを学齢期が終わるまでに育てるわけですから，系統的・計画的・継続的なキャリア教育が必要になります。そのためには校種を超えた縦の連携は重要になります。

また，キャリア教育を学校だけで実践するのはもはや困難な時代です。学校は確かに中心になりますが，家庭や地域社会，産業界，行政等が連携し社会全体でキャリア教育を推進する必要があります。中学生の**キャリア・スタート・ウィーク**[7]などは横の連携の代表的なものです。

○探索的・体験的な活動を組み込む

キャリア教育は「自己と進路に関する探索的・体験的諸活動を通じて」行うものです。また，人間関係形成能力は人間関係の体験を通じて，情報活用能力は情報を活用する体験を通じて徐々に育っていくものです。将来設計能力も意思決定能力も同様です。ですから，そうした活動を十分に組み込むことが重要です。なお，体験活動では「まだ未熟な自分」を自覚し，目標の具体的イメージをもたせるとともに，「成長した自分」を実感させ，自己効力感をもたせることが重要です。たとえば職場体験は前者の活動に相当しますが，そうした活動だけでは自信を失ってしまう子どもたちも少なくありません。成功体験を積み上げることで自己効力感を育てるという視点を忘れてはいけません。とりわけ「総合的な学習の時間」はその趣旨等がキャリア教育に近く，これらの時間を十分に活用することが必要でしょう。

○キャリアカウンセリングの充実

キャリア教育には，①自己理解，②進路情報，③啓発的体験，④進路相談（**キャリアカウンセリング**[8]），⑤就職・進学指導援助，⑥追指導の6つの活動があります。そのなかでも中核になるのが進路相談（キャリアカウンセリング）です。これは①②③の活動で得たものを整理・統合し，次のキャリア行動につなげていく「かなめ」となる活動です。この活動を充実させることで，一人ひとりに応じたキャリア発達の支援が可能になります。

3 キャリア教育のゴール

人は仕事を通じて社会と接点をもち，社会に貢献します。ですから職業的自己実現とともに，社会の有為な形成者となれるように，子どもたちの全人的な成長・発達を促す視点が重要です。キャリア教育はその基盤となる「勤労観・職業観」を育てるとともに，それを実現する「関心・意欲と資質・能力」を育てる教育です。その意味でもキャリア教育は特定の時間で展開するものではなく，すべての教育活動を通じて展開すべきものです。

（栗原慎二）

▶6 **自己効力感の4つの源泉**
自分自身の成功体験，代理体験，言語的説得（できると言い続けられるような体験），生理的情緒的高揚（いつもと違って苦手な場面で今日は緊張しないといった体験）の4つ。特に成功体験が重要だが，たとえば似通った能力や特性の人物の成功体験は時に強力な代理体験となる。

▶7 **キャリア・スタート・ウィーク**
勤労観，職業観を育てるために，中学校において5日間以上の職場体験を行う学習活動。文部科学省の主導で2006年以降本格化した。

▶8 **キャリアカウンセリング**
キャリア領域におけるカウンセリング。実践に際しては，カウンセリングとキャリアの両方にかかわる専門的知識や技能が必要になる。

（参考文献）
日本進路指導学会（編）(1996)．キャリア・カウンセリング――その基礎と技法，実際　実務教育出版

V 予防・開発的取り組みと教育相談

10 ピア・サポートによる教室復帰支援，不登校予防支援——高校現場から

▷1 不登校
欠席日数には関係なく，病気や経済的理由のほか，何らかの心理的・情緒的，あるいは社会的要因や背景により，児童生徒が登校しない，あるいはしたくてもできない状態にあること（文部科学省（2003）今後の不登校の対応のあり方について（報告））。

▷2 ピア・サポート
ピアは仲間または友人，サポートは支援または援助という意味で，仲間や友人同士支援し合う活動のことを指す。カナダで行われている教育支援プログラムで，中野武房および森川澄男が日本に最初に導入した。
　ピア・サポート活動とは，教師の指導援助のもとに子どもたち相互の人間関係を豊かにするための学習の場を各学校の実態に応じて設定し，そこで得た知識やスキル（技術）をもとに仲間を思いやり，支える実践活動をいう。（中野武房ほか（2002），学校でのピア・サポート活動のすべて　ほんの森出版　30．）
　予防・開発的スクール・カウンセリングの一方法であり，その意義は，生徒に人格的成長を促し生徒の人間関係づくりを支援し，ライフスキルを高めることにある。
⇒ V-8 参照。

▷3 リソース
⇒ V-3 参照。

1 不登校の対策は学校課題

　うららかな春の陽射しが注ぐ4月，HR担任は「クラス全員一緒に進級（卒業）させたい」という思いを胸に生徒を迎え，新学期がスタートします。そのなかで，早ければ5月の連休明け頃から**不登校**[1]になる生徒が出てきます。

　高校では，教務内規により，不登校による欠席日数や欠課時数がかさんでくると進級や卒業が困難になってきます。「学校に行きたいのに行けない」ことの苦しさに加えて，自分の人生にかかわる進級問題に及ぶと，不安と焦りで心身共に不安定になる生徒も少なくありません。また，その生徒にあった進路選択はなんだろうと，担任や保護者の悩みも深くなります。このように，さまざまな原因から不登校となった場合の生徒の対応が今も教育現場で大きな課題となっています。また同時に，不登校を起こさない予防的学校システムをつくることも緊急の学校課題です。これらの課題の解決に向けて，ここでは**ピア・サポート**[2]による不登校からの教室復帰支援の実践と，不登校を起こさないための予防支援について紹介します。

2 友人支援により教室復帰をしたA子

◯男子が怖い

　地方の小規模中学校から700人を超える高校に入学したA子は，集団になじめないまま2年生に進級しました。やがてA子はクラスの男子に緊張するようになり，不安感から男子が集団で自分に対して悪口を言っていると思いこむようにもなり，6月初旬に不登校となりました。面談のなかで，A子が将来母親に家を建ててあげたいという夢をもっていることを知りました。この**リソース**[3]をもとに励まし，教室復帰に向けての**保健室登校**[4]を勧め，2週間後に登校が始まりました。

◯友人の支えで教室復帰へ——「人は人によって癒され救われる」

　保健室登校を始めたA子は，進級に向けて意欲をもつようになり，教室復帰が目標となっていきました。教室に入るために担任や養護教諭を頼っていてもいつもそばにいることはできません。ガードマン代わりや会話の代行者としての依存も心配されます。そこで保健室ではA子への受容と共感の対話で勇気づけを続け，担任による男子へのアプローチで，学級がA子にとって安心な場

100

所となるように整備しつつ，友人たちの支援をもらうことを考えました。心配しているA子の女友達らと保健室で過ごす時間をつくるだけではなく，クラスの男子との心のふれあいも必要だと考えました。クラスの男子保健委員や彼の友人に，A子支援の相談をしたところ，休みが続くA子を心配していた彼らは，「会って話がしたい」と応えてくれ，A子は彼らと会うことになりました。彼らは「誰も君のことは嫌っていないよ。安心してほしい。何かあったら僕たちに相談して！」と語りかけ，A子は彼らの話に涙していました。何度か親しく話す機会を経て，A子は，彼らの言葉を信じクラスに復帰することができました。保健室登校開始から約3か月後の教室復帰でした。その後A子は無事に卒業し，自宅近くの電機関連企業に就職を果たしました。

③「ピア・サポート（仲間同士の支援活動）」に出会う

このA子支援の頃に私は函館市で行われたピア・サポート研修会に参加し，ピア・サポーター養成プログラムについて学ぶ機会を得ました。研修を受けていない生徒たちでも友人をクラスに戻すことができた事例を体験した私は，「ピア・サポート」に関する専門のトレーニングを受けたピア・サポーターが各クラスにたくさんいたら，どんなに救われる生徒がいるだろうと胸が熱くなりました。クラスになじめていない人がいたら，孤立しないようにそばに行き寄り添い声をかける，悩みがある人がいたら私で良かったら話を聴かせてと話しかけてみる，そんな人が身近にいるだけで登校への勇気がわいてくると思ったのです。2005年4月から保健委員会を主幹に，全校生徒を対象にピア・サポーター養成のための研修会を企画し，現在もその活動を続けています。

④ B子の教室復帰支援——ピア・サポーターは教室への架け橋

B子は，高校2年5月の連休明け，風邪から喘息症状の併発で欠席し，そのまま不登校になりました。家庭訪問でB子の不登校理由が「クラスに安心して話せる友人がいない」とわかり「寂しさ」から孤立感をもっていることも伝わってきました。その後B子は体調が良い日は保健室登校し教室復帰を目指し始めました。クラスには4人のピア・サポート研修生がいました。教室に入れないB子を心配し，担任の先生や筆者に相談に来ました。彼らもコミュニケーションが苦手で，自分のもつ弱さを自覚している生徒たちで，ピア・サポート研修で少しでも克服し困っている人の力になりたいと考えていました。B子の力になりたいと考えた彼らは，B子が保健室にいる日は休み時間ごとに会いに来て，おしゃべりをし，笑って過ごしB子の心を温めてくれました。クラスの他の生徒も仲間に入れながら過ごした5日後，笑顔で保健室を後にし授業に一緒に向かうことができました。保健室登校から1か月余り。B子は4人に，4人はB子に勇気と元気をもらったのは間違いありません。

（長野喜美子）

▷4 保健室登校
常時保健室にいるか，特定の授業には出席できても，学校にいる間は主として保健室にいる状態（文部省(1998). 保健室利用者調査報告書）。

▷5 ピア・サポートの専門のトレーニング
日本ピア・サポート学会認定ピア・サポーターの認定要件の項目は次の通りである。
①ピア・サポート概論，②自己理解・他者理解・動機づけ，③コミュニケーションスキル，④問題の解決，⑤対立の解消，⑥ピア・サポート活動の心得，⑦ピア・サポート活動計画，⑧ピア・サポート活動の実践，⑨活動の評価・スーパービジョン。
また，この研修は，ピア・サポートトレーナーまたはピア・サポートコーディネーターによる研修であることが条件とされる。

参考文献
國分康孝・門田美恵子(1996). 保健室からの登校——不登校児の支援モデル 誠信書房
國分康孝（編集代表）(2005). 保健室からの育てるカウンセリング——考え方と進め方（学級担任のための育てるカウンセリング全書7） 図書文化社

Ⅵ 教師への支援と教育相談

1 教師支援の必要性

1 教師のメンタルヘルス

　現代は，教師受難の時代と言われています。不登校やいじめ，非行や虐待，発達障害や中途退学等々，学校にはさまざまな「問題」が渦巻いています。そしてこれらの「問題」に対応するため，現場の教師は東奔西走の毎日を送っているのです。さらに最近の少子化現象に伴う人員削減により，教師の多忙化にますます拍車がかかってきているのも事実です。

　しかも教師という仕事が厄介なのは「ここからここまで」と線引きするのが難しく，やろうと思えば次から次へと際限ないという点にあります。家に帰ってからも教材研究をしたり，夜遅くまで保護者からの電話に対応したり，私生活にまで仕事が食い込むことも少なくないのです。この時間的な枠のなさに加えて，教師のストレスを助長するもう一つの原因に「達成基準の曖昧さ」があります。教師の仕事は，何かモノをつくる仕事とは異なり，量的な変化で成果を示すことができません。しかも子どもの成長はすぐに現れるものでもありません。卒業後何年も経ってから先生の教えを実感したということも珍しくないくらい，即効性は期待できない（期待してはいけない）仕事だと言えます。

　このように教師というのはきわめてストレスの溜まりやすい仕事です。それに輪を掛けるように最近は，先に述べたような子どもの「問題」が深刻化しています。授業妨害や校内暴力という形で直接教師に向かってくる子どもたちも増えているのです。実際，教師が経験している職場内ストレスの4割以上を「生徒指導」ストレスが占めていると言います[1]。そしてその背景に，対応が難しい保護者の存在があります。さらに，職場内の人間関係も複雑な上，日々の多忙感に追いつめられる教師も少なくないでしょう。それを裏づけるように，近年，精神的な病気のために休職している教師が漸増しています[2]。「学校に行きたくない」「子どもの顔を見るのが怖い」，そんな深刻な苦悩を訴える教師たち。今や不登校は子どもたちだけの問題ではなくなりつつあると言えるでしょう。

2 学校現場に見る悪循環の轍

　学校現場の「問題」が多様化するなか，子どもの心を育むべき教師にとって，心の健康を維持することは決して容易なことではありません。子どもに心の「問題」が起こると，教師はその対応に奔走させられます。そしてその多忙さが

▷1　中島一憲（2000）．教師のストレス総チェック　ぎょうせい

▷2　文部科学省「平成20年度　教育職員にかかる懲戒処分等の状況について」によると，1998年では，病気休職者数4,376人のうち精神疾患による休職者数1,715人と病気休職者数に占める精神疾患の割合が39.2%だったのが，2008年では，病気休職者8,578人，うち精神疾患による休職者5,400人とその割合も63.0%と，増加の一途をたどっている。

⇒Ⅵ-2 参照。

Ⅵ-1 教師支援の必要性

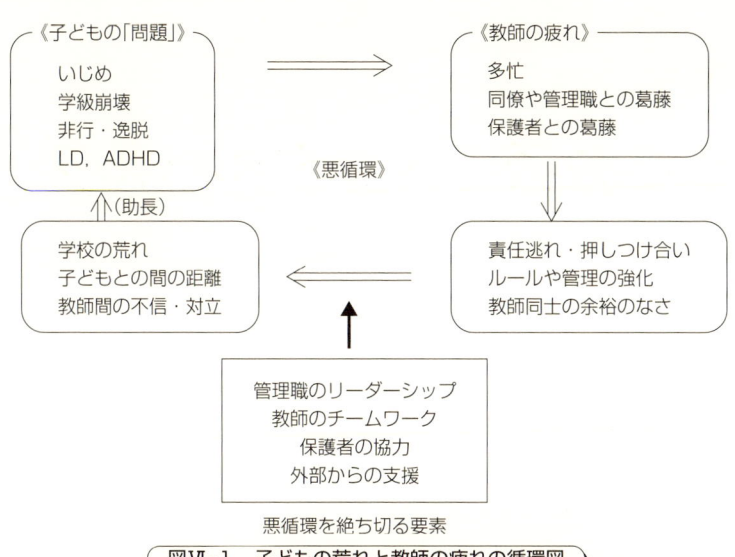

```
《子どもの「問題」》                    《教師の疲れ》
 いじめ                              多忙
 学級崩壊          ⇒                 同僚や管理職との葛藤
 非行・逸脱                           保護者との葛藤
 LD, ADHD
   ↑（助長）        《悪循環》               ⇓
 学校の荒れ                           責任逃れ・押しつけ合い
 子どもとの間の距離    ⇐               ルールや管理の強化
 教師間の不信・対立                    教師同士の余裕のなさ
                      ↑
                 管理職のリーダーシップ
                 教師のチームワーク
                 保護者の協力
                 外部からの支援
                 悪循環を絶ち切る要素
```

図Ⅵ-1　子どもの荒れと教師の疲れの循環図

出所：伊藤（2006）p.97.

ストレスを生みバーンアウトからうつに発展するのです。それらの弊害は一教師のなかにとどまりません。あるクラスの問題が学年の問題へ，さらには学校全体の問題へと波及することもあるでしょう。余裕がなくなった教師同士に不信感が広がり，互いを非難したり責任を押しつけるという空気が生まれることも珍しくありません。逸脱行動や学級崩壊といった問題は，力で管理する指導をもたらし，それがますます教師と子どもの間の距離を広げる結果になってしまいます。場合によっては，保護者との間に溝を広げることもあるでしょう。こうした教師集団の歯車の狂いが，子どもの問題をますます助長するという形で，学校全体が悪循環の轍にはまってしまうのです（図Ⅵ-1）。[3]

　この悪循環を断ち切るにはどうすればいいのでしょうか。さまざまな調査結果からは，人的サポートの有無やプライベートな時間の確保が有効であることが見えてきました。他方，学校内での体制としては，学校のなかに一つのクラスの問題を学校全体で考えていこうという空気をつくることが必要になります。教師の疲れが教師間の不信や対立にまで発展しないように，問題を共有し学校全体で取り組むことが必要です。子どもとの葛藤により，深い心の傷を負った教師ひとりを追い詰めるのではなく，その傷を癒しながら子どもに向き合える勇気を支えることが急務とされるでしょう。そのためにも，一つのクラスの「問題」を担任教師だけに背負わせず，学校として分けもつと同時に，教師自身が悩みを吐露できる空気をつくる努力が求められます。また，場合によっては，学校内で抱え込まず，保護者や地域の協力，さらには外部機関の専門家等の協力や行政的なバックアップを得ることも有効でしょう。[4]

　学校の荒れと教師の疲れが再生産の構造に組み込まれる前に，その連鎖を断ち切り，教師自身が（そして学校も）真の"健康"を回復することが今こそ求められているのです。

（伊藤美奈子）

[3] 伊藤美奈子（2006）．子どもを育む　秋田喜代美・佐藤学（編）新しい時代の教職入門　有斐閣，pp.81-102.

[4] 伊藤美奈子（2007）．教師のバーンアウト傾向を規定する諸要因に関する探索的研究（Ⅱ）――子どもの問題，サポート源，生活時間に注目して　慶應義塾大学教職課程センター年報，16，5-19.

VI 教師への支援と教育相談

2 深刻化する教師のメンタルヘルス

1 教師を取り巻く状況

○教師の仕事の難しさ

　子どもを取り巻く環境や子ども自身の変化による子ども理解の困難さ，学校のあり方自体が根底から問われるような教育の公共的使命の揺らぎ，学校と教師を非難する世論やマスコミの攻撃などを背景に，教師は厳しいストレス状況にさらされています。そのなかで，教師として果たすべき役割と責任，教師としてのアイデンティティ（「教師であるということは一体どういうことなのか」）に対する問いへの十分な答えを見出せぬままに，今，教師として生きることの難しさが広がっています。

○学校をめぐる状況

　歴史的に振り返ると，1980年頃から子どもの発達・成長の危機や学校そのものの存在意義が揺らぎはじめたことを背景に，不登校・校内暴力・いじめなどの問題が噴出してきました。1990年代に入ると，対教師暴力や学級崩壊に象徴されるように混迷と困難の度合いが一層強まりました。さらに2000年代に入ってからは，家庭や社会の変質に伴い，児童虐待やネット犯罪，薬物乱用や子どもの**自殺の連鎖**▷1などが大きな社会問題となっています。学校がこうした錯綜した危機に揺れるとき，子どもたちのみならず，教師の心身の状態にも深刻な影響が生じることになります。

　一方で，教育現場における管理強化や成果主義の導入による，ゆとりのない勤務状況や保護者・地域からの過大な要求の存在も教師の仕事の難しさに拍車をかけています。今，多くの教師は「ストレスのるつぼ」▷2のなかに置かれていると言っても過言ではありません。

2 悪化する教師のメンタルヘルス▷3

○休職者に占める精神疾患の割合の急増

　文部科学省が公表した2008年度の全国公立学校教職員の病気休職者は8,578人にのぼります。そのうち，うつ病や適応障害，ストレスによる神経症などの精神疾患による休職者は5,400人で全体の63.0％を占め，16年連続で過去最多を更新しました。10年前の1,924人に比べ3倍近く増加し，病休者全体に占める割合も43.0％から大幅増となっています（表VI-1）。

▷1　**自殺の連鎖**
ある人物の自殺が引き金となって同じような問題を抱えた人々が次々に自ら命を絶つ現象を指し，「群発自殺」とも呼ばれる。特に心の揺れが激しい若者や子どもは，自殺の連鎖を引き起こしやすいと言われている。

▷2　中島一憲（2003）．先生が壊れていく――精神科医がみた教育の危機　弘文堂

▷3　**メンタルヘルス**
「精神保健」や「精神衛生」，広くは「心の健康」と訳される。感情，行動，社会性の上で成熟し正常であり，精神上および行動上の障害がないことを指し，精神疾患，心身症，不適応などがみられる場合に，メンタルヘルス不調やメンタルヘルス障害と呼ばれる。

表Ⅵ-1 病気休職者数等の推移（1999〜2008年度）

（単位：人）

	1999年度	2000年度	'01年度	'02年度	'03年度	'04年度	'05年度	'06年度	'07年度	'08年度
在職者数（A）	939,369	930,220	927,035	925,938	925,007	921,600	919,154	917,011	916,441	915,945
病気休職者数（B）	4,470	4,922	5,200	5,303	6,017	6,308	7,017	7,655	8,069	8,578
うち精神疾患による休職者数（C）	1,924	2,262	2,503	2,687	3,194	3,559	4,178	4,675	4,995	5,400
在職者比（％）（B）／（A）	0.48	0.53	0.56	0.57	0.65	0.68	0.76	0.83	0.88	0.94
（C）／（A）	0.20	0.24	0.27	0.29	0.35	0.39	0.45	0.51	0.55	0.59
（C）／（B）	43.0	46.0	48.1	50.7	53.1	56.4	59.5	61.1	61.9	63.0

（注）「在職者数」は，当該年度の「学校基本調査報告書」における公立の小学校，中学校，高等学校，中等教育学校及び特別支援学校の校長，副校長，教頭，主幹教諭，指導教諭，教諭，助教諭，養護教諭，養護助教諭，栄養教諭，講師，実習助手及び寄宿舎指導員（本務者）の合計。
出所：文部科学省（2010）．平成20年度　教育職員にかかる懲戒処分等の状況について．

一方，教員採用試験に合格しながら，1年間の試用期間後に正式採用とならなかった教員は2008年度において315人にのぼり，うち約3割の88人が精神疾患による依願退職だったことが判明しています。また，最近増加している定年前の早期退職者（2008年度1万3,445人）のなかにもメンタルヘルス面での問題を抱えている者が含まれているという指摘もあります。

▶4　文部科学省（2009）．「公立学校教職員の人事行政の状況調査」

○学校現場で苦闘する教師たち

このような病気休職者や退職者に加えて，最大で6か月以内の病気休暇を取っている教師たちの存在も看過できません。保阪（2009）は，ある市の2005年度の30日以上の病気休職者は141人に及び（休職者は26人），この市内の全教員数に占める割合（出現率）は4.2％にあたるという調査結果を示しています。このような状況を考えると，表Ⅵ-1の数字はあくまでも氷山の一角にすぎないと言わざるを得ません。ストレスを抱えながら学校現場で懸命に頑張っている多くの教師のメンタルヘルスが，これまで考えられてきた以上に深刻な状態であることは間違いないと思われます。

▶5　保阪亨（2009）．"学校を休む"児童生徒の欠席と教員の休職　学事出版

3　広がる教師の心の危機

このように学級崩壊をはじめとして教師の懸命な指導・援助が子どもたちに通じないケースも多く，誰がバーンアウトに陥っても不思議でない状況にあると言えます。つまり，教師のメンタルヘルスの悪化を，個人の性格など心理的な要因からのみとらえるのではなく，構造的な，いわば教師が置かれた環境要因から生じるものとして，少なくとも両者の相互作用から生じるものとしてとらえる必要があると考えます。深刻なメンタルヘルスは，特定の教師に生じる個人病理というよりも，多くの教師が経験する可能性をもった職業上の心の危機であるということです。

（新井　肇）

VI 教師への支援と教育相談

3 バーンアウトする教師たち
──教職に特有の悩みやストレス

1 バーンアウトとは

◯バーンアウトの定義

精神科医の中島一憲は，教師のメンタルヘルスが深刻の度合いを強めているなかでも，「もっとも多いのは抑うつ状態に陥る燃え尽き症候群（バーンアウト）」[1]であると指摘しています。

バーンアウト（燃え尽き）とは，教師・カウンセラー・医師・看護師・介護福祉士などの対人援助職に特有のストレスを指す概念です。単なる疲労とは異なり，「長期間にわたり人を援助する過程で，解決困難な課題に常に晒された結果，極度の心身の疲労と情緒の枯渇をきたす症候群であり，自己卑下，仕事嫌悪，関心や思いやりの喪失を伴う状態である」[2]と定義されます。

◯対人援助職のストレス

対人援助職は人間を相手にする職業であるがゆえに，満足できる反応が相手から返ってきたり，正当な評価が得られれば，やりがいはでるし，充実感も得られます。しかし，予期せぬ反応が返ってきたり，いくらやっても周りからの評価が得られないときには，仕事に寄せる期待が大きければ大きいほど幻滅感が高まり，失望感や絶望感にとらわれていくことになります。このような状態になると，強い自己嫌悪や無力感に陥り，人への思いやりを喪失してしまうため，援助する相手へのかかわりも機械的で表面的なものとなり，おざなりな対応しかできなくなっていきます。また，慢性の疲労感や息苦しさ，不眠などの不定愁訴[3]に悩まされ，身体的不健康に陥ったり，精神疾患，薬物依存，時には自殺などに至るケースの背景ともなりかねないのです。

2 教師に特有の悩みやストレス

◯集団を相手とする継続的対応

対人援助職のなかでも，教師は集団への対応を持続的に迫られる点で困難度が特に高いと思われます。子どもや保護者は，担任が学級の人数分の1の関心しか自分に示さないとしたら満足しません。常に個と集団とのバランスをとりながら，子どもの変化や保護者の要求を敏感にキャッチすることが求められます。また，担任と子ども，担任と保護者の関係は少なくとも1年間は継続されます。医師やカウンセラーと違って，お互いに相手を変えることができない

---

[1] 中島一憲（2003）. 先生が壊れていく──精神科医がみた教育の危機 弘文堂

[2] Maslach C. & Jackson S.E.（1981）. The measurement of experienced burnout. *Journal of Occupational Behavior*, **2**, 99-113.

[3] 不定愁訴 医学的身体的診断では原因が判明しない，身体全体あるいは身体のどの部位とも直接関係しないような「だるい」「疲れやすい」「気持ちが悪い」などの訴えを指す。「胸が苦しく足が痛い」など関連性のない複数の部位に関する訴えを示すこともある。

め，人間関係がこじれると身動きがとれなくなってしまうケースもみられます。

○教職の特徴──「再帰性」「不確実性」「無境界性」

さらに，教師の仕事自体に内在する問題もあげられます。佐藤（1994）[4]は，教職の特徴として「再帰性」「不確実性」「無境界性」という3点をあげています。「再帰性」とは，教育行為の責任や評価が子どもたちや親たちから絶えず返ってくる性質を指します。授業がうまくいかない，生徒指導が入らないという状況は教師にとっての大きなストレスとなります。「不確実性」とは，教える対象が変われば，同じ教育態度や教育技術で対応しても同じ成果が得られるとは限らない側面を言います。異動に伴う環境変化からバーンアウトに陥るケースが少なくないことがそれを物語っています。「無境界性」とは，「どこまでやれば，教育効果が上がったとか，成功したとか言えるのか」が不明瞭なため，教師の仕事の範囲が際限なく拡張され，達成感を抱けずに過重に仕事を抱え込んでしまうことを指します。その結果，仕事が境界を越えて職場外の日常生活にまで入り込んでくることになります。仕事を家にもち帰ったり，気になる子どものことが頭から離れなくなり，素の自分に返ってほっとする時間がもてなくなってしまいます。したがって，かつてILOが指摘したように「教師は戦場なみのストレスにさらされている」ということになるのです。

3 バーンアウトが生じるプロセス

○ストレッサーとしての関係性の破綻

教師は，日常的に対子ども，対保護者，教師同士の3つの複雑な人間関係にさらされています。特に，子どもとの人間関係が悪化した場合には，大きなストレスとなります。また，本来連携すべき保護者も，関係がこじれた場合には大きなプレッシャーとなります。仮に子どもや保護者との関係がこじれた場合でも，教師間の人間関係が良好で，協力的に解決を図ろうとするサポーティブな雰囲気と組織体制が職場に確立していれば，やる気を低下させずに困難な状況に取り組んでいくことができるでしょう。しかし，教師間の人間関係が崩れ，孤立化が進んでいる場合には，職場の人間関係そのものがストレッサーとなり，バーンアウトを促進する大きな要因になると考えられます。

○心身の不調

そのような状況に追い込まれたとき，不眠や慢性的疲労感，喉の渇き，呼吸困難などさまざまな心身の変調が現れます。さらに無理を重ねると，胃潰瘍や円形脱毛症なども生じてきます。教師は目の前の子どもへの対応に追われ，疲れを癒すことを先送りにしてしまいがちで，朝つらくても，「休むとみんなに迷惑をかけてしまう，行けば何とかなる」と無理をしてしまい，にっちもさっちもいかなくなりバーンアウトしてしまうケースも少なくありません。

（新井　肇）

▷4　佐藤学（1994）．教師たちの燃え尽き現象（ひと262号）太郎次郎社

参考文献
新井肇（1999）．「教師」崩壊──バーンアウト症候群克服のために　すずさわ書店

VI 教師への支援と教育相談

4 燃えつきる前に何ができるのか
──セルフケアと職場のソーシャルサポート

1 予防のためにできること

　教師は，子どもたちにきめ細かくかかわることを要請され，理想に燃えたタイプが歓迎されます。ところが，理想主義的信念の強い人ほど，現実の困難に遭遇すると，行き詰まりを人一倍強く感じてしまいがちです。良心的な教師ほど燃え尽きてしまうという悲劇をどうすれば防げるのでしょうか。

○心の危機に気づく

　危機理論で有名なキャプラン（1968）は，危機状態を「人が大切な目標に向かうとき障害に直面し，それが習慣的な問題解決の方法を用いても克服できない場合に発生する一定期間の状態」と定義しました。教師にとっての大切な目標とは，「教育・学習活動を通した子どもの成長」と言えるでしょう。今まで普通にできていた教育活動がうまくいかなくなり，改善の手立てが見つからずにもがいているとき，人は危機状態に陥っている，と言えるのです。

　しかし，教師は自分が危機状態に陥っている，という自覚をもてない人が多いのです。克服しようとさらに個人的な努力を続けるうちに，ストレスによって個々のエネルギーが枯渇してきます。

　伊藤（2006）は小中高校教諭122人へのアンケート調査によって，バーンアウトにつながる危険にあるストレスの症状を調べました。それによると，身体のだるさや食欲の低下などの身体症状，机の上が散らかり行事の準備が面倒になるなどの消耗感の自覚がありました。特に，子どもや同僚とも関係がもてなくなると強いバーンアウト状態に陥っていました。身体症状，消耗感，関係の悪化のどれかの自覚があったら，心のエネルギーの補給と節約が必要です。バーンアウトとは，心のエネルギーが枯渇した状態です。しかし心のエネルギーは徐々に減っていくため，バーンアウトに近づいていることに自分では気づきにくいのです。心の危機の自覚が，予防の第一歩です。

○危機の予感がしたらすぐ休養を

　まずは「①休養」です。よく寝てしっかり食べます。あまり眠れない状態が2週間以上続いていたら，精神科を受診し医療の力を借りる必要があります。次に，「②問題から少し離れて」みます。休日に出かけたり，趣味を行うなどがいいでしょう。それから「③問題に向き合う」のです。記録をまとめたり，その問題に関する専門書を読んだりすると，何が起こっていたかがわかってきま

▷1　キャプラン，G.，加藤正明（監修），山本和夫（訳）(1968). 地域精神衛生の理論と実際　医学書院

▷2　伊藤美奈子（2006）. 教師のバーンアウト──燃え尽きる教師たち　別冊発達27　ミネルヴァ書房

す。専門家や同僚に相談すると整理されるし，同僚も支援しやすくなります。そうして「④解決策を相談しながら実行」します。支えがあることも心のエネルギーになります。

❷ 「しんどさ」を共有できる職場づくり

○ 悩みの共有

かつての学校には，ストーブを囲んでの炉辺談話や帰りがけの「ちょっと一杯」というようなフォーマルとインフォーマルが溶け合ったコミュニケーションがありました。ところが今は，皆がパソコンに向かい無言状態が続く職員室，多忙や自動車通勤の増加による交流機会の減少など，学校内とその延長上での癒し空間，教師の心の居場所が少なくなり，教師同士が本音で語り合い，愚痴をこぼし合う機会が失われているようです。悩みや問題を抱えたときには，まじめな人ほど周りに負担をかけずにひとりで解決しようとします。精神的に追い詰められる前に，孤立させずに職場全体で支えることが大切です。だから教師相互が話し合い，支え合う雰囲気を「意図的に」つくり出すことが必要なのです。

○ 多様性を認め合う職場づくり

愚痴がこぼせて，必要なときには休めて，消耗している感じの同僚がいたらまわりから自然と声がかけられる人間関係のある職場にするためには，ときには誰かが「大変だ，しんどい」と声を出すことが必要なのではないでしょうか。

そうしないと各自がバラバラになって，悩みを抱え込みながら孤立感を強めるだけの職場になってしまいます。園田（2002）も指摘するように，しんどさを感じることが不適切なのではなく，しんどさを子どもへの攻撃や同僚へのいびりなどに無自覚に転化することが不適切なのです。頑張りすぎて限界に至る前に，素直に「しんどい」と言える温かい職員室の人間関係を築きたいものです。

○ 協働性のある職場の創造

子どもたちに豊かな人間関係を求めるのと同様に，教師自身が「3人寄れば文殊の知恵。ひとりでできないこともチームであたれば何とかできる」と協働することの有効性と楽しさを理解しておくことも大切だと思われます。野球のチームが四番バッターだけでは立ちいかないように，教師の世界もさまざまな個性の人間がいる方が集団としての力を発揮することができるのではないでしょうか。おとなしい先生，こわい先生，お茶目な先生，しっかりした先生，失敗するけれど頑張る先生……いろいろな教師がいて，相互に認め合い，信頼し合い，多様性を容認する温かい世界をもつことが大切であると思われます。弱音を吐いたり相談することは恥ずかしいことではないこと，違う個性が助け合わなければひとりでは何もできないことをお互いにわかり合うことが**同僚性**を高め，協働で仕事にあたる基盤を形づくることになると考えます。

(新井　肇・和井田節子)

▷3　園田雅代（2002）．教師のためのアサーション　園田雅代・中釜洋子・沢崎俊之（編著）教師のためのアサーション　金子書房

▷4　同僚性と協働性
同僚性（collegiality）は，職場でお互いに気楽に相談し・相談される，助ける・助けられる，励まし・励まされることのできるような人間的な関係を指す。また，協働性（collaboration）は，異なる専門分野の人間が共通の目的のために対話し，新たなものを生成するような形で協力して働くことを指す。

Ⅵ 教師への支援と教育相談

5 教育相談係を核とした連携にもとづく校内体制づくり

① 子どもの問題行動に協働して取り組む

保坂ら（2009）の調査によると，教職経験5年以上で病気休職したもの，療養休暇をとったもの，およびそれに近い状態に陥ったもの61例を分析した結果，バーンアウトの要因となりうるストレスは，(1)転勤，(2)生徒指導上の問題，(3)特定の保護者の「クレーム」だったと言います。「異動したばかりで難しい学級に悩んでいるときに，さらに保護者からさまざまなクレームが続くことは，対処不能になりかねない危険なストレス複合状態になりうる」と保坂は指摘しています。

学校教育相談は，担任と協働して生徒指導問題の解決を目指すことが役目です。その活動には，情報共有・普及・サポートの3つの分野があります。

①情報共有：共通理解が必要な子どもに関する情報を扱う分野。
②普及活動：子ども理解や子ども支援に有効な理論やスキルを伝える分野。
③支援活動：具体的な支援の分野。連携しながら子どもを支援します。保護者やそれを支える担任・学年への援助も含みます。

転勤したばかりで子どもたちに苦労していても，学校教育相談の活動が有効に機能していれば担任を支援する力になり得るのです。ここでは，担任支援にも有効な教育相談係の動き方を，①情報共有と②普及活動を中心に述べます。

② 情報共有の実際

伊藤（2006）は，子どもの問題行動が教師のバーンアウトにつながるのを防ぐには，学校全体で問題を共有し取り組むことが必要だと述べています。問題の共有には共通理解が必要だと思われるそれぞれの子どもの状況を簡潔に記述した情報共有リストにすると活用しやすいでしょう。

○担任の話を聞く

情報共有リストをつくるときに担任に確認してもらいます。「○○くんは，席にじっとしていられないので，みんなで見ていった方がいいという話を養護教諭や学年主任から聞いているので，このように書いてみました。この子を情報共有リストに入れていいですか」「この子についてはこの記述でいいですか」「他にリストに入れておいた方がいい子はいますか」という具合に，それぞれの学級担任に尋ねるのです。「それでいいです」と言って話が終わることはまれ

▷1 保阪亨（2009）．"学校を休む"児童生徒の欠席と教員の休職　学事出版

▷2 伊藤美奈子（2006）．教師のバーンアウト——燃え尽きる教師たち　別冊発達27　ミネルヴァ書房

で，ふつうは「実はこの子は……」と相談が始まるものです。担任の苦労に沿うつもりで話を聞き，書きとめ，リストをつくります。これが担任支援の第一歩になります。

◯共感的に聞く

担任の話を聞くときは，「こんな状況のなかでよくこまめに連絡をとってきたんですね」など，これまでの努力を理解しながら共感的に聞きます。ただし，情報を集めるという役割の延長で聞いているので，同情や批判は禁物です。最初からの助言も，求められないうちは控えます。「大変ですね，専門家を知っていますが聞いてみましょうか」というのが良いでしょう。

話を聞いたら「大変そうですが，何かお手伝いできることはありませんか」「もしよかったら，今度お母さんがいらっしゃったときに，相談係ということで同席して話を聞きましょうか」と協力を申し出ます。

◯情報を管理職に伝える

校長をはじめとする管理職にも情報共有リストを詳しく説明します。その際，それぞれの担任教師の良さ，担任の努力や苦労，現在困難を感じていることについても伝えます。管理職に担任のこれまでの努力や思いを共有してもらえると，担任はさらに支えられます。また，学校全体での子ども支援もやりやすくなります。

情報共有リストは，職員会議などの場で説明し共有します。事情を知った教師たちの接し方が変わり，情報共有だけでその子の問題行動が収まってくることもよくあるのです。

以上のように，情報共有は学校教育相談の中心的な活動といえます。だから，情報共有会議は各学期半ばに行う，など定例化し，行事予定に入れておきます。

3 普及活動で担任を支える

子ども支援に役立つ理論やスキルを日常的に教職員に伝えます。教育相談ニュースを出す，教育相談の研修や出張の報告を行う，などの方法があります。対応に苦慮している子どもについて話し合われるときに理論やスキルを参考資料として配布するのも，会議で発言するなかで必要なスキルを伝えるのも，普及活動です。

担任が知りたいのは，今目の前にいる困難を抱えた子どもへの接し方です。教育相談係は，研修会等で子ども理解の理論や支援スキルを学んだり専門家に会ったりする機会が多いので，その際に講師に今担任が困っていることについての助言を求めたり専門書を紹介してもらったりするといいでしょう。それらを担任に伝えられると，解決への道が見えてきて担任はかなり楽になります。それらのスキルや理論は他の教員にとっても役立つので，情報を共有できるよう資料を配付するのも教師支援に有効な方法と言えます。

（和井田節子）

参考文献
和井田節子（2005）．教育相談係——どう動きどう楽しむか　ほんの森出版

Ⅵ　教師への支援と教育相談

6　教師支援における教育相談係の役割

▶ 中島一憲（2006）．教師のうつ──臨床統計からみた現状と課題　発達106号　ミネルヴァ書房

中島（2006）は，2003年1月から12月までに東京都教職員互助会三楽病院精神神経科外来を新規外来した現職教師275人を対象に，ストレス要因を調査しました。その結果，バーンアウトに至る教員は，子どもの生徒指導上の問題に苦慮している割合が高いことがわかりました（図Ⅵ-2）。危機状態の教師への支援には，子どもの問題行動の解決を支援する「問題解決的サポート」と，周囲が話を聞いて共感的に支える「心情的サポート」の両方が必要です。ここでは教育相談係および同僚が行えるサポートについて述べます。

1　問題解決をサポートする

○関係者会議で担任を支える

対象の子どもにかかわる人たちで「関係者会議を開催」することを担任に提案します。担任は子どもにかかわるすべてのことをやるべきだと思ってしまいがちなので，会議では，担任の負担軽減を目指します。

会議では，まず「情報を出し合い現状を把握」します。次に，「目標・方針を決定」します。その子がどうなったら解決と言えるか（長期目標），そのためには最小限どうなってほしいのか（最低到達目標），それぞれのメンバーがその子に対して何ができるのか（方針）をはっきりさせるのです。続いて「支援内容と役割分担」を決めます。たとえば，教育相談係が保護者の相談を受ける，部活動の顧問が本人の活躍する場面をつくる，などです。このように，誰が何を行うかをそれぞれ決めていきます。それから「支援日程」を決めます。分担した支援内容をそれぞれいつからいつまで行うのかを確認します。最後に「次回の関係者会議日程を決定」し，それまでにやることを確認します。そして「担任を勇気づけ」ます。これまでの担任の苦労をねぎらい，みんなが力になるつもりであることを伝えて担任を勇気づけ，担任の思いを語ってもらって解散します。関係者会議を行うと，他の人にまかせられることと，担任にしかできないことがはっきりして，解決の見通しももてるので，担任は楽になりますし，子どもの成長支援にも役立ちます。

○支援を全体で共有する

支援が始まったら，「経過を適宜教職員に伝え，情報共有を行う」ことも大事です。経過を知らされると，周囲の教員も自分の可能な範囲で協力することができるからです。また，それは他の教職員が子ども支援の理論やスキルを実際

の対応のなかから学んでいく機会にもなります。

2 心情的にサポートする

◯共感的に聞く

心情的なサポートの最も重要な点は，その教師がひとりぼっちではないことを日常的にわかってもらうことです。話をすることで問題が整理され，解決の糸口に気づいたりするものです。だから，話すことそのものに価値があります。

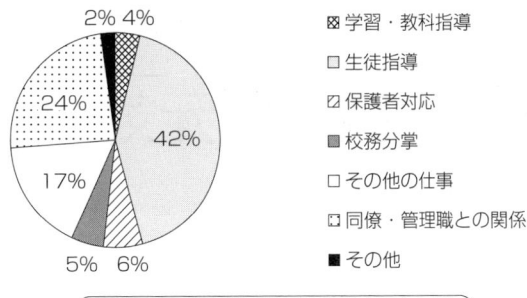

図VI-2 教師群における職場内ストレス

学習・教科指導 42%
生徒指導 6%
保護者対応 5%
校務分掌 17%
その他の仕事 24%
同僚・管理職との関係 2%
その他 4%

出所：中島（2006）より。

話を聞くときには，話しやすさへの配慮に徹したいものです。子どもに対する不満ややりきれなさが語られても，その教師にとっての「子ども像」なのだ，と理解し，まっすぐそれを受け止めます。さらに，頑張れと引っ張るのではなく，「大変な状況なのによくやってきたね」と，下から支え，これまでの頑張りにも共感します。「誰がやってもうまくいかないと思います。担任の働きかけがあるからそれでも子どもが学校に来ているのですよ」というふうに，やれていないことではなく，やれていることを伝えます。そうすることで担任は，助けてもらえると感じ，関係者会議で発言する勇気をもてるようになります。関係者会議でも，担任の気持ちに配慮して，担任が納得できていることを確かめながら進めます。対応が困難な場合は，「今よりも悪くしない。かかわり見守り続ける」ことを目標にすることもあり得るのです。

◯専門家や専門知識とつなぐ

教育相談係は，専門的な知識と担任とをつなぐことができる位置にいます。解決につながりそうな専門書を読んだり専門家の助言を受けることも考えます。

担任は，子どもにかかわるのが職務であるため，他者に協力を求めにくいことも多いものです。しかし，教育相談係が，これらの支援を「これは私の仕事ですから」と明言して行うと，担任も協力を求めやすくなります。会議で説明するうちに担任のなかで問題が整理されてきます。

◯同僚のつらさをそっと支える

危機状態のときには，しばしば誰にも相談できなくなります。そのようなときも同僚だからこそできることがあります。しんどい思いをして家庭訪問を終え，夜遅く学校に戻ると，同僚がさりげなく残業のふりをして待っていてくれたこと，胃が痛い思いで朝職員室に入ると机の上に一輪の花が生けてあったこと，そういう温かい見守りに救われた，という言葉を，つらいところから立ち直った教師たちから聞くことがあります。さりげない，温かさに見守られて苦しさをくぐったそんな教師たちこそ，子どもたちになくてはならない先生になっていくと私は思っています。

（和井田節子）

参考文献
和井田節子（2005）．教育相談係──どう動きどう楽しむか　ほんの森出版

Ⅵ　教師への支援と教育相談

7　教師が元気になる校内研修の進め方

1　研修会が教師を救う

○校内研修の効果

　教育相談にかかわる校内研修には，3つの効果があります。第1は，新しい概念や知識の習得による問題の構造や課題の発見です。たとえば，発達障害の研修を受けて「あの子はもしかしたら発達障害なのかもしれない」と気づくと，対応が変わり問題行動が激減するなどということはよく起こります。第2は，自己への気づきです。特に教育相談にかかわる研修会は，自分自身のあり方や自分の位置に気づかされるテーマが多いので，新しい自分と出会う場になります。そして，物事を複数の観点から見ることができるようになる**リフレイミング**の力が育っていきます。第3は，問題解決に直結しているということです。特に，校内での研修なので研修後すぐに目の前の子どもに実践でき，同僚と検討し合うこともできます。ディスカッションによる支え合い，深め合いが期待できるのです。

○外部講師による研修会を成功させるポイント

　外部講師による研修会を成功させるには，3つのポイントがあります。第1は，テーマの選択です。教職員にとってそのとき最も切実なテーマを選びます。子どもの実態から考えたり，アンケートをとったりするといいでしょう。テーマとしては，子ども理解や問題行動への対応に関するものばかりではなく，教師のメンタルヘルス向上，よりよい授業づくりやクラスづくりに役立つ理論や技法を含んだものも考えられます。第2は研修の形態です。一般的に体験や話し合いなどが入っているものが心に残りやすいようです。第3は，広報です。講師はどのような人か，どのような効果が期待できるかを何度か広報します。

　校内研修をうまく進めるために，講師との事前打ち合わせはよく行っておきます。教職員の困難感や子どもの抱える課題，具体的な要望などを伝えます。また，講義が終わった後は個別相談の時間をとって教員の質問に答えられるようにすることも，困っている教員支援につながります。

2　事例検討会による校内研修会

○事例検討会で納得できる子ども像を共につくる

　近藤（1995）は，その教師のもつ子ども像の再構成を助けることが，危機に

▷1　リフレイミング
ある一つの事象に別な意味づけを行うこと。問題のとらえ方を変えることによって，複数の観点をもてるようになり，肯定的に考えることができるようになったり解決方法が見えやすくなってきたりする。この能力は，複数の理論や価値観，文化に触れるなかで培われていく。

▷2　近藤邦夫（1995）．子どもと教師のもつれ　岩波書店

表Ⅵ-2　インシデント・プロセス方式による進め方例

	活　動	時間	活動内容	備　考
1	事例の説明	10分	事例提言者から事例の説明を受ける。	質問を考える。
2	情報収集	20分	事例の事実関係について全員一つずつ質問し，事例提供者がそれに答える。	質問されたことだけに答える。
3	個人研究	10分	問題点は何か，解決するにはどうしたらいいか，をそれぞれが考える。	本人・家庭・学校に着目する。
4	グループ研究	30分	1．4人前後のグループになる。 2．「本人」「家庭」「学校」という項目をたてて，問題点（課題）を話し合い，分類する。 3．2．で出した問題点について，一人ひとりがその解決策を考える。（誰が，誰に対して，いつからいつまで，どこで，何を，どのようにするのか，具体的に） 4．各自が考えた解決策を出し合う。 5．出された解決策を集約し，グループとしての解決策を確立する。	年齢幅のあるグループを組む。 実行可能な解決策を練る。 わかりやすくまとめる。 発表者を決める。
5	全体研究	20分	グループごとに案を発表する。	理由や根拠を明確に。
6	事例提供者の指導法と結果説明	10分	事例提供者がやってきた解決策やその経緯についての説明を聞く。	事例提供者を尊重する。
7	質疑応答	5分	事例提供者の発表に対して質問する。	助言者がいれば助言。

出所：新井肇氏によるもの。

陥っている教師への支援に有効であると述べています。その方法として，その教師にとって困難だと感じている子どもの様子を丁寧に聞き，その教師がその子どもをどのようにとらえているか整理した上で，その教師と子どもの間で何が起こっているのかを一緒に考えることをすすめています。「こんなことを考えている子どもみたいだね」「こんなことで悩んでいる子どもみたいだね」というふうに話し合い，両方にとって納得できる新しい子ども像が見えてくると，具体的な解決方法がその教師のなかから浮かんでくる，と言うのです。別な視点から問題や子どものあり方について構造化し直すことが問題解決に有効と言えます。心理の専門家を助言者に招いた事例検討会には事例提供者ばかりでなく，参加者全員に同様の効果が期待できます。解決への具体的な支援方針まで話し合われると，教師はかなり元気になってきます。

〇インシデント・プロセス方式の職員研修会で解決策をさぐる

　インシデント・プロセス方式（表Ⅵ-2）は問題の構造化と解決案を捻出するような工夫がされた実践型事例検討の方法です。

　その教師が困っている事例について概況を説明してもらいます。次に，聞いている人がそれぞれ1問ずつ質問をし，事例提供者が答えます。続いて聞いている人たちが小グループになって，問題点と解決策を考え，発表するのです。最後に事例提供者が話をします。教員全員に問題が共有され協力も得られます。教師支援の面でも問題解決の面でも有効な方法です。

（和井田節子）

Ⅵ 教師への支援と教育相談

8 職場のメンタルヘルスと管理職の役割

▶ 淵上克義（2005）．学校組織の心理学　日本文化科学社　108-120．

1 「協働的な職場」を目指す

教師のメンタルヘルスの保持向上のためには，協力し合える同僚関係のある職場づくりが必要になります。淵上（2005）は，何か困ったことがあるときに同僚から援助や助言を得ることができる雰囲気がある職場のもつ要素を分析し「協働的」風土をもつ職場，と名づけました。さらに「同調的」な職場と「どちらでもない」職場に分けて調査を行いました。その結果わかった「協働的」な職場と「同調的」な職場の違いをまとめたのが，表Ⅵ-3です。さらに調べるうちに「協働的」な職場にいると感じている教師は，助け合っているだけでなく，職務意識が高く，誇りをもって教育活動をしていることがわかりました。反対に「同調的」な職場は，仲が良さそうに見えても職場としての活力ある集団としては成り立ちがたいことがわかったのです。よいメンタルヘルスが保持される職場は，よい教育が行われる職場となり得ることがわかります。

協働的な職場をつくるには，教師も管理職も，一人ひとりが他の同僚と協働的な関係を結ぼうとする努力をすることが必要になります。それは，メンタルヘルスの向上にとどまらず，教育の質の向上にもつながるのです。

2 スーパーバイザーとしての管理職──教師の自己理解の促進

ストレスを抱えやすい教師は，固定した認知パターンに縛られていることが少なくありません。視点を少しずらすことで，まわりが見えるようになったり，気持ちが楽になったりすることを伝えることも管理職の役割です。表Ⅵ-4の

表Ⅵ-3　協働的職場風土と同調的職場風土

協働的な職場風土を示す項目	同調的な職場風土を示す項目
・何か困ったときには，同僚から援助や助言を得ることができる	・趣味や遊びの面での仲間意識はあるが，生徒や校務分掌の仕事などについて真剣に議論をすることはない
・みんなが協力してよりよい教育を目指している	・教師集団の輪を大切にするあまり，自分の考えや主張が言いにくい職場である
・教師一人ひとりの意欲が大切にされており，各自の個性を尊重し，発揮し合う形でよくまとまっている	・他と異なる意見を言ったり，目立った行動をとらない限り居心地のよい職場である
・教育実践や校務分掌に関する教師間の多様な意見を受け入れて，みんなで腹を割って議論できる雰囲気である	・職員会議は一部の人の意見に従う形でまとまることが多い

出所：淵上・松本（2003）による。

表Ⅵ-4　自分の生き方をチェックする

- Q1　他の人の責任まで引き受けていないか？
- Q2　ひとりで抱え込んでいないか？
- Q3　自分を犠牲にしていないか？
- Q4　自分の限界を知っているか？
- Q5　周りの評価で自分の価値を決めていないか？
- Q6　いい人でいなくてはと思っていないか？
- Q7　自分を許しているか？
- Q8　気持ちを吐き出せる場をもっているか？
- Q9　断ることができるか？
- Q10　手放すことができるか？

ようなチェックリストを参考に，自分に特有の「認知パターン」を自己点検することが，個人のバーンアウト予防につながります。管理職は，教師が自己理解を深めてメンタルヘルスについて正しく理解し，ストレス対処法を身につけるような研修の機会を用意する必要があります。また，表Ⅵ-4の観点から，自分の学校の教師一人ひとりの生活や心の健康について日頃から気を配ることも忘れてはならないでしょう。

3　交流型リーダーシップの発揮

　問題の多い子どもたちを抱えたり，授業がうまくいかなかったり，同僚との人間関係で悩んだりしたときに，当該教師が孤立しないように「具体的」（情緒的・心情的なものにとどまらず実質的）に支援することが，管理職の重要な仕事です。声かけをし，親身になって話を聞く，さらに，困っていることが少しでも軽減できるような学校内の体制づくりを進めることが大切です。

　そのためには，次のような点に留意する必要があります。

- 教師のメンタルヘルスに関する情報の収集や紹介などの普及活動に努め，カウンセリング研修会等への参加を積極的に促す。
- 学校風土や学校組織の改善に努め，サポート体制が発揮できるように職員間の人間関係の円滑化を図る。
- 校長室のドアを開けておく，食事を共にする，部活動の場に顔を見せるなど，率先して教職員との親密なコミュニケーションを図る。
- 悩みを抱えた教職員に対しては，面接を通じて問題点を整理し，日頃の状況把握をもとに課題を明確にする。その際，受容・共感をもとに本人の考えや悩みをじっくり聞き，弱った心のエネルギーが充填されるよう努める。
- 身体症状がみられたり，精神的疾患が疑われる場合には，本人の同意を得た上で，カウンセラー・主治医・家族と連携し，組織的に本人を支援する。精神科受診を渋るときには，身体症状の改善を前面に出して医療機関につなげることも考える。

（新井　肇・和井田節子）

参考文献

淵上克義・松本ルリ子（2003）．教授組織の改革を通した学校改善過程に関する研究事例　日本教育経営学会研究紀要, 46, 189-197.

水澤都加佐＋Be!編集部（2001）．「もえつき」の処方箋　アスク・ヒューマン・ケア

VI 教師への支援と教育相談

9 休職教師の職場復帰とサポート体制

メンタルヘルス不調や精神疾患で休職していた教師の復職支援を行うのは管理職の役割です。主治医やスクールカウンセラー、養護教諭とともに、教育相談担当者も管理職と連携しながら、職場復帰支援に協力することが望まれます。

1 病気休業中のケア

メンタルヘルスの状態が好転しないときには、本人の健康と子どもたちへの影響を考慮して、病気休暇・休職等の対応を教育委員会と連携しながら検討します。医療機関・相談機関との連携を密接にとりながら、状況が好転したら、リハビリ期間を設けて段階的に職場復帰できるよう支援することになります。それと並行して、人権に配慮しながら教職員に状況を説明し共通理解を得た上で、学級・教科・校務分掌・部活動等に関する校内の支援体制づくり（たとえば、校務分掌の変更、ティームティーチングを行うなど）を進めます。

○受容的支持的対応

メンタルヘルス不調や精神疾患で休業した場合には、安心して休めるように配慮します。家庭訪問をするなどして連絡を定期的にとることは大切ですが、叱咤激励して心理的負担を強めるようなことは避けましょう。判断力が低下している場合もありますので、仕事上の重要な決定（退職など）は先に延ばします。悩みや苦痛を訴えられたときには、本人の辛い思いを理解し、受容的支持的に接することが大切です。

○医療機関との連携

主治医との協力体制が不可欠です。復職への焦りをやわらげながら、治療の継続を促します。多くの場合、病院での職場復帰訓練を受けることになります。同じような病状の参加者がグループをつくって個人的な体験を語り合う**集団精神療法**や、**ロールプレイ**による模擬授業などのトレーニングが繰り返されます。そして十分に快復し成果があがったと判断された時点で、所属学校での職場復帰訓練に移ることになります。

○職場の許容度の向上

病院での復帰訓練が進んでいるときに、学校では、仲間の教員がつまずいたとき、お互いが自分のこととして支え合えるような風通しのよい職場にするように努めることが大切です。率先して雰囲気づくりに努めることは、管理職だけでなく教育相談係の仕事です。教職員の理解を得た後、PTA役員や学級保

▷1 集団精神療法
グループのもつ力を活用して、不安の除去や不適応の改善を目指す心理技法を指す。言葉のやりとりを通して洞察を促進する精神分析志向のものから、心理劇や構成的グループ・エンカウンターのように行動志向のものまでさまざまな方法がある。

▷2 ロールプレイ
役割演技法ともいう。不適応を起こす場面で、その場に応じた役割行動が適切かつ効果的にとれるようにトレーニングし、個人の適応性を高めるために行われる心理技法。

護者会，学級の子どもたちにも説明し，復職のための協力を取りつけるなど，学校の受け入れ体制の整備を進めます。

2 職場復帰へのソフトランディング

特別な理由がない限り，元の職場に復帰するのが原則です。基本的には他の職員と同様に処遇し特別扱いする必要はありませんが，仕事は元に比べてできるだけ単純な内容にし，時間外勤務などが少なくなるように配慮します。職場復帰にあたっては，段階的にソフトランディングできるように支援します。

○職場復帰トレーニング

職場復帰は，焦らずに段階的に進めることが大切です。具体的には，次のようなプロセスでトレーニングを行います。

・学校の雰囲気になれる：週3日出校し，同僚と交流する。
・教員としての職務を練習する：同僚の授業を参観したり，指導案を作成したりする。
・試験授業を行う：毎日フルタイムで出校し，管理職の指導の下に模擬授業を行う。

こうした段階を踏んで，校長が医療機関と連携をとった上で，職務の遂行が十分可能だと確認できたら，教育委員会と連絡を取り合い，その承認を得た後，職場への復帰が実現することになります。

○職場復帰後のフォローアップ

職場復帰後も，主治医との協力体制を継続します。完全復職への焦りをやわらげながら，治療的働きかけを維持していく必要があります。復職者の心理状態には波があるので，良好な状態，低下した状態，平均的な状態に区分し，それぞれのレベルと持続時間を総合して回復状況を把握します。順調に回復しているように見える場合でも，3～6か月後に不調や疾患が再発することがあるので，しばらくは丁寧に見ていくことが大切です。

○サポート体制の整備

復職後間もないときは，本人はびくびくしたり，どう見られているのだろうかと不安な心理状態に置かれます。その人の状態に対する職場の許容度を高めることが何より大切です。日頃から，同僚間でのコミュニケーションに努めることが，いざという時のお互いの支え合いにつながります。

また，3か月くらいを目処に段階的にならしていくことを周りに認めてもらうことも必要です。期間を切ることで，周りも目標をもって見守ることが可能になります。見通しをもった計画的な対応を行わないと，本人が病気を再発させて休職・復職の繰り返しになったりするばかりでなく，同僚の不信感や職場の士気の低下につながるおそれもあることに注意したいものです。

（新井　肇）

参考文献

福岡教育大学教師のためのメンタルヘルス支援情報室（2009）．教師のためのメンタルヘルス支援ハンドブック　Vol. 1

独立行政法人教員研修センター（2007）．研修教材リーダー教員のためのメンタルヘルスマネジメント

「発達」106号（特集　教師のうつ）　教師の休業について――医療機関での職場復帰トレーニング（支援）の実施　ミネルヴァ書房　18-25.

VI 教師への支援と教育相談

10 教師同士がありのままを語り合える時間と場所をつくる――小学校現場から

1 なぜ先生は苦しさを感じるのか

○多くの仕事がのしかかってくるプレッシャーのなかで

　大学の後輩が退職を決めたと告げる電話をしてきました。彼はその電話で「僕はスーパーマンにはなれない」と言いました。スーパーマンのように何もかもができることを求められるように感じる今の学校。そのことが苦しみのもととなっています。勝野正章氏は，若い先生たちは「『これをやれ，あれもやれ』→『これもやらなきゃ，あれもやらなきゃ』→破綻→自責・自己否定」というように追い詰められていくと分析しています。私自身も初任のとき「高速道路を時速100kmで走行中に，50cm後ろをピッタリついてこられるような」苦しさを感じていました。そのうえ，毎日のように失敗をすると，自分の至らなさを責めて，自己否定していくのは当然のことなのです。

○苦しいだけの仕事なのか

　そんな状況が話題になったある研究集会でのことです。そこに参加していた教員志望の大学生が「そんなに苦しい状況なのに，先生を続けていられるのはなぜですか？」と参加していた現場の教員に投げかけました。命を絶つ先生が出るくらい異常な教育現場のなかで，それでも先生を続けていられるのはなぜだろうか。そのときふとその集会に参加する前日，2か月間一度も発言しなかった菜摘（仮名）が手をあげて発言したことを思い出していました。4年生のときに納得のいかない思いをしたことを，泣きながら僕に吐き出した直後のことだったので，菜摘が発言したことはとてもうれしかったのです。そんな毎日の「小さな喜び」をやりがいとしながら，私たちは厳しい状況のなかで教師をしています。

○「小さな喜び」を確かめ合えない忙しさ

　しかし，今の忙しい職場では，そんな小さな喜びを同じ学校で働く教師同士が確かめ合う時間がありません。するとそんな小さな喜びは，なかったことのように消えていってしまいます。喜びや，怒りなど，教師自身のなかにわき起こった感情を交流しあい，そこで励まされたり教えられたりふり返ったりする放課後の職員室は，教師のやりがいを確かめ合い明日へのエネルギーを充電する時間と空間なのです。しかし，今の放課後の職員室はなかなかそうはいきません。出張・会議・研修・連絡・打ち合わせ・事務作業に書類づくりといった仕

▷ 勝野正章（2008）．青年教師の苦悩と希望――誰もが自己成長できる職場に　クレスコ，11, 24.

事に忙殺され，明日へのエネルギーを充電することが非常に難しくなっています。

2 教師同士が語り合える居場所づくり

○「(仮) センセの放課後」という集まり

　そんな状況のなかで，少しでも子どもの話がしたい，自分の悩んでいることや，今がんばっていることを聴いてもらいたいと思って，採用２年目の秋に「(仮) センセの放課後」という集まりをつくりました。この集まりは，月１回土曜日の午前中，市民センターの研修室や参加者の自宅で開かれます。「今月どうやった？」「しんどかったわ」「大変やったわ」こんな挨拶ではじまり，少しずつ人が集まりはじめ，参加者の淹れてくれたコーヒーや，もち寄ったお菓子を片手に例会は進んでいきます。誰からともなく「学級通信」が配られ，クラスの子どもたちの様子が次々に語られていきます。「学級通信いいなぁ。でもそんな余裕ないしなぁ」と，なべ先生。「そら，なべちゃんのクラスそんな余裕ないやろ（笑）」。毎日が大騒動のなべちゃんのクラスのことをみんな知っています。なべ先生の話に続いて，三谷さんがしゃべり出しました。発達障害のある不登校の子とその保護者対応の話でした。「毎日のように放課後はその対応でつぶれてしまうねん。その子にも一所懸命かかわりたい。でもその対応をするだけで，明日の授業準備をする時間がなくなるねん」。いつのまにか，涙が流れています。大変な状況でも負けずに頑張っているように見えた三谷さんも本当にしんどかったんだ。みんな言葉をなくしました。

○先生に必要な立ち止まり，語り合う「時間」

　子ども・教師・親……生身の人間同士がかかわりあう仕事ですから，悩むことは毎日のようにあって当然です。自分の教育観との葛藤や矛盾，目の前の子どもの姿との葛藤や矛盾……さまざまな葛藤や矛盾を抱えながら毎日の教育という仕事をしています。今の学校現場では，教室の困難な出来事や，教師自身の困難さをさらけ出し，ありのままに語ることはとても勇気のいることです。そしてそれを教師同士で受け止め合うことは簡単なことではありません。そんななかで，職場の外に，立ち止まって考え，語り合う時間をつくり出そうとする取り組みが，全国各地で若い先生を中心にベテランの先生の力を借りながら生まれてきています。私たちの集まりに「(仮)」と付けたのは，本当はこんな時間を学校の放課後にもちたいと願っているからです。放課後の職員室で，ありのままの悩み・喜びを話し，受け止め合えるようになれば，教師の苦しみは少しずつ和らいでいくだろうと思っています。そして，「(仮)」ではない，「先生の放課後」を職員室に回復していきたいと思っています。

（石垣雅也）

参考文献

佐藤博・久富善之（編著）(2010)．新採教師はなぜ追い詰められたのか　高文研

田中孝彦・藤田和也・教育科学研究会（編）(2010)．現実と向き合う教育学　大月書店

Ⅶ　保護者への支援と教育相談

1 保護者の生きづらさとSOSのとらえ方

① 子どもが生まれたときの喜びを原点に

　子どもは、かけがえのない命と幸せになる権利をもってこの世に誕生します。新しい命の誕生と子どもの愛らしいしぐさは、かかわる家族を笑顔にしてくれます。誕生することを待ち望み、誕生したこと自体が、家族のかけがえのない喜びとなります。子どもが成長していく過程で起こすトラブルなど、さまざまな課題にぶつかったときにこそ、「よく生まれてきてくれたね」と家族で待ち望み、喜びあったときのことを子どもに伝え、子育ての原点にしてほしいのです。また、わが子が誕生し出会った瞬間から、親は子どもからエネルギーをもらっているのではないでしょうか。子どもが目の前に存在していることが、親の存在を意味づけ、エンパワメントしてくれているのではないでしょうか。

② 子育ては手間のかかる厄介な営み

　現実には子育てを含めて日々の生活や仕事があり、特に乳幼児期の子育ては、手間のかかる厄介な営みです。親がこうした葛藤を抱えた場合、象徴的には次の5つの対応傾向が重なりながら存在しているのではないでしょうか。1つには、子どもを徹底的に抑圧し、体罰や暴言も含めて、絶対的な怖い親として存在し続ける傾向。2つには、子どもとぶつかり葛藤が生ずるような場面を避けて、金銭・物品などで愛情を代替し続ける傾向。3つには、塾や習い事など、さまざまな手立てを打ちながら、過剰な期待を子どもにかけ続ける傾向。4つには、子どものことで困ったときに、自分の親はどうしてくれたのか、自分の親だったらどうするのだろうかと、自身の親子関係の原点に戻って考えてみる傾向。5つには、親としての葛藤を一人で抱え込まないで、夫婦、自分の親、同世代の友人や先輩、保育所や幼稚園の先生など、周囲に相談していく傾向です。[1]

③ 若い親も生きづらい社会環境と孤立化傾向

　自分も親から、「暴力的な抑圧」などの対応を受けていたために、どうしていいのかわからないといった親の話を聞くこともあります。「愛されて育てられる」という関係は、子どもだけではなく、親にとっても大切な人間関係なのです。同時に、こうした対応をしてしまう背景には、若い親を追い詰めていくような社会状況も存在しています。具体的には、「非正規雇用層と経済的不安」

▶1　春日井敏之（2009）. 心育ての保育　大橋喜美子・三宅茂夫（編）子どもの環境から考える保育内容　北大路書房, pp.14-26.

「経済的格差と家庭教育の格差拡大」「乳幼児期から煽られる早期教育」「子育てにおける母親の孤立傾向と児童虐待」などの課題があげられます。[2]

櫻谷真理子は，育児をめぐる問題が大きくなった背景について，4点を指摘しています。[3]①子育て環境の悪化や孤立化の進行により，子どもが地域で遊べなくなり，子ども同士，親同士の育ち合いの機会が乏しくなっている。②子育てが，個々の母親の努力にまかされるようになり，子育ての格差が広がっている。③競争社会への適応を強いられる父親の生き方の影響により，夫の助けや支えが得られにくくなっている。④女性のライフスタイルや意識の変化にともない，母親の育児に対する考え方が変わりつつある。

4 保護者と教師の微妙なズレはどこから

小野田正利は，学校への保護者からの要求を「要望」「苦情」「イチャモン（無理難題要求）」の3段階に分け，1990年代後半以降のリストラ，競争原理に基づく成果主義がゆとりや寛容さを失わせ，学校がストレスのはけ口になっていると指摘しています。[4]

では，保護者と教師の微妙なズレはどこから生じているのでしょうか。1つには，話題に出る保護者は母親が多く，子どものことでは母親が孤立して困った状況を抱えている傾向があること。2つには，保護者と子どもとのコミュニケーションがうまく取れていないケースが目立つこと。3つには，同時に保護者と教師とのコミュニケーションもうまく取れていないケースが目立つこと。4つには，特に保護者が学校からの連絡を受けたときに，責められていると感じる傾向があること。5つには，その背景には保護者自身が抱いている，学校に対する何らかの不信感がうかがわれること。6つには，「学校であったことは学校で片付けて」といった保護者の言い分にも一理あることなどです。[5]

5 保護者と信頼関係をつくる教育相談のために

保護者との教育相談に際して大切な教師の姿勢と実践について，7点を強調しておきます。①保護者が自ら学校に対して働きかけをしていることに対して，ねぎらい受けとめていく。②保護者からの「苦情」には，どんなSOSが含まれているのか，丁寧に聴き取り共有していく。③保護者の悩みや要望には，自身にかかわることと子どもにかかわることが含まれていることをふまえ，一緒に考え励ます。④学校と家庭でできること，できないことを一緒に考え，作戦会議の場にする。⑤無理難題については，管理職，学年主任なども交えて，保護者に返していく。⑥課題への焦点化ではなく，子どもの成長を信じて，ポジティブな評価を伝えていく。⑦取り組みを学校内や親子関係だけに矮小化しないで，学校外や保護者周辺の人的資源を生かしたネットワーク支援を工夫する。

（春日井敏之）

▷2　楠凡之は，「気になる保護者」について，わが子のことしか考えていないように見える保護者，わが子への基本的な世話を放棄している保護者，自分の考えややり方で周囲をコントロールしようとする保護者，些細なことで怒りを爆発させる保護者の4つに分けて対応を示唆している。
　楠凡之（2008）．「気になる保護者」とつながる援助──「対立」から「共同」へ　かもがわ出版

▷3　櫻谷真理子（2002）．今子育て支援に求められていること　垣内国光・櫻谷真理子（編）子育て支援の現在──豊かな子育てコミュニティの形成をめざして　ミネルヴァ書房，pp.1-23.

▷4　小野田正利（2006）．悲鳴をあげる学校　旬報社

▷5　春日井敏之（2008）．保護者への援助と教育相談　広木克行（編）教育相談　学文社，pp.116-133.

参考文献
小野田正利（2008）．親はモンスターじゃない！──イチャモンはつながるチャンスだ　学事出版

Ⅶ　保護者への支援と教育相談

2 「モンスター」と言うなかれ
―― クレームと保護者の願い

① 「モンペ」と言いたくなる気持ち

「モンスターペアレント（略してモンペ）」「怪物親」、なんと打撃的な言葉でしょう。無節操な教育改革と多忙化のなかで、子どもとの関係づくりも大変な状況にあり、そこに時として降ってくる保護者からの多種多様な要求。学校は子どもたちの成長発達を保障する公共の場である以上、保護者がさまざまな要望を出すことは当然ですが、無茶で理不尽な要求やトゲトゲしい言葉が投げつけられることが多くなったという実感をもっている教師は増え続けています。

「ウチの子に女性の担任は合わないから、代えてください」（そうはいっても、男性教師は小学校では最初から少ないし）。「騒いでばかりいる○○くんを、何とかできないんですか。他のクラスに移すとか転校させるとか。何でしたら、もうウチの子は学校に行かせません」（お母さん、それはちょっと……）。「あんたは、子どもを生んだことも、育てたこともないでしょう」（確かに……、そうです。でも私だって一生懸命やっているのに）。

ヘトヘトになっていて、なんでそんな言われ方をしないといけないのか。呆れかえるのを通り過ぎて、心が折れてしまうようなこともあり、事実、保護者との関係づくりに悩みを抱える教師は急増の一途のようです。

② 人間性を否定しない

「モンスターペアレント」という言葉は、とんでもない人格否定の意味をもち、結局は保護者と向き合う教職員の気持ちすら萎えさせていく危険な用語であると、私は批判してきました。親はモンスター（化け物）ではありません。ごく一部に過激な言動を繰り返す人がいたとしても、それはその言動の当否（良いか悪いか）を議論すべきであって、人間性そのものを否定すれば、関係構築が不可能となっていきます。そして本当は、学校の側にも多くの間違いや直さなければいけない点もあるのに、都合の悪い保護者を一方的に批判する傾向が生まれ、自らの態度やミスに無反省になっていく怖さがあるのです。

確かにいくつかのトラブルのなかには"解決が難しいケース"もあります。学校側に幾分の落ち度があるにしても、現状の学校システムではどうにもならない要求に発展していくことや、教職員の市民生活を脅かすような形で要求を繰り返し、学校全体の機能がマヒしていく行動をとる人も、ごくごく少数ですが

▷1　モンスターペアレント
学校に対して理不尽な要求をつきつける親。本来は虐待を受けている子どもから見た親のこととされるが、2007年に向山洋一氏らが使い、一時的に流行語となり、テレビドラマにもなった。

確かにいます。その場合には「距離を置く」あるいは「適切な関係性を保持する」ことが必要です。医療や福祉あるいは法律の専門家のアドバイスを受けながら，どのように「接するか」を「学校全体としての共通の方針」としてとることも大事なのです。それは，排除とか敵視ではありません。

私が**イチャモン**(無理難題要求)という言葉を使っているのは，人の行為や行動について，それぞれの背景を見据えながら，共通の議論の土俵にあげることを目的としているのであり，人を否定してはいません。特定の人々をレッテル貼りすることは，そのような要求をする人々の思いや背景をも抹殺し，なぎ倒していくことになること，そしてそれを学校や教職員が使い始めるときに，感性が摩耗し，かかわることの大事さや努力の気持ちすら消え去り，何もしないことで自らを正当化していく意識が生まれていくことにもなります。

3 「向き合うべき課題」と「距離を置くべき問題」

学校には「きちんと向き合うべき課題」と「聞き流すだけでいい話」，そして「適切な距離を保つ必要のある問題」があると思います。それを見定めるには，まずは話を聞きながら「怒りの源」はどこにあるのかを見てとる姿勢が必要です。そのことによって「踏み込んでいいもの」と「踏み込んではいけないもの」といったかかわり方にも気づくことになります。怒りの拳だけを見ていると，判断を誤る場合もあります。その拳がつながっている心の部分，つまり保護者が抱えている子育ての不安，学校に対する不信や怒り，あるいは抵抗感や距離感，保護者自身の置かれた家庭・地域・職場での状況など，それらがどうなっているかを，一歩ひいたところで見つめる気持ちをもってほしいと思います。

執拗で繰り返しの要望があるとすれば，それは表向きの要求であって，真意や背景事情は別にあるかもしれないということが推測できることもあります。「言ったもん勝ち，言わな損」という意識は社会全体に広がっていますし，厳しく生きづらい社会のなかで，八つ当たり的な要求の出し方でしか，関係性をつくれなくなっている場合もあるでしょう。

ある場合には「積極的に応じる」のではなく「適切な距離を置きながら接する」ことによって，関係当事者双方がそれ以上に事態を深刻化させないことも必要です。"解決できず平行線のまま終わる"ことも当然あるのです。

この問題現象は単に教育の領域だけではなく，社会全体の構造的な問題と深く絡み合っていて，解決は相当に難しいです。しかし，ほぼ間違いないと言えるのが，当事者同士の理解と相手を推し量る力の育成でしょう。保護者と教職員は敵ではありません。学校にクレームや苦情を言ってこられるには理由(わけ)があること，ひとりの者が見えるものや聞こえるものには限りがあるからこそ，孤立せずに教職員の共同性や同僚性を高めて，要求の表面にあるものではなく，本音の部分を読み取ることが大切なのです。

(小野田正利)

▷2 **学校問題解決支援チーム(仮称)**
弁護士・医師・カウンセラーなどからなる調整機関。2007年6月の「教育再生会議第2次報告」や「骨太の方針2007」で設置が提唱されたことにより，現在では100ほどの教育委員会が設けている。

▷3 **イチャモン**
当事者の努力によっても解決不可能，または理不尽な内容をもつ要求。学校の責任領域を超え，なんともならない事態を招く。匿名の場合もある。

▷4 小野田正利(編著)(2009).イチャモン研究会——学校と保護者のいい関係づくりへ ミネルヴァ書房

VII 保護者への支援と教育相談

3 若い保護者の子育て不安と虐待問題への支援

> 1 厚生労働省（2008）．「人口動態統計」
> 1980年には約14万件だった離婚件数は2002年に約29万件に達した（2008年は約25万件）。離婚率は，男女ともに年齢層が低くなるほど高い傾向にあり，子どものいる夫婦の離婚件数も増加している。

> 2 ステップ・ファミリー
> 血縁を前提としない親子関係や兄弟姉妹の家族関係。新しい生活を軌道に乗せていくためには，それまでの生活や習慣を見直して，新しい家庭内の関係をつくり育んでいく必要がある場合が多いという指摘がある。

> 3 内閣府（2005）．平成17年版国民生活白書
> 共働き世帯は，35〜44歳では90年代前半まで上昇した後ほぼ横ばいで推移しているのに対し，25〜34歳では，90年代半ばから上昇を続けている。

> 4 厚生労働省（2003）．「子育て支援策等に関する調査」

> 5 「児童虐待の防止等に関する法律」（平成12年法律第82号）

> 6 身体的虐待
> 児童の身体に外傷が生じ，または生じるおそれのある暴行を加えること。たとえば，一方的に暴力をふるう，冬に戸外に締め出す，部屋に閉じ込めるなどの行為。

若い保護者は，さまざまな子育て不安をもちやすく，それらへの適切な対処が求められるところです。核家族が定着し，社会全体が互いに干渉し合う機会が少なくなるなかで，孤立する保護者も見受けられます。保護者の不安な気持ちを受けとめながら，一緒に考えていく姿勢をもつことが大切です。

1 若い保護者の子育て不安

○社会の変化と保護者の子育て

近年，さまざまなライフスタイルが社会で受け入れられるようになり，特に若い保護者層に特徴的にみられる傾向があります。

たとえば，若年層全体の非婚や晩婚化が進んでいる一方で，離婚件数は増加する傾向にあります[1]。また，母子世帯が増加しており，夫婦のいずれかが再婚または両方が再婚による婚姻件数も増加傾向にあります。子どもを伴った再婚が増加することにより，**ステップ・ファミリー**[2]も増えています。個人情報への配慮が求められる現代社会では，家族の外見上からはステップ・ファミリーであるかどうかはわかりにくく，家族関係に問題が発生した場合にも周囲が気づきにくいといった面もあると言われています。

一方で，子育て世代の共働き率は若い世代で上昇し続けています（図VII-1）。また，子育てが一段落すると再び働き始める女性も多くなっています。このような現状をみると[3]，若い保護者の子育て不安もまた大きくなることが予想できます。適切な支援が求められるところです。

○子育て不安

保護者がもつ子育てにおける不安・悩みは「経済」「子どもの気質」「子どもとの関係」などに関係したものがあり[4]，多岐にわたります。昨今の社会不安を背景にした経済的な負担に関するものに対しては，さまざまな公的対策が検討されていますが，保護者自身が適切な援助を受けることができるよう情報提供をする必要があります。また，保護者には病気や発育に関する子どもの気質的な心配もあるでしょう。一人ひとりの児童生徒がもっている特質を把握し，保健所などと連携をとりながら，適切な援助ができるように配慮しなくてはなりません。

一方，「子どもが言うことをきかない」「子どもとどう接すればよいかわからない」「子どもに手をあげてしまう」「配偶者が協力してくれない」といった子

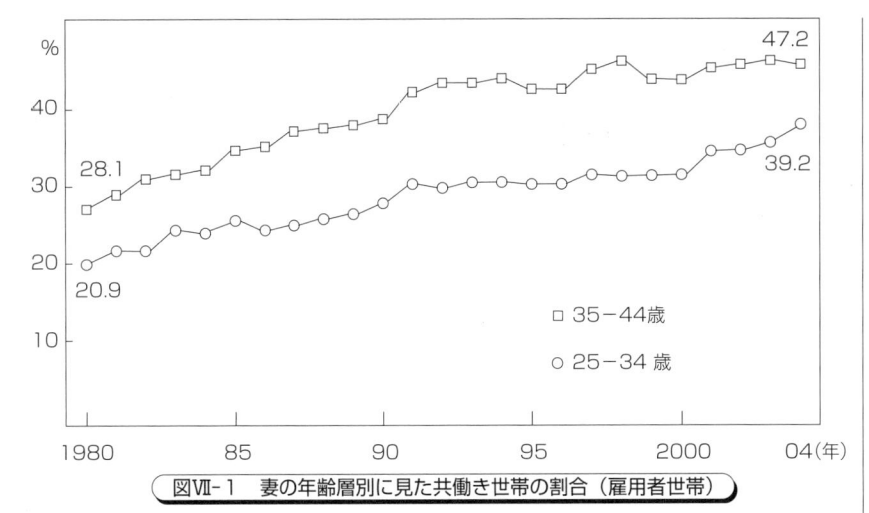

図Ⅶ-1　妻の年齢層別に見た共働き世帯の割合（雇用者世帯）

出所：内閣府（2005）より作成。

どもや家族とのコミュニケーションに不安をもつ保護者も多くみられます。それらの不安を共感的に理解し，どのように子どもとの関係を見直していけばよいかを共に考える姿勢が求められるところです。

　最近，学校に対して理不尽な要求やクレームを繰り返す保護者の存在がクローズアップされていますが，その多くは保護者自身の不安がその背景にある場合が多いようです。そのような保護者の不安を受け入れつつ関係をつくりながら，学校の姿勢を伝えていく丁寧なかかわりが求められるところです。教員自身がカウンセリングマインドを学び，保護者とのコミュニケーションの改善に努めることが求められます。

2　児童虐待の問題

　保護者であっても，「しつけ」と称して体罰を教育手段とすることは「児童虐待」として法律で禁じられています。児童虐待は，保護者等によって①**身体的虐待**，②**性的虐待**，③**ネグレクト**，④**心理的虐待**の行為を行うこととされています。

　こうした子どもの救済，保護を担当するのは，**児童相談所**です。場合によっては，児童虐待の加害者である保護者から児童を引き離して保護し，事態を収拾します。児童相談所では，それぞれのケースを調査し，保護者に対するアドバイスや援助を行ったり，児童に必要な医療措置を手配したり，必要な場合には，親権の剥奪や児童養護施設への児童収容を手配することもあります。このような仕組みを正しく理解し，適切に連携していくことが望まれます。

　児童虐待は，家庭内や施設内などの閉鎖環境において行われることが多く，目につきにくいこともあります。児童生徒のサインや変化を見逃さないようにすることが大切です。また，日常的に児童生徒や保護者から相談される関係づくりを心がけるようにして，早い段階での解決を図るようにすることが必要です。

（松本　剛）

▷7　性的虐待
児童にわいせつ行為をすること，または児童を性的対象にさせたり，見せたりすること。たとえば，子どもへの性的暴力，自らの性器を見せたり，性行を見せつけたり，強要する行為。

▷8　ネグレクト（育児放棄，監護放棄）
児童の心身の正常な発達を妨げるような著しい減食，もしくは長時間の放置，その他の保護者としての監護を著しく怠ること。たとえば，病気になっても病院に受診させない，乳幼児を暑い日差しの当たる車内に放置する，食事を与えない，下着などを不潔なまま放置するなどの行為。

▷9　心理的虐待
児童に著しい心理的外傷を与える言動などを行うこと。心理的外傷は，児童の健全な発育を阻害し，場合によっては心的外傷後ストレス障害（PTSD）の症状を生ぜしめるため禁じられている。たとえば，言葉による暴力，一方的な恫喝，無視や拒否，自尊心を踏みにじるなどの行為。

▷10　児童相談所
児童福祉法第12条にもとづき，各都道府県および政令指定都市などに設けられ，次の業務を行う。①児童に関する様々な問題について，家庭や学校などからの相談に応じる。②児童及びその家庭について，必要な調査並びに判定を行う。③児童及びその保護者に調査又は判定に基づいて必要な指導を行う。④児童の一時保護を行う。

Ⅶ　保護者への支援と教育相談

4　わが子がいじめられているという訴えへの対応

1　子どもがいじめられていると訴える保護者の気持ち

　わが子がいじめを受けていることを知り，保護者としてはいじめによってわが子が受けた心のダメージを案じ，最悪の場合，生命の危機を感じることもあるでしょう。そして不安が生じ，いじめの解決に焦り，何とかわが子を守りたいという思いに駆られることで，保護者自身，精神的余裕を欠いています。

　いじめ事象が学校を舞台に，同じ学級，学年の生徒が相手である場合が多いことから，保護者自身が解決に乗り出すことはせず，まず学校側にその対応を求めることが多いです。その際，保護者は担任の言動に対して非常に敏感になっています。たとえば，なぜわが子がいじめの対象になっているのか。担任として，それをどう把握し，どのように対応してきたのか。また，担任がそのいじめ事象を軽くとらえていれば，それに対する批判。いじめ事象を知らなければクラスの管理能力がないという批判。いじめ事象を知っていれば，なぜ速やかに解決できなかったのか，なぜすぐに保護者へ知らせなかったのかといった批判が必ずといっていいほどついてきます。しかし，そういった批判の裏には，「子どもを守ってほしい」「早く解決してほしい」という保護者の切実な思いがあることを忘れてはなりません。そういった保護者からの批判に対して，学校や担任が自己防衛的な振る舞いをすることは，保護者の不信を招くことになり，いじめ事象の速やかな解決やいじめを受けている子どもへの適切な援助ができにくくなるのは言うまでもありません。

2　わが子がいじめられていると訴える保護者への対応

○保護者の訴えを聞く

　いじめを訴える保護者には精神的余裕はなく，学校に対して批判的になり，また感情的になっている場合が多いです。その批判を真摯に聞き，感情を受け止めるようにすることが重要です。保護者が訴えるいじめ事象は，現場での認識と違う場合もありますが，まずは保護者の訴えに耳を傾け，そして感情に寄り添うようにします。その上で，保護者と学校，教師が互いに協力し合って子どもを守っていくという基本姿勢を伝えていきます。さらに保護者から，そのいじめが「いつ」「どこで」「誰に」「どのようないじめを受けたか」「そのいじめに対して本人はどうしたか」など，多くの情報を得ることが必要です。その際

に気をつけなければならないことは，子どもが親に話した内容とその話を聞いた親の憶測，場合によっては第三者から聞いた話が混在してしまい，保護者の話す内容から，あたかも保護者がすべてを把握しているかのように聞こえてしまうことがあるということです。そのあたりを明確に分けるようにしながら，いじめの状況を聞くことが大切です。さらに保護者が学校，担任にこのいじめを訴えていることを，子どもは知っているのかどうかも重要です。子どもにすれば学校，担任に知られることで，さらなるいじめが生じる恐れを感じているかもしれません。そういう思いを抱いている子どもの気持ちを十分に理解しながら，迅速にかつ慎重に解決に取り組みます。そのためにも保護者に信頼してもらえるよう誠実な姿勢で臨み，そして学校，担任が保護者と一致協力し子どもを守っていくことを伝えていきます。

○保護者と合意のもとで対応策を考える

対応策を考えるために，まずはそのいじめ事象の全体像を把握する必要があります。そのためには保護者からの情報，担任やそのクラスの教科担当者からの情報，可能ならば周囲の生徒からの情報やいじめを受けている本人からの情報などから，その対応策を考えます。周囲の生徒や本人から担任や他の教師が話を聞くことは，彼らからすれば密告したことになり，仕返しを恐れ，言いたくても言えない状況に置かれている子どももいます。教師が本気で子どもの気持ちを理解し，絶対にいじめから守り抜くという強い姿勢で臨まなければ，子どもは真実を語ってくれません。また重要なことは担任がひとりで抱え込むことではなく，支援ネットワークをつくり，そのいじめ事象に当たることです。筆者の勤務校では，いじめ事象が発覚した場合，急ぎ「いじめ対策委員会」を開催します。その委員会は教頭を中心に教務主任，担任，学年主任，人権係主任，生徒指導係主任そして教育相談係主任のメンバーで構成されています。そこでは，そのいじめ事象を学校としてどう扱うか，担任としてクラスにどう下ろしていくか，いじめを受けた子どもおよび保護者への対応，さらにいじめている子どもへの指導とその保護者への対応などに関する話し合いがなされます。委員会で検討された内容はいじめを訴えている保護者へ開示できる範囲で報告し，理解と協力を求めます。そして保護者と合意のもとで具体的な対応策を考えていきます。

○保護者への支援

教育相談係では，担任と協力しながらいじめを受けた子どもの心理的な援助だけでなく，保護者の焦りや不安に寄り添うことも重視しています。子どもは精神的に不安定で心が揺れている最中にあり，保護者もそれと同様に揺れていれば共ぶれを起こしやすく，子ども，保護者共々さらに大きな心の揺れにつながっていくことが予想されるからです。保護者の精神的な安定は子どもの安定につながり，さらに保護者の安定は子どもを支援する力になっていきます。

（伊藤　隆）

Ⅶ　保護者への支援と教育相談

5　わが子が不登校になった保護者の不安と支援

１　不登校の子どもや保護者（主に母親）への理解

　登校せず家に居続ける子どもは表面的には何も動いていない，無為な生活をしているように見えるかもしれません。しかし，決してその状態を彼らは良しとしていません。「何とかしたい」という気持ちと，不安，自信のなさ，他者の視線の恐怖から生じる「何もできない」という間で身動きがとれなくなっていることがあります。また彼らもこの状態から抜け出そうと努力をしますが，結果的にうまくいかず，それが自信のなさにつながり，さらに動けなくなるといった負の循環が生じていることもあります。そういった状況のなかで身体症状を呈し，無気力になったり，親からの登校刺激に対して時には暴言を吐いたり暴力を振るったりするといったことがみられます。しかしその背景には不安感，焦燥感，自責感を抱き，家族への罪悪感をもち続けていることを忘れてはいけません。また，わが子が登校を渋るようになったり，登校しなくなり始めた頃の母親は登校刺激や登校の無理強い，そして感情的な対応を繰り返すことで，彼らは母親に対して暴言や暴力で抵抗したり，昼夜逆転することで家族との接触を拒否する場合も多くみられます。また頭痛や腹痛といった身体症状を呈することもあります。「不登校」という言葉は知っていたものの，わが子が不登校になりどう対応していいかわからず，親はいろいろな感情を抱くということはいうまでもありません。

　母親は子どもとの関係においては，「子どもの将来や勉強の遅れが心配で夜眠れず食欲もなくなった」「育て方が悪かったのではないかと自分を責めた」と不安感，焦燥感，自責感を抱き，また夫婦関係においては，「夫にもっとかかわってほしいと頼んだがなかなか協力が得られない」「夫から母親が甘やかすから不登校になったと言われた」と孤独感や被叱責感も抱いているケースも多くあります。さらに近隣社会との関係でも引け目を感じ，世間体を気にし，援助を求めることもなかなかできないものです。

２　保護者への支援

○支援する教師の留意点

　不登校の子どもが最初から来談してくれることはきわめて少なく，子どもの無気力，暴言や暴力といったことに耐えかねて，保護者（主に母親）が来談する

ことが多いです。しかし先述したように，子どもが不登校になったばかりの母親は不安感，焦燥感，自責感，孤独感，被叱責感といったものを抱いているものです。そのような気持ちにならざるを得ないことを理解した上で，話を聴くことが大切です。そういったつらい感情を否定せず，心から聴いてもらえていると母親が実感すると，徐々にそういった感情は和らぎ，子どもに向き合う力が回復していくものです。

　また，継続的な来談を促すことも重要です。面接では母親を支持し，子どもの家での様子や親の子どもへのかかわりについての情報を多く集めます。難しい話題も多くあり，親は不安からその解決方法を求めてきます。しかし簡単には解決方法は見つかりません。常に「一緒に考えていきましょう」という姿勢で面接に臨むことが大切です。

○保護者支援の基本的な方針

「○○のようなことも，△△のようなことも，今までやってこられたのですね」と，まずは内容や方法よりも解決に向けて取り組んできたことを肯定的に評価します。そして「そのようなことをやってみて，お母さんはどうでしたか？」や「それをやってみて子どもはどうでしたか？」と尋ね，その取り組みが子どもにとって良いものなら，それを強化するよう支持していきます。

　また，母親や家族のかかわりによって生じた子どもの「肯定的な変化」をフィードバックしてください。毎日，子どもを見ている母親にはその変化がわかりにくいものです。「1か月前と比べて，子どもさんの○○なところが変わりましたね」と変化したところを示されると，子どもに向き合う力にもつながっていきます。

　子どもが不登校になることで，家族間の会話もギクシャクしたものになりがちです。子どもと良い関係を構築するために，「たわいもない会話を多くする」「子どもの関心ごとに親が関心を向ける」「子どもの関心ごとに積極的に親がかかわる」ことを示し，できそうなところから実践するように提案します。最初はたわいもない話に，子どもが乗ってこなくても，たわいもない話ができる雰囲気をもち続けることが大切です。

　また，「子どもの将来に対する不安や焦り」の解消に親は「登校すること」を目標に置きがちです。しかしその大きな目標の前に，まず家族との関係改善を目標にします。子どもと親が「言える―聞ける」関係ができるようになると，成長の基盤とも言える家族関係に程よい「凝集性」と「保護性」が生じます。子どもが家庭に居場所感を得ることで，家庭そのものが外界に踏み出すための「安全基地」となり，その「安全基地」を拠点として，社会との接点である思春期の仲間関係のなかに自分の「居場所」を見出していくようになります。

（伊藤　隆）

Ⅶ 保護者への支援と教育相談

6 成績評価へのこだわりの強い保護者への対応

1 保護者の不安と成績評価

　これまで学校教育で一般的だった相対評価には,「必ずできない子がいるということを前提とする非教育的な評価論だ」「排他的な競争を常態化させる」「学力の実態を反映しない」「教育活動を評価できない」といった批判がありました[1]。それらの背景を受けて,2001年の学習指導要領改訂では指導要録における「各教科の学習の記録」が,観点別学習状況と評定によるものとなりました。学習評価の改善が提案され,「知識・理解」だけではなく,「関心・意欲・態度」「思考・判断」「技能・表現」にわたる学力の4観点からの評価規準を作成することとなり,絶対評価への移行がなされたのです。そして,この方針は,子どもたちに「生きる力」を育むことを目指して,言語活動,算数・数学や理科教育,道徳教育,体験活動,外国語教育などの充実を図ったとされる2008年の学習指導要領改訂でも引き継がれています。

　保護者にとってこのような改訂は,自らの学校生活で慣れ親しんだものとは異なるものです。特に受験を控えた中学3年生では,これらの評価に不信感をもつ保護者の声が聞かれることもあります。保護者に成績評価へのわかりにくさや不安をもたれないよう,成績評価についての理解と説明可能な評価を心がけることが大切です。

　Benesse(2009)は,教育情報サイトを通じて,全国のサイトメンバーである小・中学生の保護者1,318人を対象に,ネット上で成績についてのアンケートを行い,「保護者が子どもの成績についてどう感じているか」,「通知表と子どもの学力の関係をどう見ているか」,さらに「成績の評価基準についての不満や疑問」などを尋ねました(図Ⅶ-2)[2]。その結果,通知表の評価の基準や評価の表し方に疑問を感じている保護者が多いこと,不満や疑問を感じていても,特に行動しない保護者が多くいることなどがわかりました。この結果は,学校と家庭とのコミュニケーションについて,さらに考えていくことが必要であることを示しています。たとえば,学校に対して保護者が疑問を投げかけることによって,子どもに不利益が生じるのではないかという憶測を保護者がもっている場合も考えられます。学校が主体となって,保護者に対して納得できる成績評価に関する説明を続けることが大切です。

[1] 田中耕治(2002). 教育評価の新しい考え方 田中耕治(編) 新しい教育評価の理論と方法[Ⅰ]理論編——新しい教育評価への挑戦 日本標準 pp. 3-31.

[2] Benesse 教育情報サイト (2009). 教育ニュース 学校 オンラインアンケート結果と解説 63％の保護者が成績の疑問・不安にも「行動しない」(2009/3/12)
http://benesse.jp/blog/20090312/p1.html

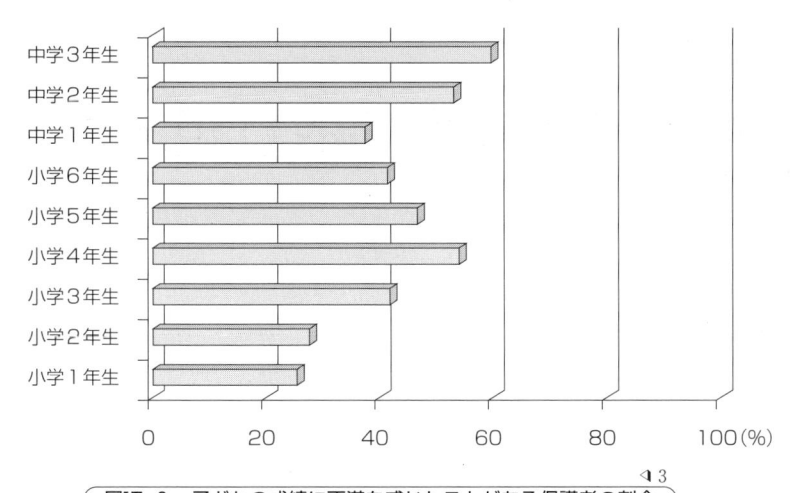

図Ⅶ-2 子どもの成績に不満を感じたことがある保護者の割合

出所：Benesse 教育情報サイト（2009）をもとに作成。

▷3 「あなたは，今までお子さまの成績について，その成績が付いた理由や基準，判断根拠などで疑問・不満を感じたご経験はありますか？」に対する「ある」「ない」での回答。

2 成績評価にこだわる保護者への対応

◯気持ちの理解とルールの説明

　教師はひとりの児童生徒の状況を他の生徒と比べて見ることができますが，保護者にとっては，客観的な成績が出ていたとしても，他の児童生徒と自分自身の子どもとを全く同じように見ることは難しいものです。わが子は，保護者にとってかけがえのない特別な存在です。単に客観的な成績だけの伝達では，そのような保護者の気持ちに添うことはできません。

　保護者が成績評価にこだわる背景には，自分の子どもに対する期待があります。そのような気持ちを支え，共感しながら話し合う関係づくりに努めましょう。互いの信頼関係を十分に築くことができることで，一緒に児童生徒のこれからを考えることができるようになると思われます。

◯一緒に考えていく姿勢

　保護者の気持ちに寄り添いながら，一緒に考える関係ができたら，保護者と学校それぞれが，これからの児童生徒の学習に対するかかわりの仕方を話し合いましょう。長所をさらに伸ばす視点も忘れずに考えながら，何が課題なのか，どのような取り組みを進めていけばよいのかなどについて，一緒に考えてみましょう。保護者との信頼関係をもとに，日常的に子どもの支援ができるように役割を確認してみることもできるでしょう。

　保護者のなかには，成績に関する理不尽な要求を求める人がいないとは言えません。そのような場合にはひとりで対応するのではなく，同僚や教育委員会などの協力を得ながら，解決の方法を探るようにするのがよいと思われます。児童生徒にとって伸びる方向を模索しながらよりよい解決策を考えてみることが望まれます。

（松本　剛）

Ⅶ 保護者への支援と教育相談

7 保護者対象の研修会の取り組みとその工夫

① 保護者対象の参加・体験型研修会

　多くの学校では保護者対象の研修会が実施されています。学校内で実施する保護者対象の研修会をスクールカウンセラーや教育相談係が講師となり実施することは，保護者にしてみれば，学校が保護者と一緒になって子育てについて考えてくれていると実感できる場になることでしょう。

　講師の話を一方的に聞くという知識・情報の伝達といった研修会もありますが，参加・体験型の研修会では保護者自身が体験を通して自分自身を見つめ，また子どもとの関係を考えるきっかけとなり，自己理解，子ども理解が深化していくと考えられます。

② 保護者対象の研修会の目的

　筆者の勤務校では，基本的に保護者会が主体となり保護者対象の研修会を企画し，それに教職員がサポートするという形をとっています。保護者会の研修会実施の目的として，保護者が学校へ出向く機会を多くもつこと，そして教職員と触れ合う機会を多くもつこととしています。

　その研修会には，「英会話講座」「いけばな講座」「パソコン講座」「陶芸講座」などといったものがあり，教職員の専門性を生かし保護者が主体的に取り組めるメニューを用意することで，保護者の参加意欲が高まると考えています。筆者は教育相談係として，長年，参加・体験型の研修会（主に**構成的グループ・エンカウンター**[1]）を中心に学級や学年，そして全体の保護者を対象に実践してきました。その目的は次の通りです。

(1) 参加・体験型の研修会を通して子どもとの接し方を具体的に学ぶことができること。そうすることで今までの子育てを見直す機会になり，保護者は自己理解，子ども理解を深化させていく。研修会に参加するもの同士，子どもの現状を語り合うことで普遍化が起こり，また研修会で感じたことを互いに共有することで親子関係のよりよい改善につながっていく。

(2) 研修会に参加し，保護者が対人関係スキルを身につけ，それを家庭で実践することは，親子間の「言える―聴ける」関係につながり，子どもの自尊感情を育てるだけでなく，保護者を介して子どもにも対人関係スキルを身につけさせていくこと。すなわち，親から十分に話を聴いてもらえている

▶1　構成的グループ・エンカウンター
⇒ Ⅴ-2 参照。

と実感している子どもは，他者の話を聴く力が育まれていく。
 (3) 学年や全体の研修会では学級や学年の枠を取り払っており，出会う機会が少ない保護者と一緒に研修会に参加することになる。それにより保護者同士の交友関係の広がりが生じ，その相互作用によって保護者同士の凝集性や連帯性が高まる。その結果，学級や学校に対して保護者の協力を得られることが多くなる。
 (4) 研修会をスクールカウンセラーや教育相談係の教員が講師となって行うことで，保護者は学校へ相談をするきっかけとなる。

3 教育相談係が実施する研修会

　筆者の勤務校で実施する研修会では，各学期に一度（土曜日），2時間，全学年（中1～高3）の保護者の希望者約50名を得て，時期や参加者構成を見ながら，次のようなプログラム例からテーマを選び，実践しています。

〈子どものこころに寄り添う〉
　2人一組となり，「拒否的な態度で聞かれる体験」，次いで「受容的な態度で聞いてもらえる体験」を通して，子どもとの日常の対応を考えることを目的としている。これらの体験から自己理解，子ども理解が深化する。

〈自己への気づき〉
　エゴグラムやOKグラムを用い，よりよい人間関係を営むために意識的に自身をどのように変えていくかを具体的に学ぶ。

〈ものの見方，伝え方〉
　子どもの見方を一面的なものから多面的なものに変化（リフレイミング）することで，子どもに対する見方が変われば感じ方も変わるということを知り，それをどのように子どもに伝えていくかを具体的に学ぶ。

〈昔話から読み解く思春期の心〉
　思春期心象を馴染み深い昔話（たとえば，『三枚のお札』『桃太郎』『手無し娘』『鉢かづき姫』）を題材に，そこに描かれている自立のテーマを読み解いていく。そして子どもの自立について具体的に学ぶ。

　また，研修会の開始時には，保護者の緊張感をほぐすためにゲーム（**自己紹介ゲーム**や**バースデイチェーン**など）を導入します。その後，プログラムに移行し，最後には時間をかけてグループ内および全体へのシェアリングを行います。会終了時にはアンケートを行いますが，そこには保護者からのいろいろな意見や感想が述べられており，それらの意見や感想を生かし，今後，実施するプログラムの内容を柔軟に見直します。さらにそのアンケートに対して一つひとつコメントを付け，参加された保護者へフィードバックし，その抜粋をHPにも掲載します。それがさらなる参加者への広がりとなり，また学校や教育相談係への信頼にもつながると考えています。

（伊藤　隆）

▷2　エゴグラム
交流分析で行う自己分析の一つであり，自我状態（支配的な親，養育的な親，大人，自由な子ども，適応した子ども）がどのようなものかを知る方法。
⇒Ⅴ-5 参照。

▷3　OKグラム
対人関係パターン（自己信頼，他者信頼，自己肯定，他者肯定）がどのようなものなのかを知る方法。

▷4　自己紹介ゲーム
6名程度のグループをつくり輪状になる。そこで順に自己紹介をするが，「○○さんの隣の△△です」と自分の前の人をすべて紹介した後に自身を名乗る。

▷5　バースデイチェーン
自身の誕生日をジェスチャーで示しながら，1月1日から順になるように輪状に並ぶ。次に，1月から並んだ順に生年月日を言い，自己紹介する。

参考文献
國分康孝（監修）(1999). エンカウンターで学級が変わる（高等学校編）　図書文化社
松居友（1999). 昔話とこころの自立　洋泉社

Ⅶ 保護者への支援と教育相談

8　PTA活動における保護者相互の交流，支援

1　PTA不要論？

「杉並区中学校PTA協議会から脱会」し「PTAを地域の人々が和田中を支援する拠点の『地域本部』の一部門にする」。

2008年3月，当時の杉並区立和田中学の藤原和博校長が提言をした内容は，多方面で賛否両論の物議をかもしました。「画期的な内容」との評価だけでなく，「PTAが地域の下請け機関になる」との危惧や，「地域が崩壊しているからこそPTAの役割は大きい」などの反対意見も多くあります。確かに，杉並区の和田中の経験だけから，日本の各学校で展開されているPTAを一般化するには危険でしょう。活発に活動し，PTAとして独自の役割を果たしてきている地域や学校もあれば，役員のなり手がなく困惑し，負担も多くマンネリの活動になっているところは，都市部において多くあります。

藤原氏が提起した内容は，直後に地域の活性化手段として政策課題とされ，和田中をモデルとした「学校支援地域本部」事業（50億円）として，2008年度から全国展開へと進みます。ただ，これも多くの学校や地域で，うまくいかなかったり，形だけを整えたり，これまでの政策と同様に，相変わらず学校側に相当の負担だけが強いられたりするところも出始めています。

「父母と先生の会」として発足して60年。子どものための活動や条件整備，施策としての実現を図るための組織としてのPTAは，教師側の関与は薄くなる一方で，働く母親の増加や父親の参加のあり方をめぐって，見直しや再評価の時期にきていることは確かです[1]。地域の諸団体（自治会，子ども会，育成協議会，体育・文化のさまざまな社会教育関係団体など）も，40年前の2倍以上に増える一方で，少子化のなかで「子どものための行事」をめぐって「子どもの奪い合い」が生じ，組織の高齢化に悩んでいるところも増えました。

2　保護者同士がつながる意味

いま，子ども同士のケンカやけがをはじめとするトラブルが，子ども同士の解決へと進まずに，学校や園を巻き込みながら，保護者同士のトラブルへと発展していくことが多くなっています。また，お遊戯会で主役が複数いたり，運動会などの行事の際に，保護者全員がカメラマンと化したり，場所取りをめぐって不穏な事態も起きたりしています[2]。

▶1　川端裕人『PTA再活用論――悩ましき現実を超えて』（中公新書ラクレ，2008年）は，自らのPTA役員経験のなかからの再活性化を論じている。

▶2　小野田正利『ストップ！　自子チュー――親と教師がつながる』（旬報社，2010年）は，学校と保護者をつなぐもの，そして保護者同士の結びつきの重要性を訴えている。

こういった場合に，譲り合ったり，注意をし合ったりすることでトラブルは未然に防ぐことができるし，意味ある関係づくりにもつながります。それが「お互い様」という文化と「袖をひっぱる関係」の存在であったと言えますが，それらが急速に低下してきています。保護者同士が顔見知りでなくなりつつあり，多忙な上に互いが孤立し，他に対して不干渉から無関心へと進むだけでなく，わが子のことにのみ執心する傾向が強くなっています。

保護者同士の結びつきが弱くなった背景には，ライフスタイルの変化や，塾通いなどによる子ども同士の交流自体の減少などもありますが，**個人情報の保護に関する法律**が呼び込んだ形の「過剰反応」もあると言えます。プライバシー保護を理由に，クラスの連絡名簿作成を自粛したり，学校や園側が「悪用されることを恐れて」というよりは「漏洩の批判に晒されないように」，双方の保護者の間に入って対応することに相当の神経をすり減らさざるを得ず，それがかえってまた保護者同士のギクシャクとした関係を生み出しつつあります。

❸ 学校ガイドブックづくり

このような現状を，少しずつ打開しようという動きは，いくつも出てきています。母親だけでなく，父親ができることで学校にかかわっていこうということで始まった「おやじの会」は全国的な広がりをみせています。「飼育小屋づくり」からスタートし，学校と地域の融合を図っている千葉県習志野市の秋津コミュニティは，「学校のため＝子どものため」だけでなく「保護者・教師が学び合う場」になっています。

大阪大学人間科学部・教育制度学研究室が始めた「保護者のための学校ガイドブックづくり」としての『片小ナビ』の試みは，全国の300近い学校に少しずつ広がりつつあります。保護者同士の交流の前に，「学校のことを知りたい」という要求があり，PTAや地域の情報を一つの冊子にまとめあげるなかで，わが子の通う学校への親近感が出てくることになります。「学校や教師は世間知らず」と批判されますが「世間もまた学校知らず」の状況があります。

この学校情報誌を，保護者が中心となりつくり続けている所の一つに，大阪府羽曳野市立羽曳が丘小学校があります。PTAおよびそのOB・OGの人たちのなかから編集室がつくられ，2006年から2年ごとに『はびたん（羽小探検）――保護者のための羽曳が丘小学校ガイドブック』がつくられ，現在では3号を数えています。全校児童の家庭に配布され，学校への不安や疑問を取り除くだけでなく，学校理解へとつながるものとして注目されています。地域や保護者の人たちの，それぞれの得意分野（イラスト，文章，編集）を生かしながらの編集会議そのものが，保護者同士の交流につながり，学校での教職員の活動実態を等身大で見て評価する上で，意義あるものになっています。

（小野田正利）

▷3　**自子中心主義**
自分の子のことしか考えない，自分の子さえよければ，という考えのもと，自分の子の言うことを鵜呑みにする傾向のこと。翻ればそれは，親としての務めを果たしていると自覚したい「自己中心主義」でもある。

▷4　**個人情報の保護に関する法律（個人情報保護法）**
2005年4月に制定されたこの法律の取り扱いルールは，民間の「個人情報取扱事業者」を対象としたものであり，内閣府のホームページによれば，本人同意などの手続きを踏むことでクラス名簿の作成・配布は可能としている。

▷5　小田ゆうあ『斉藤さん』（創美社，2006年～）というマンガは，イマドキの小さな子どもをもつ，特に若い母親たちの揺れ動く複雑な人間関係を的確に描いている。

▷6　**『片小ナビ』**
大阪府吹田市立片山小学校で作成されている保護者のためのガイドブック。行政文書資料的な「学校要覧」でなく，学校宣伝のための「学校パンフ」でもなく，保護者にとっての学校の共通理解を目指した。

Ⅶ　保護者への支援と教育相談

9　地域における保護者への支援

1　地域の縮小と保護者の孤立

◯地域の変化

　地域社会において，大人が子どもに声をかける機会はずいぶん少なくなっています。他者とのかかわりやコミュニケーションを重視しなくても，生活に困ることがなく，個別の価値観を互いに侵害しない傾向がみられる現代社会は，地域社会においても希薄な対人関係をつくり上げました。一人ひとりにとっての地域社会は，以前よりもずいぶん縮小されてしまったかのようです。しかし，私たちは一人で生きているわけではありません。他者とともにお互いが大切にされる社会をつくり上げていくことを目指すことが求められます。個別の関係である教育相談のなかでも，地域社会のなかでどのように生活していくかという課題を考えなければならないことはよくあります。地域コミュニティを通じたさまざまな相互支援が期待されるところです。

◯地域のなかの保護者

　このような状況に危機感を感じ，近隣の手助けによる相互援助が必要であるという認識をもつ地域の人々が多くみられるようになってきました。PTA活動など学校にかかわる活動のなかにも，地域とのつながりを重視するものがあります。最近では，「おやじの会」といった保護者間の自主的な連携もみられます。

　厚生労働省（2003）によると，子どもを通じた地域との親密なつきあいがある母親の場合，「子どもとの接し方に自信がない」「自分の子育てについて親族・近隣の人・職場などまわりの見る目が気になる」といった子育てに際して感じられる不安感は少なくなっています（表Ⅶ-1）。子育ての不安を一人で抱え込んでしまう保護者への支えが必要であると言えます。しかしながら，地域における子育て支援サービスの利用はまだ少なく，子育て中の親子が地域の子育て互助サービスを利用した割合は8.3%にすぎません[1]。学校においても，そのような保護者を支え，地域コミュニティに開かれた相互援助ができるよう配慮していく必要があります。そのために学校には，保護者自身への援助とともに，地域コミュニティとの連携を進めていくことが望まれるところです。

▷ 1　UFJ総合研究所（2003）．子育て支援策等に関する調査　40．

表Ⅶ-1　子育てを通じた地域との親密なつきあい別　子育ての不安や悩み

子どもとの接し方に自信がない

より親密なつきあいがある	39.90%
通常のつきあいがある	53.90%

自分の子育てについて親族・近隣の人・職場などまわりの見る目が気になる

より親密なつきあいがある	33.20%
通常のつきあいがある	43.20%

出所：厚生労働省（2003）．子育て支援策等に関する調査より。

2　地域と学校のかかわり

○地域支援

　子どもを育てている保護者だけでなく，誰もが社会のいろいろな場で子どもを育てていくための手助けができる社会づくりが望まれます。地域コミュニティを通じた子育て支援が効果を上げていくためには，さまざまな人たちが地域での支援活動に参加できるようにしていくことが必要です。意識調査によると，40～60代の男性では15～19％程度，同女性では20～23％程度の人が地域での子育て支援活動へ参加しても良いと回答しています[2]。このような意識を実際の活動に結びつけていけるような環境整備が望まれるところですが，学校はその一端を担うことができるのではないかと思われます。

　子育てを支援する気持ちがある人たちの組織化を行うには，保健所や市役所などと連携をもちながら，地域活動の社会的認知度を向上させていかなければなりません。さらに，子育てを行う上で，どのようなニーズがあるのかを把握し，それに応じた適切な支援の整備を行う必要もあります。場合によっては，こうした地域活動を持続させていくための運営主体であるNPOなどとの協働の可能性も検討しなくてはならないでしょう。住民一人ひとりと学校，行政，地域活動とが結びついた連携を行うことで，地域コミュニティを通じた子育て支援が一層の効果を上げるようになると考えられます。

○保護者への地域支援の場

　子どもは，保護者個人にとってかけがえのない存在であることは言うまでもありませんが，同時にそれは社会にとっても言えることです。子育て支援は，地域におけるコミュニティの構築にも寄与します。学校の安全に配慮しなければならない現状との兼ね合いを考えつつ，保護者と地域を結ぶ役割を学校がどのように果たすことができるかが問われるところです。

　学校と地域とが話し合う機会をもち，そこからどのような連携ができるのかを見つけ出していく姿勢が大切です。そして，保護者がひとりで悩むことがないよう，情報を提供していくことが望まれます。このような一つひとつの取り組み自体が，地域コミュニティの発展に役立つと考えられます。

（松本　剛）

▷ 2　UFJ総合研究所（2003）．子育て支援策等に関する調査　163-195.

VII 保護者への支援と教育相談

10 保護者と子どもをつなぐ取り組み
——小学校現場から

1 子どもの実態からのスタート

　4月，騒々しいクラスの幕開けでした。教室に入れない子，人とかかわるとトラブルを起こす子，授業中大声で私語が飛び交い，わからないと意欲をなくし学習を放り出す子など何人もいました。一方誰とも話さず問いかけるとうなずくだけの子，床を黙って這い回る子，自閉症で言葉を出せない子もいました。

　そんななか，Ａは困った行動を起こす児童のなかのひとりでした。若くして結婚した両親のもと，4人きょうだいの長男として育ち，我慢することも多く，学校で何かあるたびに家でも叱られました。あるとき，なぜ友達にすぐ手を出すのか，家の人はＡを大事に思っているから，その行為は家族を悲しますことだと話すと，Ａは「おまえなんか，生まなければ良かったと言われた」と言い，大事になんかされていないと泣き始めました。一緒に指導していたＢも，ビンタされるのがどんなに痛いかと泣き出しました。何とかしなければいけない，親の思いが正しく伝わっていないと痛感し，この子たちにずっと刺さっている心のとげを早く抜いてやらなければと強く思いました。

2 お互いが認め合える関係を目指して

○あなたの良いところ——保護者からのメッセージその１

　この取り組みでは，保護者にわが子の良いところを３つ書いてもらいます。この取り組みはいつもドラマが生まれます。夫婦で考えたり，家族会議できょうだいに聞いたり，書いてもらいにくい保護者とは話します。母親が３つ考えている間は家が穏やかだったとか。親は「わが子は言わなくても大事にされていることはわかっているはずだ」と思っています。でも，子どもは言葉通りにしか受け取りません。叱られる＝嫌われていると思ってしまいます。親の思いをきちんと言葉で心まで届けてあげたいと思いました。Ａの良さは，①好きな野球をよくがんばる，②弟や妹の面倒をよくみる，③漢字をきれいに書く，でした。どの子も満面の笑みを浮かべ少し恥ずかしそうです。もっと褒めてとどの顔も言っています。たくさん褒めてほしいのです。

○名前の由来調べ——保護者からのメッセージその２

　名前に託された両親の強い思いや願いを知り交流することで，お互いを認め合います。自分を見つめる良いきっかけともなります。

Mは名前の由来を聞き，「名前が意味のある心のつまったものだとは知らなかった。今度からは，友達のことも考えなきゃいけない」と思ったようです。
　Tは「千ほどの幸せがあなたに降り注ぎますように」とお父さんとお母さんで付けたんだと聞いて，「自分をもっと好きになった」と言いました。母子家庭のTにとって，両親からのメッセージは自分を見つめなおし，前に向かって生きていく力を与えてくれるものになりました。

○ 2分の1成人式──保護者からのメッセージその3

　中身を知らずに子どもたちがもってくる手紙には心を打たれます。私は参観で泣かぬよう職員室で涙を流しました。Aの母からは，2度目のお願いで書いてもらえ，それは母の愛情そのものでした。

　〔Aへ〕Aは初めての子どもで，色々大変な思いをしながらの子育てでした。初めて歩いた時，初めて「母ちゃん」って言ってくれた時，保育所で母の日に初めてかいてくれた母ちゃんの絵，すごく嬉しくて涙が出たよ。（中略）自分の意志のはっきりしている強い子になってくれたね。母ちゃんを元気にしてくれるA。Aの母ちゃんになれて良かった。ありがとう。

　心を振るわせる言葉を板書すると，Aは泣いていて10歳の決意が言えませんでした。泣き止むまで皆で待ちました。聞いていた子も何人か泣いていました。Aの決意は，「野球をがんばること，家族を守ること」です。授業後Aはなかなか感想をもってこず，帰り際，裏返しに提出して帰りました。

　母ちゃん，本当にぼくの母ちゃんでいいの？　ぼくはいいとずっと思っているよ。今日10歳の決意を言う時，勝手に涙が出てきて泣けてきました。母ちゃんの手紙を聞いて，ぼくは少しほっとしました。（後略）

　Aに母の思いが伝わった瞬間でした。また職員室で涙を流しました。後日保護者から感想が届きました。

　「（前略）どの親御さんのメッセージにも10年間育ててきた思いが詰まっていて，共感する点も多く胸が熱くなりました。学校で学ぶというのは，ただ算数や国語を理解するだけでなく，人間としてどう生きていくのかを学ぶ場でもあるのだと思いました。」

3 子どもを真ん中に置き，保護者とともに

　学習後，Sが「お父さんやお母さんは私のことを大切に思っているということが，今までよりもっとわかった。ゆっくりゆっくり大きくなって，いっぱい楽しませたい。お父さんとお母さんの子どもに生まれてよかった。これからもよろしくねって伝えたい」と書きました。親の想いをきちんと子どもに届けて，子どもたちがそれを受け止められる関係が必要ではないでしょうか。

（宮下美保子）

Ⅷ 校内の相談システムと教育相談

1 何のためのネットワーク支援なのか

1 ネットワーク支援が子どもと学校・担任を救う

　学校は地域のなかの狭い空間ですが，登校してくる子どもたちは，毎日家庭や地域，社会とつながる自分の課題をもって登校してきます。学校内で課題が問題として表面化することが多く，教師は，授業だけではなく，問題への対応にかなりの時間をかけてきました。しかし，家庭，地域，社会の課題の深刻さは，教師一人の手にはなかなか負えません。担任一人が善意で抱えこんだりすると，心身を壊してしまうことも少なくないのです。特に，教師は，学級を任され，子どもを相手にしている対人援助職という特質もあって，「なめられたらいけない」などと思ってしまうこともあり，他者にSOSを求めることはうまいとはいえません。しかし，子どものSOSを敏感にキャッチできる教師を見ると，自分もSOSを出すことが上手な教師であることがわかります。

　学校内外の人々とつながり，ネットワーク支援のなかで「困ったときはお互い様」の気持ちで助けてもらいながら，教師としての役割を果たしていくことは，子どもと保護者だけでなく，学校・教師を救うことになるのです。

2 内に開かれたネットワーク支援

　教師やスクールカウンセラーなど，校内の構成員の協働によるネットワーク支援は重要です。筆者は，このためのシステムの形成と支援活動を「内に開かれたネットワーク支援」と呼んでいます。内に開かれたネットワーク支援として，**ケース・カンファレンス**◁1を柱としたチーム会議の意義とあり方について，次の点を確認してきました。

　①教育の専門家である教師と心理治療の専門家であるスクールカウンセラーなど，参加者は対等な関係である。②チーム会議の第一の目的は，子どもの発達・成長を指導・支援すること。③第二の目的は，子どもにかかわる保護者への支援を検討すること。④同様に，子どもと前線で向き合う担任を支えること。⑤必要に応じて関係する教師などが自由に参加できる「開かれた会議」にする。⑥子どもへのアセスメントに基づき，「子ども理解」と「取り組み方針」を検討し具体化していく。⑦「取り組み方針」を立てながら役割分担を行い，チームとしての実践力量を高めていく。⑧「子ども理解」を深める際のとらえ方を，学年などにフィードバックし，すべての教師が子どもや保護者に注ぐまなざし

▷1　ケース・カンファレンス
子ども・保護者支援のために，担任，教育相談担当，学年主任，養護教諭，スクールカウンセラー，管理職などをメンバーとして開かれる事例検討会。「子ども理解と取り組み方針」の検討を中心的な課題とする。

に発展させていく。⑨この取り組みを，生徒指導と教育相談のあり方に反映し，双方の実践的な統合につなげていく。⑩チーム会議は，急増している若い教師，若いスクールカウンセラーを育てていく場としても重要である。

3 外に開かれたネットワーク支援

校外の専門機関との協働によるネットワーク支援は，子ども・保護者と学校・担任を救うために，重要性を増しています。筆者は，このためのシステムの形成と支援活動を「外に開かれたネットワーク支援」と呼んでいます。内と外に開かれたネットワーク支援は乖離しているのではなく，双方がリンクしながら支援効果を発揮していくものです。

多様化・複合化する不登校に対しては，心理臨床分野だけではなく，ケースに応じて医療・福祉・司法・教育行政などの専門機関との協働を図っていく必要があります。不登校の背景に発達障害や心身症がみられるなど，専門的な理解や支援を必要とするケースも増えています。また，失業，児童虐待，家庭内暴力，離婚など，学校だけでは抱えきれない家庭事情を背負ったケースも増えています。たとえば，児童虐待が疑われる場合には，児童相談所，病院，警察，ケースワーカーなどの専門機関と連携した支援が必要となっています。

学校・担任は自らの限界を知ったうえで，専門機関と協働した取り組みを迫られるケースが増えているのです。学校が外に開かれたネットワーク支援を志向することは，専門機関任せにすることではなく，学校としての役割と主体性を発揮していくことです。学校・担任が，自らの役割と限界を自覚し，他の専門家にSOSを求めることは，専門性と見識の高さの証ではないでしょうか。

4 ケースカンファレンス（事例検討会）で大切なこと

ネットワーク支援の取り組みとして，小中高校において，ケース・カンファレンスを柱としたチーム会議にかかわり，先生方と実践を積み重ねるなかで，次の5点を確認し大切にしてきました。第一には，「問題解決を志向する」ことです。原因追求に終始して誰かを責めるのではなく，具体的に何ができるかを検討します。第二には，「困っている人を救う」ことです。困っているのは誰なのか焦点化し，困っている内容や緊急性に応じた援助の方策を検討します。第三には，「キーパーソンを探す」ことです。問題解決のためには，誰がキーパーソンとなるのか，誰に頼ったらいいのかを検討します。第四には，「援助資源（リソース）を生かす」ことです。担任だけではなく，養護教諭，スクールカウンセラー，学年主任，学外の専門機関など，生徒や保護者の支援に必要な援助資源を生かし役割分担を図ります。第五には，「ミニ・チーム会議を開く」ことです。日常的な問題に対しては，学年会議，関係者による短時間の打ち合わせなど，タイムリーに柔軟な形で開きます。

（春日井敏之）

▷2 高垣忠一郎・春日井敏之（編）（2004）．不登校支援ネットワーク　かもがわ出版

▷3 春日井敏之（2008）．思春期のゆらぎと不登校支援――子ども・親・教師のつながり方　ミネルヴァ書房

参考文献

福井雅英（2009）．子ども理解のカンファレンス――育ちを支える現場の臨床教育学　かもがわ出版

山野則子・峯本耕治（編著）（2007）．スクールソーシャルワークの可能性――学校と福祉の協働・大阪からの発信　ミネルヴァ書房

Ⅷ　校内の相談システムと教育相談

2　校内の教育相談活動のシステムと内容

1　教育相談活動のシステム

　校内の教育相談活動のシステムを考える場合，特に中学校や高等学校では校務分掌上の位置づけが課題とされてきました。各学年に置くか，生徒指導部や進路指導部，保健厚生部等に教育相談係として位置づけるか，あるいは学年や分掌横断的に教育相談委員会とするか。さまざまな議論がなされましたが，どのように校内に位置づけてもそのデザインの根底にある基本的な観点（システムの構成原理）が問題です。その基本的な観点として，4つのポイントを提示します。[1]

○安定性を有するシステム

　教育相談は担当者によって左右されると言われます。教育相談に熱心な教員がいるうちは良いのですが，その先生が転勤するとその火が途端に消えてしまう。教育相談活動は，いわばどうしてもその人固有の能力や個性と結びつきがちです（属人的）。行政政策転換でも同様のことが生じます。学校において安定性（教育に不可分にかかわっている）を有するシステムにすべきです。

　教育相談担当者は自分が活動し始めたときから，それを次の人にどのようにバトンタッチするかを意識しなければなりません。校内研修会等で教育相談に対する一般的な理解を広め，そのなかから学校教育相談推進母体（仲間づくり）と，教育相談にとって適合的な学校の雰囲気（エートス）をつくることが大切です。

○一般性を有するシステム

　教員であるならば，学級（HR）担任や各校務分掌（生徒指導，教務，進路等），どの仕事でもできなければなりません。ところが教育相談の受け取られ方は，何か特殊な訓練や秘技的な雰囲気を感じさせるものとなりがちです。一般性（公開性と流動性）を有するシステムにするためには，放課後や公欠等で生徒を援助するばかりではなく，本質的には学校教育のルーティンワーク（たとえば心理教育という授業など）のなかでそのサポートが展開されるべきです。学校教育と不可分に結びついた教育相談の固有領域として心理社会面ばかりではなく，学業指導や進路指導，健康指導の面も当然に含み込んだものになるはずです。学校の教育目標や年間計画，重点目標等に密着した恒常的な教育相談活動が求められているのです。

▷1　大野精一（1996）．学校教育相談――理論化の試み　ほんの森出版

○必要性を有するシステム

何らかの課題や問題をもった児童生徒に対する指導・援助は，直接的にはその学級（HR）担任が行えばよく，それでも間に合わなければ学年会や生徒指導部・進路指導部・養護教諭等の各分掌，さらに必要ならば事例検討会等の校内研修会が十分に機能すれば，当面は問題がありません。そして外部の専門機関もフォローしてくれます。それでもシステムとして教育相談活動を必要とするのは，その中心的な活動の一つにコンサルテーションがあるからです。「異なった専門性や役割をもつ者同士が援助の対象である生徒の状況について検討し今後の援助のあり方について話し合う『作戦会議』である」コンサルテーションは今後ますます重要になると思われます（協働の不可避性）。

○統合性を有するシステム

教育相談活動は学校での教育活動の一環としての学校教育相談活動と，学校教育の枠内を超えて行われる地域の専門機関等（心理臨床等）による臨床教育相談との連携・協働活動の2つに分けた方が理解しやすいと思われます。前者の中心は教師（教諭・養護教諭等）で，このことは学校教育法・教育職員免許法での責任性と専門性（プロフェッション）や社会機関としての学校のミッション（使命）から見て当然です。学校における教育相談係はこの両者を統合・媒介するコーディネーターとして重要な役割をすることになります。

▷2 石隈利紀（1999）．学校心理学──教師・スクールカウンセラー・保護者のチームによる心理教育的援助サービス 誠信書房

2 教育相談活動の内容

○多様な内容

教育相談活動は，いじめや不登校等のような，「今，ここで」の心理・社会的な問題だけを扱うわけではありません。児童生徒一人ひとりの生涯を展望して各自のライフ・キャリアをどう設計するか，学校教育での中核である学びの課題をどのように支援するか，さらに健康面でのサポートも求められます。

○レイ・A・カーの「援助に関するキューブ・モデル」

レイ・A・カーのモデルを援用して多様な教育相談活動の内容を整理してみます。第1軸は「指導援助の対象」で，キャリア的，学業的，心理社会的とする3区分，第2軸は「指導援助の方法」で，カウンセリング的，コンサルティング的，教育的（これはさらにトレーニング（訓練）・スーパーバイジング（指導監督）・コラボレイティング（協働）の3つ）に分けられています。そして第3軸は「指導援助の水準」で，予防的（防ぐ）・発達的（伸ばす・開発する）・治療的（治す）という3つのレベルになっています。このモデルで多様な教育相談活動の内容を整理すると，対象3×方法3×水準3＝27の組み合わせで表現できることになります。立体的にはルービック・キューブ（縦3×横3×高さ3に割り振った色等を組み合わせたもの）をイメージすると鮮明になります。一つの整理ですが，実践的に役立つものです。

（大野精一）

▷3 大野精一（2003-2006）．連載・学校教育相談の実践を読み解く──体系化に向けて 月刊学校教育相談 2003年4月号～2006年3月号

VIII 校内の相談システムと教育相談

3 教育相談部(係)の果たす役割と取り組み

1 教育相談部(係)の果たす役割

○日本における教育相談の特質

　養成プログラムやライセンス（資格認定制度），専門的な職を有するアメリカのスクールカウンセリング（担い手であるスクールカウンセラー）と比較すると，日本における教育相談（その担い手である教育相談係）は School Counseling Services by Teachers in Japan とでも表現する以外にない特質を有しています[1]。スクールカウンセリングも行うが，その他多種多様な活動を行うことでやっと校内での教育相談活動が遂行でき，しかもその活動は授業活動や学級（HR）担任・各種の校務分掌と合わせて行われる教師（教諭・養護教諭・常勤講師等）たちの連携した教育活動であって，ほとんど日本（および香港等の東アジア圏の一部）に独自な活動と言っていいものです[2]。したがって教育相談部(係)の果たす役割も複合的にならざるを得ません。

○教育相談部(係)の果たす役割

　上述したように，日本では教育相談部(係)の果たす役割を相談活動（カウンセリング）だけに特化するわけにはいきません。教育相談の基盤整備（係交代を含む組織化）をしつつ，教育相談活動を螺旋状に展開するという重層的な役割になります。推進活動（プロモーティング）や組織活動（オーガナイジング）がなければ，そもそも教育相談活動が立ちゆかないのです。そして今年度の成果や課題，問題を明確にし，次年度以降を展望・計画する評価活動（エヴァリュエイティング）が重要な役割となります。

2 教育相談部(係)の取り組み

○相談活動

　教育相談部(係)の中心的な取り組みが相談活動にあることは言うまでもありませんが，ここでいう相談活動は狭義のカウンセリングだけではないということです。危機介入や心理的なアセスメントに加えて，さらに重要なものとしてコンサルテーションやコーディネーション，心理教育を含むガイダンスがありますので注意が必要です。教育相談部(係)としては短時間面接や効果的なコンサルテーションのあり方などに日頃から注目すべきだと思います。

---

[1] 大野精一（1997）．学校教育相談とは何か　カウンセリング研究, 30, 160-179.

[2] 学会連合資格「学校心理士」認定運営機構（2010）．2010年香港・台湾スクールカウンセリング研修旅行報告書——学校現場・大学・行政の三者間連携を模索する

```
統 合 活 動 ─┬─組織活動（オーガナイジング）
（インテグレイティング）├─評価活動（エヴァリュエイティング）
           ├─相談活動（カウンセリング）
           └─推進活動（プロモーティング）

相談活動 ─┬─カウンセリング（カウンセリングや危機介入，そのための心理テスト等のアセスメント
（カウンセリング）│  など）
      ├─コンサルテーション（担任，各校務分掌，保護者等との協力・協働や，そのために必要
      │  な作戦会議など）
      ├─コーディネーション（適応指導教室・専門機関等の学校内外の人的物的資源との連携・
      │  調整など）
      ├─ガイダンス（年度始めのオリエンテーションや学級活動・LHR等などでの心理教育な
      │  ど）
      ├─相談室の管理・運営（備品や記録用紙等の保管・管理や相談担当者の決定など）
      └─その他（当面する生徒指導上の課題の調査・研究・提言など）

推進活動 ─┬─相談活動の計画・立案（学校での教育計画全体を見通した年間計画や施設・設備等を含
（プロモーティング）│  めた予算案の作成など）
      ├─校内研修会・事例研究会の企画・運営（テーマ設定，講師依頼，広報活動，司会進行や
      │  反省評価など）
      ├─相談関係情報の提供（文献や資料の収集・配布，校外研修会の紹介など）
      ├─相談にかかわる広報・調査・研究（相談室だよりの発行，相談活動に関するアンケート
      │  調査や研究など）
      └─その他（次の担当者への円滑な交代や近隣の学校および各校相談担当者との交流や次
         年度へ展望など）
```

図Ⅷ-1　教育相談部の役割と取り組み

出所：大野（1999）より。

◯推進活動

　教育相談活動への理解を深め，活動を継続・深化させていくためには教育相談活動を推進・発展させていく必要があります。そのため最も効果的な方法は校内研修会や事例研究会を企画し，運営していくことでしょう。なぜなら研修会等への参加によって教育相談活動に対する具体的な理解が増すからです。もちろん教育相談活動の広報（児童生徒のみならず教職員や保護者に対して）や相談関係の情報提供も必要です。

　推進活動によって教育相談に深くコミットする教師を増やすことで教育相談部(係)の次期への継承がスムーズに進行することにもなります。

◯統合活動

　相談活動や推進活動，組織活動，評価活動をしていくためにはこの学校における教育相談活動の意義を明確にしておく必要があります。長期展望の下でこの学校をどうしていくのが児童生徒や保護者，地域の人々のためになるのか，そのためには教育相談活動はどのような役割と取り組みをすべきか。こうした統合活動も教育相談部(係)に求められていると思います。

　以上の教育相談部(係)の果たす役割と取り組みを図Ⅷ-1に統合して整理しておきます。[3]

（大野精一）

▶3　大野精一（1999）. 学校教育相談における連携・協働について　高校教育展望，2月号，98-101.

Ⅷ 校内の相談システムと教育相談

4 保健室の取り組みとネットワーク

1 「居場所」としての取り組み

　保健室を利用する子どもは，小・中学校，高校とも，平均すると1日約35〜40人ほどいて，けがなどの手当や体調不良，友達のつきあいなどが来室理由の上位を占めています。保健室は，そうしたけがや体調不調などへの処置と，それを通して，健康についての知識やスキルを教え，自分の健康を大切にする態度や健康観を育む場となっています。

　さらに今日は，身体的不調の背景にある心の健康問題を把握して対応することや，養護教諭とのたわいもない会話や触れ合い，スキンシップで元気を取り戻していくような子どもへの対応も重要です。そうした対応が，不適応予備軍や，不適応になりかけている子どもへの予防的対応になっているのです。

　養護教諭は，どの子どもでも分け隔てなく受け入れ，深刻な問題や何げない訴えを丁寧に聞きとります。そして，その背後にある教育的・発達的ニーズを理解し，問題解決や成長に向けて支援しようとします。こうしたかかわりのなかで，子どもは，友人関係や学校生活に関する問題，家族や家庭生活のこと，漠然とした悩みなど，さまざまな心配や不安を養護教諭に受け止めてもらい，安心感や自己肯定感を回復し，心のエネルギーを蓄えていくのです。

　このように，保健室は，子どもにとって気軽に利用できる場所であり，相談しやすく，安心や癒しをもたらしてくれる「心の居場所」として，学校の教育相談体制のなかで，きわめて重要な役割を担っています。

2 保健室登校の取り組み

○保健室登校の意義

　保健室登校の子どもがいる学校は，小学校と高等学校では約60％，中学校では約90％に及びます。また，文部科学省の調査によれば，指導の結果登校するようになった児童生徒に効果があった学校内の指導の工夫では，保健室等の特別の場所に登校させたことが，2番目に効果があったとされています。保健室登校は，全く登校しない状態に陥らせないようにしのぐための段階や，教室での生活に戻っていくための準備段階として有効な対応と言えます。

　しかし保健室登校の意義は，そうした深刻化防止や回復のための段階的なものだけではありません。保健室での養護教諭や他の教師，他の子どもとのかか

▷1　日本学校保健会 (2006). 保健室利用に関する調査報告書　43.

▷2　日本学校保健会 (2006). 保健室利用に関する調査報告書　56.

▷3　日本学校保健会 (2004). 子どものメンタルヘルス理解とその対応　31. ただし，保健室登校には，養護教諭がかかわった保健室以外の別室登校も含む。

▷4　文部科学省 (2007). 児童生徒の問題行動等生徒指導上の諸問題に関する調査

わりのなかで，自己と向き合ったり，他者との折り合い方（考え方）や振る舞い方（スキル）を学んだりすることができます。また，保健室を中心とした活動のなかで，ほめられたり，認められたり，達成感を味わうことで自尊感情や自己有用感を高めます。卒業まで保健室登校が続いているケースもあり，こうした教育的意義はたいへん大きいものがあります。

○**保健室登校での支援プロセス**

保健室登校は，以下に示した不登校のどの時期でもとられる，有効な対処方略です。なかでも，登校しぶりが見られたり，不登校になり始めた初期段階において，深刻化を防ぐことへの期待が大きいと言えます。

(1) 初期：不安や混乱，落ち込みが強い時期

この時期の保健室登校は，心のエネルギーの低下をくい止め，安定を図る時期です。そのためには，共感的に傾聴し，養護教諭との信頼関係づくりや，安心できる環境のなかで生活できるよう，居場所づくりをしていきます。

(2) 中期：安定してくる時期

この時期の保健室登校は，心のエネルギーを蓄えていく時期です。そのためには，状態に応じて教師や他の子どもなどとかかわる機会を増やしたり，学習での充実感を高めるなど，保健室を中心とした活動を充実させるようにします。

(3) 後期：学級につながるために必要なスキル習得や作戦をたてる時期

この時期の保健室登校は，自己決定を促し，行動を広げる時期と言えます。たとえば，保健室以外の場所での活動や，習得したスキルの活用場面をスモールステップで増やしたり，教室復帰に向けた作戦立案やシミュレーション，リハーサルを行ったりしていきます。

一方，保健室登校の問題点として，校内組織や役割分担があっても，養護教諭や担任だけのかかわりになりがちなこと，保健室登校の人数が多くなったときの対応の難しさなどがあげられています。保健室登校を支える教師間のネットワークづくりの重要さがみてとれます。

いずれにしろ，保健室登校を，教室までの段階的通過地点としてだけでなく，そこでの子どもの成長プロセスを大切にする視点で考えることが重要です。

3 ネットワークの大切さ

保健室は，養護教諭がいつもそこにいて対応してくれるという利点や，学校社会のなかで不可欠な，ガス抜きや一時的な避難場所の一つであるという利点などから，来室する子どもたちを通して，多様な教育的ニーズや情報が得られる場になっています。保健室でのかかわりだけでなく，「保健室から」のかかわりという面を意識し，日頃から，保健室で把握した子どもの様子や成長，変化を他の教師と共有していけるネットワークシステムをつくることが必要です。

（佐藤一也）

参考文献

数見隆生・藤田和也（2005）．保健室登校で育つ子どもたち　農文協

藤田和也（1993）．養護教諭の教育実践の地平　東山書房

森田洋司（1991）．「不登校」現象の社会学　学文社

Ⅷ 校内の相談システムと教育相談

5 相談室，別室の取り組みとネットワーク

▶ 栗原慎二（2002）．新しい学校教育相談の在り方と進め方 ほんの森出版 71.

1 「かかわる」取り組み──1次的な指導・援助機能

　相談室は，子どもが気軽に立ち寄れる，談話室的な役割があります。スクールカウンセラーや相談係の教師がいると，「先生，元気？」などと言って立ち寄り，おしゃべりやちょっとした不平不満，愚痴などを話して，気持ちを多少ともスッキリさせて帰る子どもたちがいます。また，相談室の心理学関係や進路に関する本などを見て，そのうちにポツポツと，青年期らしい葛藤や進路について話し始めたりする子どももいます。

　このような，ちょっとした情緒的サポートや情報的サポートを求めて相談室に来る子どもたちに対して，真剣に話を聞き，適度に笑い，存在と感情を大切にしながら，彼らをより元気にしていくかかわりができるのです。

2 「しのぐ」取り組み──2次的な指導・援助機能

　相談室は，子どもの苦戦状況をキャッチした教師が，先手を打って（予防的に）呼び出し面接をしたり，問題や悩みを抱えた子どもがいろいろな形でSOSを出しに来たりする駆け込み寺的な役割があります。なかには，付き添い（偵察）で来た子が，実は深刻な悩みごとを抱えていて，後で来談するということもあります。こうした場合，その子どもに起こった出来事や，それに対する受け止め方，今の気持ちを丁寧に聴きながら，情緒的サポートで十分なのか，あるいはきっかけとなった要因を取り除くなどの環境調整の必要性や，対処行動としてのスキル練習といった道具的サポートの必要性などを判断することが重要です。特に，ADHDや高機能自閉症などの発達障害をもつ子どもにとっては，困ったときに駆け込み，気持ちを落ち着け，スキルを教わる場所が必要です。

　このような「かかわる」「しのぐ」取り組みを可能とするためには，日頃からの広報活動が重要になります。相談室は，マイナスのイメージ（暗い，深刻な悩みをもっている人の利用場所など）をもたれる傾向が強いので，相談以外でも安心して話せ，リラックスできる場所というプラスのイメージをもたれるようにしたいものです。

3 「つなげる」取り組み──3次的な指導・援助機能

　相談室や別室（校長室や図書室，空き教室など）登校は，保健室登校と同様に，

教室に行けなくなった子どもを学校につなげる場として，また教室復帰に向けて，段階的につなげていく場として始まります。受容的，共感的な他者とのかかわりのなかで，自己肯定感を高めたり，楽しさや達成感を味わわせたりできる活動や，教室復帰につなげられるように学習支援を工夫することが肝要です。

不登校の子どもにとって，多様な学習の機会や，社会的自立に必要な能力の獲得機会の保障が重要と言われます。相談室や別室登校は，そのためのプログラムを，子どもの実態に応じて提供できる機会ととらえる発想が求められます。

相談室や別室登校に取り組む際には，次の点を意識します。

* 相談室や別室登校に対するニーズを知る（子どもや保護者に確認する）
  ・子どもは何を期待しているか，どんな配慮が必要か
  ・保護者や担任は何を期待しているか，子どもに何が必要と思うか
* 相談室や別室登校のねらいを決める（見通しをもって，合意づくりをする）
  ・早急な問題解決のために，きっかけの除去や環境調整をする
  ・相談室や別室からも撤退しないように，子どものペースを尊重したかかわりを維持する
  ・他者とのかかわりや，授業，行事等へ段階的に参加できるような援助を図り，充実感を高める
* 心のエネルギーを充たすために必要な環境や活動を提供する
  ・安心感を与える（リラックスできる，自分らしくいられる，受け入れられるなど）
  ・活動を充実させる（成就感・貢献感を味わう，感謝される，ほめられる，失敗も許容されるなど）
* 教室の受け入れ体制整備などの環境調整を図ったり，子どもと相談しながら，教室復帰までのプランニングやリハーサルを行う

4 相談室，別室での取り組みの意義

相談室や別室での取り組みを，援助者（担任や他の教師，保護者等）につないでいくことで，お互いに安心やゆとり，見通しや希望がもてるようになります。相談室担当者による，軽快なフットワークでネットワークを維持していく努力が欠かせません。

こうした相談室や別室での取り組みは，子どもや援助者にとって，「自分を見つめ直し，心のバランスの崩れや混乱を調整する」「他者との人間関係の調整や絆づくりを図る」「自分に必要なスキルや知識，考え方などを獲得する」「生活の仕方や環境との折り合いを調整する」「援助者のゆとりや希望をふくらませる」ような空間と時間を保障する意義があると言えます。

（佐藤一也）

参考文献

大野精一（1997）．学校教育相談――理論化の試み ほんの森出版

田上不二夫（1999）．実践スクール・カウンセリング――学級担任ができる不登校児童・生徒への援助 金子書房

小林正幸（2004）．事例に学ぶ不登校の子への援助の実際 金子書房

VIII 校内の相談システムと教育相談

6 学級，学年での取り組み，工夫

教育相談にかかる校内の相談システムで，学級や学年での取り組みや工夫ということになると，どうしても予防・開発的なものが中心になると思います。

さて，以下にお話しする内容は，すべて学年として取り組めればそれに越したことはないような内容です。けれども，それが難しければ，とりあえず学級で取り組んでみるという柔軟性が大切だと思います。ここでは学級担任・学年主任が取り組んでいると想定して話を進めてみます。校種については特に想定していませんので，ご自分にとって使えそうな部分を参考にしてください。

1 年度始めの取り組み

年度始めに大切なことは，子どもたちと担任，保護者と担任，子どもたち相互のリレーションづくりです。もちろん担任相互のリレーションづくりも重要です。

校種や学校によっては，年度始めというよりも，入学時以外で保護者全員が集まることはないという学校もあるかもしれません。そのような学校で重要なのは，全員が集まるこのときに，保護者との良い関係をつくっておくことです。といっても何も難しいことをやる必要はありません。

ここで重要なのは次の2点です。1つ目はこれまでの保護者の子育ての苦労をねぎらい，これからは学年の職員を中心にその子育ての苦労を分かち合うという姿勢・覚悟を示すことです。2つ目はそのために何でも相談できる体制を示し，その雰囲気を醸し出すことです。これらの作業は，この時期にやっておく必要があります。そのためのエクササイズなどもありますので活用すると良いでしょう。

さて，通常の年度始めの話に戻すと，担任する学級が決まったらすぐに，葉書でよいので学級の保護者に担任就任挨拶状を出します。ここで担任としての抱負や学級の経営方針等を保護者に伝えておきます。この挨拶状に限らず，私たちは多くの先輩や同僚の実践を見ています。そのなかから勤務校や自分自身の状況を考えた上で，使いやすいものを真似して，さらに使いやすいように工夫を重ねるという姿勢が大切だと思います。

次に，学級の子どもたち相互の関係づくりを丁寧に行う必要があります。これが最も重要と言っても過言ではありません。

私は半強制的なペアづくりである**ソナーゲーム（音源探索）**と他者の役に立

▷1 ソナーゲーム
「ブーブー」「ザアザア」などの擬音語で2枚1組のカードをつくり，それをグループ全員に1枚ずつ配る。各自は軽く目を閉じて，配られたカードの音を発しながら歩き回り，自分と同じ音を発するもう1人と巡り合いペアをつくるゲーム。

つということを意識した**グループワーク**[2]学習を多用しています。ソナーゲームでは運命を強調しましょう。大宇宙と60億に及ぶ人類とを意識させ，そのなかで日本に生まれこの学校に集い，この学級で出会った仲間，そしてこのゲームでつくられたペア，この不思議な運命的な出会いを面白おかしく大げさに，けれど真剣に大真面目に強調します。このペアをもとにして，次に6人ほどのグループで，みんなが無理なく集団に貢献して一つの作業を完成させるというグループワーク学習の体験をしてもらいます。

② 夏休みの取り組み

夏休みに子どもたち宛てに暑中見舞いを出す先生方は多いと思いますが，ここでもう一工夫してみてはどうでしょうか。暑中見舞いを往復葉書で出すのです。長い夏休みの間に，こちらの思いを伝えると同時に，子どもたちの思いを知る機会をつくることができます。葉書が無駄になることもありますが，子どもたちは結構書いてくれますし，何よりも自分の思いを言葉にして人に伝える機会を提供することが大切です。さてここで，たとえば，前述の挨拶状をこの暑中見舞いの取り組みと重ね合わせながら，自分なりにもう一工夫してみるとどうでしょう。担任就任挨拶状を往復葉書で出して，保護者の思いを知る姿勢を見せることで，さらにリレーションを高めたらどうかというような考えも出てきます。これが，使いやすいように自分なりに工夫を重ねるということです。

③ 行事への取り組み

最近は，修学旅行に民泊を取り入れている学校も多くなりました。これも修学旅行という学年の行事を工夫・活用している例です。

これは，修学旅行で一般の民家に宿泊し，その家の家業を手伝うということで職業体験の要素が強くあります。しかし，それだけではなく家業体験を通して，人の役に立てたという自己有用感を高めたり，民泊先家族との触れ合いを通して良き他者関係を築く体験やコミュニケーション能力の育成などにも役立ちます。このような取り組みのなかで自己評価を高めていくことができます。

何か問題を抱えている子どもたちは，自己評価が大変低くなっている場合が多くみられます。ですから「どうせできないから」とか「どうせ何をやっても駄目だし」などという発言が多くみられるのです。

個別の教育相談の場面では，そのような低い自己評価を少しずつ高めていくための作業として，カウンセリングが行われています。しかしながら，このような作業はカウンセリング場面だけでなく，学校で通常行われている教育活動全般を通して行うことも可能です。ここに示した民泊の事例はそのような点を意識した活動の一例です。

（田邊昭雄）

▷2 グループワーク
ここでいうグループワーク学習は，課題解決型のグループワークである。数人のグループで与えられた課題を解決するのだが，メンバーにはそれぞれに違う情報が与えられる。それらを総合していくと課題が解決されるというグループワークで，消極的な生徒でもグループに情報を提供することで貢献でき，自己有用感を高めることができる。

Ⅷ 校内の相談システムと教育相談

7 学生ボランティアの果たす役割

1 学生ボランティアのメリット

　学生ボランティアが，学校教育における相談システムのなかの一環として活動するとき，そこで生かされるメリットは以下のとおりです。

○メリット1：子どもたちとピア（仲間）的な感覚でかかわれるということ
　ピアとは，同質性（年齢が近かったり，同じような学校生活を経験していること）の高さからくる仲間としての意識のことです。小学生と大学生では仲間というには年齢が離れ過ぎているかもしれません。それでも通常の教員よりは仲間や先輩といった感覚に近いと言えます。ピア的な感覚とはそういうことです。つまり，学生ボランティアには，通常の学校での教育相談係や担任などと違って，子どもたちが仲間的な感覚で（あるいは先輩に話すような感覚で）気軽に相談できる（かかわれる）というメリットがあるのです。

○メリット2：良い意味での素人性
　「いのちの電話」のボランティアが，その誠実性においてプロのカウンセラーを凌駕する場合のあることはよく知られています。それゆえに危機介入において多くの実績をあげているのです。また，教育実習において実習の学生が授業技術等は未熟であっても，そのひた向きさ，一生懸命さが子どもたちに大きな影響を与える場合のあることも私たちは経験上知っています。つまり学生ボランティアには，そのような良い意味での素人性というメリットがあるのです。

　以下に示すような活動は，そのメリットを最大限に生かした活動ということができます。ただし，❷，❸の2事例については校内の相談システムのなかに位置づけられるものではありません。相談を含む臨床活動を学生ボランティアに担わせようとすると，校内のシステムだけで完結することは難しいと思われます。それは，それらの臨床活動には大きなリスクと責任が伴うからです。それを学校だけで負うことはできないと思います。しかし，そのような活動経験をもとに，もっと基本的なところで学生ボランティアの力を役立てようとしたのが❹の事例です。学習に対する支援活動を学生ボランティアに担ってもらおうとしたものです。

2 ふれあいサポート事業

　ある県では，県教育委員会で市町村等教育委員会の設置する教育支援セン

ター（適応指導教室）に学生ボランティアを紹介する事業をしています。協力大学を県内から募り，各協力大学は学内でボランティア活動を希望する学生を募集し県教委に登録します。一方，学生ボランティアを必要とする市町村教委は県教委から紹介を受け，それぞれの教育支援センターで，そこに通所する子どもたちに対しての学習指導，集団活動，個別支援等について，それらの学生を活用します。応募してくる学生は，教育や心理関係の学部学生や院生あるいは他学部で教職科目を履修している学生など多彩です。学生にとっても自分の将来を見据えた実習的な意味合いと，他者の役に立つことによる自己有用感の向上という意味をもっているようです。

なお，ボランティアに対する直接の指導・助言，あるいはボランティア保険等に関することについては市町村教委が対応することになっています。ただ，最近は各市町村教委が直接大学と交渉して，学生ボランティアを募集する例も多くなってきているようです。

3 お兄さんお姉さん子ども電話相談

これはある市教委が市内の大学と協定を結んで，小中学生を対象に，大学生によるボランティア電話相談活動である「お兄さんお姉さん子ども電話相談」を実施している事例です。

市内に立地している心理学系の大学の学生で，希望者を対象に授業とは別に基本的な電話相談のトレーニングを1週間ほど実施して，実際の小中学生対象の電話相談にボランティア相談員として出てもらうということを行っている事例です。トレーニングにはいのちの電話相談員などの協力を得ています。

4 学習チューター制度

不登校のきっかけとして，学習のつまずきが大きなウェイトを占めていることはよく知られています。ですから，不登校だけに限らず，この学習のつまずきに対するフォローは学校における教育相談活動の実践のなかでは，最も重要な予防的意味合いをもつものです。

学習チューター制度はそのつまずいた学習を補う制度で，学習の遅れた子どもたちを学生ボランティアが学校で面倒をみます。それぞれが自分の得意な教科科目を，その学習の遅れた子どもたちに個別指導的に指導していきます。特に広域の通信制高校などにおいては，地域ごとにサテライト的な学習拠点をつくることで，そこでのレポート作成の支援などの活動を行うことも可能です。これらは学生にとっては，学部での専攻に関係なく行えるボランティアです。

ただ，最近は同じような支援をアルバイトとして対価をもらいながら行えるような民間企業の仕組みもできているので，学生の参加状況は必ずしもよいものとは言えない状況もあるようです。

（田邊昭雄）

▶ 不登校のきっかけについては，文部省（現：文部科学省）が現代教育研究会（森田洋司代表）に委託して行った追跡調査である「不登校に関する実態調査」（平成5年度不登校生徒追跡調査報告書）は必読である。少し古い調査だが，これだけ大規模に当事者の声を聞いた実態調査は他にない。

VIII 校内の相談システムと教育相談

8 校内研修のあり方

校内研修とは,「学校の課題の解決や**教職員の資質・能力**の向上をめざして,学校全体で計画的・組織的に取り組む研修活動」です。

その主な特徴は,次のとおりです。

・教育実践に関する日常的課題を学校全体で共有することができる
・目標達成に向けて,教員間の協働意識を高めることができる
・児童生徒への指導・援助に研修成果を直接反映することができる
・学校の実態に合わせて,研修の時間や場を設定することができる

ここでは,教育相談に関する校内研修に焦点をあて,そのポイントについて述べます。

1 校内研修の目的

教育相談に関する校内研修の主な目的は,まず,児童生徒への適切な指導・援助を行う力を向上させることです。次に,**チーム支援**のための校内の協働体制(教育相談体制)を充実させることです。さらに,保護者への適切な対応や外部関係機関との連携などを学ぶことです。

2 校内研修の内容

教育相談にかかわる校内研修の主な内容と,体系的・段階的な企画(組み立て)例を示します。

○研修内容

研修内容は,「児童生徒の理解」「児童生徒への直接的支援」「児童生徒への間接的支援」に大別できます。

「児童生徒の理解」に関するものでは,発達,障害,問題行動などの一般的理解,児童生徒との直接的なかかわりを通して行う考え方,とらえ方,感じ方などの共感的理解,検査や観察などによる主観を排した客観的理解があります。

「児童生徒への直接的支援」に関するものでは,傾聴などの面接技法,**心理教育**(スキル教育を含む)などによる個人支援,**グループアプローチ**,心理教育(スキル教育を含む)などによる集団支援があります。

「児童生徒への間接的支援」に関するものでは,チーム支援,保護者対応,**事例検討会・支援会議**などがあります。

▷1 **教職員の資質・能力**
教育の専門家としての確かな力量(学習指導,児童生徒理解,生徒指導,学級・ホームルーム経営など),教職に対する強い情熱(使命感・誇り,児童生徒への愛情,向上心など),総合的な人間力(豊かな人間性や社会性,人間関係調整能力,コミュニケーション能力など)。

▷2 香川県教育センター(2007). これからの校内研修の在り方――本県における校内研修の現状と課題

▷3 チーム支援
児童生徒への指導・援助では,その児童生徒に関係する複数の教職員(必要に応じて,保護者や外部専門機関も含めて)で構成したチームによる支援が重要である。

▷4 心理教育
⇒ V-4, V-7 参照。

▷5 グループアプローチ
⇒ V-2 参照。

▷6 事例検討会・支援会議
⇒ VIII-9 参照。

156

表Ⅷ-1　企画例：○○年度 教育相談に関する校内研修計画（案）

領域 「内容」	児童生徒理解 「客観的理解」	直接的支援 「傾聴」	間接的支援 「チーム支援」
知識的理解 〈1学期〉	児童生徒理解の重要性とその全体像	「聴く」ことの重要性とその教育的意義	協働体制の重要性とチーム支援のあり方
体験的理解 〈2学期〉	心理検査（アンケート等も含む）の体験	ロールプレイによる聴いてもらう体験	仮想事例の支援シートの作成（役割分担等）
実践的理解 〈3学期〉	検査実施の留意点と結果の活用法	実際の場面でのかかわり（逐語記録）の検討	事例検討会・支援会議の実際

○校内研修の企画例

　理解には，知識的理解（知識としてわかる），体験的理解（体験を通してわかる），実践的理解（教育実践に活用できるレベルでわかる）があります。対象や時期などに応じて，体系的（領域が偏らないように）・段階的（どの理解に重きを置くか）な内容を検討し企画します。表Ⅷ-1にその一例を示します。

3　校内研修における留意点

　校内研修を企画・運営する上での留意点と工夫について述べます。

○体系的・段階的な内容構成と計画的・継続的な実施

　学校の実態や教職員のニーズの調査にもとづき，必要な内容を精選するとともに，確かな研修効果を期待できるように体系的・段階的に構成し，年間計画のなかに位置づけて計画的・継続的に実施することが大切です。

○新たな職場の状況やニーズに応じた柔軟な追加企画

　職場がストレスフルな状況になったり，人間関係が希薄な状況が継続したりした場合には，**ストレスマネジメント**[7]や**ピア・サポート**[8]などに関する研修が必要です。教職は対人援助職であり，それに伴うストレスに上手く対処するためには，ストレスマネジメントは不可欠なスキルです。また，教員同士が学び合い，高め合い，支え合える同僚性や学校風土を形成することが必要です。

○役に立ち，エンジョイできる内容[9]

　企画は「ためになる」と「楽しい」の両軸で考え，議論は「理解（わかる）」と「指導（行動できる）」の両軸で行います。次回の参加意欲につながる「ためになった」「楽しかった」研修となることと，「わかったが，どう動いてよいか？」とならないように，理解と指導の複眼的アプローチを大切にします。

　また，参加者が形式的にも実質的にも参加できるように配慮します。全員が全体の場で発言することにこだわらず，少人数グループでの討議を通して，研修の内容・流れにコミットすることを大切にします。

　さらに，追加企画の場合は時機を逸しないことが重要です。「冷たいスープ」にならないように気をつける必要があります。

（藤原忠雄）

▷7　ストレスマネジメント
⇒Ⅴ-6 参照。

▷8　ピア・サポート
⇒Ⅴ-8 参照。

▷9　大野精一（1992）．研修意欲を掘り起こす校内研修の持ち方　月刊学校教育相談　11月号

VIII 校内の相談システムと教育相談

9 ケース・カンファレンス（事例検討会）

学校教育相談において使用される本テーマに関連する言葉がいくつかあります。ここでは，次のように用語を整理しておきます。

- ケース・スタディ（case study）：事例研究会
- ケース・カンファレンス（case conference）：事例検討会
- コンサルテーション（consultation）：支援会議（支援のための「作戦会議」）

1 ケース・カンファレンスとは

教育的支援を行っている過程において，その支援に携わっている人が集まり，児童生徒の状態の変化や新しい課題や問題点などがないか，適切な支援が提供されているかどうか，今後の必要な支援は何かなどについて検討することです。

現実的には，「ケース・カンファレンス」≒「コンサルテーション」です。この共通点は，児童生徒への適切な支援を探求する姿勢です。また，「ケース・カンファレンス」≒「ケース・スタディ」でもあります。この共通点は，事例の検討から多くのことを学ぼうとする姿勢です。

2 ケース・カンファレンスの意義と目的

意義と目的について，「児童生徒への支援」「担当者への支援」「教員集団と組織の成長」の３つの観点から整理します。

「児童生徒への支援」として，さまざまな視点から児童生徒への理解を深め，児童生徒へのかかわり方や適切な指導・援助の方法を探ります。「担当者への支援」として，担当者の不安感や孤立感を緩和し，心理的に安定させ，適切な指導・援助を行う力を向上させます。「教員集団と組織の成長」として，話し合いを通して，教員相互の理解を深め，協働して指導・援助にあたる教育相談体制を構築します。

3 ケース・カンファレンスの進め方

ここでは，校内研修として全教員が参加するケース・カンファレンスの進め方について，一例（全90分）を示します。

【意義と目的についての説明】（２分）
【展開（流れ）と留意点の確認】（３分）
【事例紹介】（10分）

▶1 ケース・スタディ
多くの場合，終結した事例について，事例の概要を報告し，事例を振り返ったり，考察を加えたりする。

▶2 コンサルテーション
現在進行形の事例について，さまざまな専門的立場の人からの指導・助言をもとに，今後の具体的支援（誰が誰に対し，いつまでに，何をするか）を検討し決定する。

▶3 ケース・カンファレンスとコンサルテーションの相違点
相違点としては，次のようなことがあげられる。
参加者：日々の支援者～全教員⇔外部専門機関を含めた支援関係者
検討内容：短期・中期の支援のあり方⇔中期・長期の支援の方向性と役割分担
形態：「確認・打合せ」～「会議・研修会」⇔支援「会議」

▶4 ケース・カンファレンスとケース・スタディの相違点
相違点としては，次のようなことがあげられる。
参加者：日々の支援者～全教員⇔外部から専門家を招聘し全教員参加
検討内容：短期・中期の支援のあり方⇔支援全体の振り返りと考察，および事例の一般化
形態：「確認・打ち合せ」～「会議・研修会」⇔「研修会」（学びの場）

事例提供者が客観的な状況説明に絞って，事例の報告をします。

【質疑応答】（20分）

参加者が事実確認のための質問を行います。その際の質問に関する留意点は次の通りです。

質問は，司会者の許可のもとに行い，一問一答とします。また，質問内容は，支援を検討する上で必要な客観的な情報収集に限定します。さらに，自分の意見や体験を述べません。加えて，質問への回答は，事例提供者が客観的な事実についてのみ答えます。

【支援策の立案〈個人作業〉】（15分）

参加者全員は，具体的な支援策をなるべく多く立案します。

【支援策の発表】（25分）

参加者全員（参加者数によってはグループの代表）の支援策を発表します。その際の意見に関する留意点は次の通りです。

どの意見も大切にしますが，事例提供者の批判は認めません。また，支援策は柔軟な思考や斬新なアイデアを大切にします。

【支援策の整理】（10分）

誰が誰に対し，どの場面で，何を，どのように，いつまで支援するのかを整理します。

【事例提供者の意見・感想】（5分）

参考になったこと，元気になれたことなどを参加者へフィードバックします。

4 ケース・カンファレンスにおける留意点

◯事例に関する守秘義務を徹底します

事例を検討するときの大前提であり，この安心感がないと事例を提供できませんし，議論もできません。

◯事例提供者への批判や攻撃は認めません（傷つきは絶対に避けます）

事例担当者が元気になり，今後のかかわりに対して意欲がわくように，さまざまな角度からの検討を通して，多くのヒントを得ることができるようにします。

◯参加者全員が参加した実感をもてるようにします

参加者は，提供された事例を自分がかかわる事例として検討します。そして，グループ討議や全体討議のなかで，必ず発言できるようにします。

◯参加者の経験談や他の事例の紹介などは避けます

提供された資料と補足された情報をもとにして，その事例に焦点をあてて検討することを大切にします。

（藤原忠雄）

VIII 校内の相談システムと教育相談

10 教師にとっての事例検討会の意味
──高校現場から

1 「学校に行きたいけれど行けない」生徒たちと向き合う

　私たち教師が不登校の生徒と向き合おうとするとき，その本人と向き合う機会が少ないために，担任教員だけではかかわる糸口が見つからずに一人で抱え込んでしまうケースが少なくありません。そんな私たち教師にとって，「事例検討会」を開いて互いに学び合う場をもつことは，「学校に行きたいけれど行けない」生徒の気持ちを理解しようとすることの大切さを再認識させ，そのかかわりの糸口を探るチャンスとなっています。

2 担任としての迷い

　私が担任したA子は，中学時代はほとんど登校できず，高校への入学も親の強い勧めで決めたようでした。入学式の2日後から登校できず，私からの家庭訪問の申し出にも母親は「A子は話せる状態ではない」と返すだけでした。そんなある日，制服に裸足という格好で登校したA子の腕には，誰かと争った痕と思われる傷が無数にありました。そのときA子を送ってきた祖母から，彼女の「母親に対する暴力」について聞かされます。後日，来校した母親は，「自分が娘に十分愛情を注げなかったことに負い目を感じている。今は，暴力を振るうA子の言いなりになっている。耐えられなくなった今は，どうしたら娘と離れることができるかを考えてしまう」とすでに彼女の暴力に疲れきっている様子でした。

　一方，英語教諭への夢や，クラスのリーダーとして活躍したいと語るA子からは「他者から認められたい」という欲求が感じられましたが，実際は学校には行きたいけれど，行こうと思うと動けなくなってしまうようでした。私は担任として，A子へのアプローチと，母親のサポートをどのようにしていくべきか悩み，事例検討会で相談することにしました。

　検討会では，授業を担当する教員の報告から，「A子は何重にも仮面をかぶっていて，同級生や大人からの評価を求めているのではないか」ということや，「暴力はA子が母親の愛情を試す行為であり，それだけ現状が不安だという表れではないか」といった彼女の新たな一面が見えてきました。そして私は，時間をかけて彼女を評価しながら，本当の気持ちを聴く必要があると痛感しました。また，この会を通して，A子へのかかわりのキーパーソンとなるのは母

親であり，「どういうときに彼女が暴れるのか，調子の良いときはどんなときか」を教えてもらう姿勢で母親と接していくことが必要であると感じました。その後，A子への対応は私が担当し，母親への対応は，母親と同年代の女性教員と私の2人で担当していくことにしました。

3 担任だからこそできること

その後，英語弁論大会に挑戦したA子に，教室で発表をしてもらいました。同級生からの評価を求めていた彼女は，それまで話をしたことのなかったクラスメイトから「A子かっこいいね！」と褒められ，本当に嬉しそうでした。

ある日，教室でのA子の表情に元気がなく，気になって声をかけてみると，「私なんて，いない方がいいんだ……。私がいてもいなくても，何も変わらない」とつぶやきました。放課後，面談室でA子は「先生は本当に私のことを心配してくれているの？ 私は誰からも愛されていない……。誰も私を本気で心配したり，叱ったりしてくれない。本当に私を理解してくれる人が欲しい」と泣きながら話しました。そして，リストカットの痕を見せ，家出をしたことを話してくれました。「ここまですれば，家族は私のことを心配してくれると思った。本当に心配してくれるか，確かめたかった。でも，心配してはくれなかった……」と話す彼女の言葉を聞いて，この生徒にとって一番大切なのは「誰かが本気でぶつかること」であり，それは担任の私にしかできないことだと気づきました。その後次第に，私が本気で心配していることが彼女にも伝わったのか，彼女も本音が言えるようになりました。他の教員にも，授業などで彼女に声をかけてもらうように協力をお願いし，複数の教員でサポートする体制をつくりました。娘と向き合うことを恐れていた母親も，次第に学校へ足を運ぶ機会が増え，A子に変わった様子があればすぐに相談に来るようになりました。それまで，母親に暴力を振るうA子を叱るだけだった父親も，彼女の本当の気持ちに向き合おうとするようになり，保護者会に夫婦で参加するまでになりました。その後，A子は休まず登校できるようになり，教室でもよく笑うようになりました。A子にとって，「学校」は居心地の良い場所となったようでした。

4 教師として必要な姿勢をつくる事例検討会

「学校に行きたいけれど行けない」生徒たちはさまざまな背景を抱えており，学校現場では，そのすべてに対応することはできないかもしれません。しかし，学校という場は，複数の教員でかかわることができるという良さがあります。複数の教員だからこそ多方面からの生徒理解を可能にするのだと思います。生徒たちとの向き合い方にマニュアルはありません。複数の教員でかかわり方を検討することは，教師自身の新しい気づきを生み，生徒の抱える背景を理解しようとする姿勢をつくり上げていくのです。

（上林まどか）

IX スクールカウンセラー、スクールソーシャルワーカーと教育相談

1 スクールカウンセラー事業の歴史

1 スクールカウンセラー元年まで

　文部省（文部科学省）が「スクールカウンセラー活用調査研究委託事業」を始めた1995年度は、スクールカウンセラー元年と言われています。

　1950年代後半から問題になりはじめた不登校がどんどんと増加の一途にあり、また子どもたちの尊い命がいじめにより奪われるという事態が相次ぎました。こうした「心の問題」の多様化・深刻化に対し、学校現場の力だけでは対応が十分には行えないということで、臨床心理に専門的な知識・経験を有する外部の人材を投入する形で始まったのがスクールカウンセラーの配置でした。当初、各都道府県3校（全国154校）を選び、2年間という期間限定で試行が始まりました。もちろんそれまでも、学校現場では子どもたちの心を理解し「問題」の解決を図るためにさまざまな努力が展開されてきました。たとえば、教員養成プログラムの改善もその一つです。つまり、それまで必修ではなかった教育相談やカウンセリング等の単位が必修となり、子どもたちの心の問題に対処できる教師を育てるという方向が目指されました。また、現職教員に対しても、研修等の形でカウンセリング・マインドや教育相談的対応について学び直す機会は増えていきました。しかし、教師がカウンセラーを兼務するにはさまざまな課題があり、多忙な教師にすべてを期待するには深刻すぎる実情も指摘されていました。そこで、子どもたちや保護者の抱える悩みを受けとめ、学校におけるカウンセリング機能の充実を図るために、教師とは異なる専門性（外部性）をもったスクールカウンセラーが初めて学校現場に配置されることになったのです。

表IX-1　スクールカウンセラーの配置校数の変遷　（単位：校）

年度 区分	1995	1996	1997	1998	1999	2000	2001	2002	2003	2004	2005	2006	2007	2008 (計画)
小学校	29	97	186	373	602	776	1,497	2,607	1,599	1,823	1,906	1,697	1,988	2,716
中学校	93	337	654	995	1,096	1,124	2,634	3,460	4,778	5,969	7,047	7,692	8,839	8,722
高等学校	32	119	225	293	317	350	275	505	564	693	594	769	633	681
計	154	553	1,065	1,661	2,015	2,250	4,406	6,572	6,941	8,485	9,547	10,158	11,460	12,119

　　　　　←　　調査研究事業（委託事業）　　→　　←　　　　補助事業　　　　→

（注）　2007年度までの小学校・高等学校への配置は、都道府県等で特に配置の必要があると認めた場合に配慮したものである。
出所：「児童生徒の教育相談の充実について――生き生きとした子どもを育てる相談体制づくり」平成21年3月教育相談等に関する調査研究協力者会議。

表IX-2　スクールカウンセラー派遣校における派遣前（平成13年度）と派遣後（平成16年度）の問題行動等の発生状況比較

問題行動	年度	SC派遣校の発生状況（2年以上派遣）	増減率	全国公立小中での発生状況	増減率
暴力行為（学校内）	H13	12,595件	13.3%減	31,018件	9.5%減
	H16	10,924件		28,084件	
不登校数	H13	56,661人	14.8%減	138,722人	11.1%減
	H16	48,294人		123,358人	
いじめ件数	H13	7,887件	21.4%減	22,841件	14.8%減
	H16	6,203件		19,466件	

出所：文部科学省（2007）．児童生徒の教育相談の充実について——生き生きとした子どもを育てる相談体制づくり（報告）より。
http://www.mext.go.jp/a_menu/shotou/seitoshidou/kyouiku/houkoku/07082308/002/004.htm

2　活用調査研究委託事業から制度化，さらなる拡充に

　試行的に配置されたスクールカウンセラー事業でしたが，教師による評価は概ね良好であり，2001年度からは，いじめや不登校の発生が多く思春期という難しい年代にもあたる中学校に計画的に配置することを目標とし，「スクールカウンセラー等活用事業」が開始されることとなりました。

　そして2008年度からは，少年非行の低年齢化や児童虐待の深刻化等をふまえ，小学校への配置を拡大するとともに，高等学校を含め地域や学校の実態に即した弾力的な配置・活用が進められています。

3　スクールカウンセラー事業の課題と展望

　上記のような流れのなか，確実に配置校数を増やし，配置による成果も明確に現れていると言われるスクールカウンセラー配置事業でしたが（表IX-2），さまざまな課題も指摘されています。スクールカウンセラーの人材不足や偏在，財政状況等による地域格差も大きな課題です。**スクールカウンセラーの資質**[1]を維持するための養成・研修体制の確立も急務とされています。そしてその背景には，子どもたちを取り巻く現代社会そのものの変化もあります[2]。そのため，従来の個別臨床に加えて，学校組織や地域コミュニティにかかわるソーシャルワーカー的機能が求められる事態も増えています[3]。

　こうした現状に対し，十分な専門性をもって対応できるためにはその資格要件や勤務体制のあり方についても検討されるべき時代が来ているのかもしれません。さらに，配置校の増加とともに資質の維持・向上も大きな課題となっています。また一部の地域では，配置形式や活動の中身など，地域や学校の実情に合わせた柔軟な配置（拠点校方式や巡回校方式等）が模索される現状に対し，スクールカウンセラー自身「この学校のスクールカウンセラー」ではなく，「この地域のカウンセラー」へと自らのアイデンティティを構築しなおす必要も問われています。

（伊藤美奈子）

▶1　スクールカウンセラーの資質
専門性を磨きつつ，学校の現状に合わせて動ける柔軟性，組織にかかわる力など。

▶2　家庭や地域の教育力の低下や少子高齢化，問題の一つとしてあげられる児童虐待や発達障害の課題への対応など，今日的な問題の中身は質量ともに大きく変化しつつある。

▶3　小学校への配置が進むなか，治療的・対応的なかかわりだけでなく，予防的・開発的な活動がさらに重視されるようになった。

IX　スクールカウンセラー，スクールソーシャルワーカーと教育相談

2　スクールカウンセラー(SC)の仕事

　スクールカウンセラー（以下，SC）の相談活動は，通常は校内に設置されている相談室で行われます。主な相談者は，子どもたちとその保護者です。これらに加えて教師との協働も重要な活動です。

　では最初に，子どもたちへの相談活動について述べてみましょう。

1　児童生徒に対する相談・助言

　まず，どのような手順で子どもたちが相談室に来室するかと，それによるそれぞれの相談の特徴を考えてみましょう。子どもたちの来談経路を考えてみると，担任や養護教諭など，その子どもにかかわっている教師の勧めや紹介で，相談室を訪れる子どもたちがいます。つまり，教師が"この子には，何か悩みがありそうだ"と考えてSCへの相談を促したり，あるいは保護者や子ども本人が，教師にSCへの紹介を申し込んだりするケースです。◁1

　このようなケースの特徴は，まず予約があって，相談時間を設定することができることや，相談内容が事前に教師からSCに伝えられていることが多いことがあげられます。また相談者の来談意欲も高いでしょう。つまり，通常のカウンセリングに近い設定で相談するケースです。このようなケースでは，1回だけの相談で終わらず，継続して相談が続くこともよくあります。また，教師や保護者との連携が不可欠となるのもこのようなケースの特徴と言えるでしょう。

　先に相談者の来談意欲が高いと述べましたが，なかには，親や教師に促されて来談したものの，子ども自身は相談には拒否的であり，ほとんど会話が成立しないようなケースもあります。そのような場合，無理に悩みを聞き出したり，設定された時間枠を守ることにこだわって，無言で過ごしたりすることは逆に彼らを傷つけることにもなりかねません。来室してくれたことをねぎらい，短時間で相談を切り上げるなどして，彼らの内面に土足で踏み込むことのないような配慮が必要となります。

　子どもたちの来談経路として，次にあるのがその子ども自らの申し込みによる来室です。たとえば，相談箱を使って申し込みをしてから来室するケースや相談室に直接来室するケース，なかには廊下を歩いているSCに声をかけてくるケースなど，方法はさまざまです。このようなケースでは，誰にも言えないような深刻な悩みを抱えているようなケースから，SCについてちょっと興味

▷1　教師が子どもたちをSCに紹介するきっかけとして，授業中ぼんやりすることがある，遅刻・早退・欠席が増えた，保健室への来室が多くなったなどの子どもの変化があげられる。また，友人関係や学業不振などの日常生活上の悩みを抱えた子どもが担任にSCへの紹介を申し出る場合もある。

があって相談室に来てみたというようなやや気軽な動機によるケースまでが考えられます。ケースによっては継続相談になる事例や,数回の相談で終わる場合,あるいは1回だけの立ち話の延長で終了してしまうものもあります。ですから,その子どもの語りによく耳を傾けて,彼らがどの程度の動機や悩みの深さで来室しているのかの見立てをしてから,適切な対応を考えなければならないでしょう。ただし,いずれのケースにしても,「SCにだけ話しに来たこと」を忘れずに,彼らが何らかの思いを抱えて相談室にやってきたことを真摯に受け止めて対応することが肝要です。

❷ 保護者や教職員に対する相談(カウンセリング・コンサルテーション)

相談室を訪れる保護者の来談経路も,ほとんど上記であげた2つに類似するものと言えるでしょう。まず教師に勧められての来談ですが,この来談をきっかけに継続したカウンセリングに発展するケースがよくみられます。しかし❶で述べたように,保護者のなかにも"紹介してくれた教師の顔を立てた"だけのケースも含まれています。ですから,保護者の相談においても,SCはその保護者がどのような動機で来室したのかを考慮して対応しています。

次に教職員との相談ですが,実はこの活動こそ現在,SC活動の中心と考えられるようになってきているとても重要なものです。専門的には,"コンサルテーション"と言い,通常のカウンセリングとは異なります。具体的には,心の専門家であるSCが,教育の専門家である教師と子どもたちを巡る課題について一緒に考え,より適切な子どもたちへの対応を模索することを言います。ですから,教師自身が抱える個人的な悩みをカウンセリングするのではありません。なぜこのことが,今日,SC活動において重視されているかと言えば,コンサルテーションを重ねることを通して,教師自身にカウンセリング的な視点が育まれていくことが期待されるからです。

❸ 校内会議への参加や教職員や児童生徒への研修や講話

SCが参加を求められる校内会議としては,職員会議,学年会,生徒指導部会,教育相談部会などがあります。このうち特に,生徒指導部会や教育相談部会ではSCは重要な位置を占め,意見を求められることも多くあります。

また,教師を対象にした研修会や子どもたちへの講演や講話もSCの仕事として重要なものです。テーマとしては,"不登校児童生徒への適切な対応"や"いじめ問題への対処"などの特定の教育課題について解説するものから,"ストレスマネジメントの実際"や"メンタルヘルスについて"などの臨床心理学的な理論や技法を紹介するものまであります。これらは学校でのメンタルヘルスに関する予防や啓発に役立つ活動であるとともに,SCの専門性を周知してもらう貴重な機会ともなっています。

(中川美保子)

▷2 特に深刻な悩みがあるわけではないけれど,将来カウンセラーになりたいので,仕事の内容を知りたいと来室する子どもや,自分の性格を知りたくて,エゴグラムなどの心理検査を受けてみたいと来室する子どももいる。

▷3 家庭訪問や個人懇談会などをきっかけに,担任から勧められて保護者が来室することがある。また子どもが学校内外でトラブルや問題を起こしたことを契機に,保護者が担任から呼び出されSCへの相談を強く促されることもある。

▷4 クラスに不登校になりそうな子どもがいる,あるいは,クラス内のいじめへの対応に迫られた担任が,SCによる「子どもの心」の動きなどを中心にした視点からの意見に触れ,自らの視野を広げ,より適切な対応が可能となるようなケースが考えられる。

IX スクールカウンセラー，スクールソーシャルワーカーと教育相談

3 スクールカウンセラー(SC)と教師との協働の実際

1 SCと教師の関係について

わが国では公立学校に配置されているほとんどのスクールカウンセラー（以下，SC）が，非常勤職員として教育委員会から派遣されています。つまり，学校の外部から週に1，2回来校する専門家と位置づけられることが多いのです。したがってSCの仕事は，勤務日数の少なさからしても，教師との連携・協働なくしては成り立たないと言えます。加えて子どもたちや保護者と肯定的な関係を築けたとしても，彼らと教師の関係がうまくいかなければ，SCの活動の成果は上がりません。

たとえば，実際に以下のような事例がありました。ある子ども（以下，A）がSCに「今日は英語の授業に行きたくない。先生が怖いの。それに順番に指名されて，単語を発音するのができない。先生には言わないで。今日だけ，相談室で休ませて。そうでないと明日から学校に来られなくなる」と訴えました。SCは，この訴えを受け止めて，Aの担任や教科担任に相談することなく英語の授業時間にこの子どもを相談室で休養させました。この出来事によって，SCはAと強い信頼関係を結ぶことができました。しかしその結果，Aはその日から英語の授業になると相談室にやってきて，授業を休むようになってしまいました。そして，教師から「ただ単に英語がいやなだけ，甘えている」と叱責を受けることになってしまったのです。これでは，SCとして適切な対応をしたとは言えないでしょう。

上記の例からもわかるように，SCの活動の場は学校なのですから，その中心である教師との肯定的な協働関係なくしては有効な活動はできません。SCは教師こそが子どもたちの一番の理解者であることを忘れずに，ともに子どもたちの成長のために日常的に協働していくことを模索することが肝要と言えるでしょう。以下にSCと教師との協働の事例を取り上げ，具体的にその方法について考えてみましょう。

2 SCと教師との協働とは

校務分掌上，SCの仕事は，教育相談部あるいは生徒指導部に位置づけられている場合がほとんどです。SCと教師たちとの連携の窓口は，この分掌の担当者（以下，SC担当）が担っています。ただし小学校の場合は，教務主任や教頭

が兼務して，SCとの連携の中心になることもあります。いずれにせよSCと教師の協働としては，このSC担当との日常的な協力関係がまずあげられるでしょう。以下にSC担当がうまく機能している学校でのSCの日常を取り上げてみましょう。

　SCは，配置校に週の決められた曜日に出勤し，その日どのような予定で活動するかについては，まずSC自身が前回の出勤日までに組んだ予定に従って決めていきます。それに加えて，追加のカウンセリングやコンサルテーションの申し込みがある場合は，SC担当が窓口となって把握しているので，SCはそれらの概要をSC担当から聞き，一緒に相談した上で，日程を調整します。この場合，申し込んだ人たちへの連絡は，SC担当が対応してくれる場合が多いようです。また事例によっては，関係する教師や保護者との連携について，SC担当とSCで事前に打ち合わせをすることもあります。管理職や教育委員会，児童相談所などへの連絡も，彼らが調整役を果たしてくれます。相談活動に必要な物品についても，SC担当が予算要求の窓口になって調達してくれるでしょう。また，校内教育相談部会がSCの勤務曜日に設定されるような配慮もしてくれます。このように，SC担当はSCと学校の何よりも重要なつなぎ手なのです。

　しかし実際の学校は，教育相談活動の充実だけを考えて校務分掌が成り立っているわけではありません。ですからその学校の事情によって，SC担当が明確に配置されていない場合や，配置されたSC担当自身が教育相談活動に消極的な場合もあります。また，教育相談に関して専門的な知識をもっている担当者なら必ずや適任というわけでもなく，そのためにSCと意見がぶつかり合い，対立してしまうこともあるようです。

　このようにSC担当との関係がうまくいかない場合も，SCが独断で行動するべきではないでしょう。そのような場合も，なぜうまくいかないのかを熟慮し，SC担当教諭の立場を尊重することが彼らとの適切な関係を築く第一歩となるのです。さらに，対応する各事例を通して，他の教師たちとも協働関係を築いていくことも，SCは忘れてはならないでしょう。該当の担任や校長や教頭，主任などとの協働も重要です。加えて学校のメンタルヘルスの中心である養護教諭との協働は重要で，しばしばSCの活動の最大の理解者としてSCを支えてくれます。

　最後に，SCが教師と協働する場合，以下のことに留意することが大切でしょう。それは，特定の教師と必要以上に強い協働関係を結ばないことなのです。なぜなら，もしSCが特定の教師とのみ強いつながりをもてば，SCの重要な専門性である"中立性"が保てなくなるからです。より多くの子どもたちや保護者，教師たちが安心してSCに相談できる環境を整えておくことに留意しなければなりません。

（中川美保子）

IX スクールカウンセラー，スクールソーシャルワーカーと教育相談

4 学校で役に立つスクールカウンセラー(SC)の条件とは

▷ 文部科学省ホームページ　教育〉小学校・中学校・高等学校〉生徒指導等〉生徒指導等の施策の推進について〉6．教育相談体制の充実　6-1　スクールカウンセラー

1 学校によって違う，スクールカウンセラーに求められる活動内容

スクールカウンセラー（以下，SC）の職務内容について，文部科学省は，

ア．児童生徒へのカウンセリング
イ．教職者に対する助言・援助
ウ．保護者に対する助言・援助

の3つを示しています。

しかし，学校はさまざまな問題を抱えており（"学校には，さまざまな問題を抱えた子どもがいる"と言った方がより正確かもしれません），上記の3つをふまえつつも，SCの活動の内容やその方法は，具体的には多種多様になるのが実際です。学校の校種や規模，あるいは同じ学校でも，新しい学年がスタートした1学期と夏休みを経て行事が目白押しの2学期では，子どもの状態も学校の雰囲気もかなり違います。児童生徒に対する担任をはじめ，学校の対応もそのときの状況によって変わり，それに伴ってSCに求める活動内容も変わってくるでしょう。

また，起こった問題への対応だけではなく，SC便りの発行やPTAの研修の講師などの予防的な取り組みや地域の他機関との連携会議への参加など，自治体によっては上記3つの職務内容に加え，各学校が必要と判断した活動をSCに依頼することもあります。

2 学校がSCに求めること

学校には十，百，時には千の単位の子どもが集まっています。教職員の数も相当な数になります。また学校には，時間割や学期・学年，出席日数，夏・冬・春休みといった学校独特の区切りある時間が流れています。さらに，同じ市の地域が隣り合う学校でも，それぞれの学校が抱える問題は全く違うこともあります。SCがその学校で十分な活動をするためには，まず，学校という組織，そのなかのシステム，さらにそのSCが担当する学校の特色をよく知ることが必要でしょう。

一方それと同時に，児童生徒や教職員がSCに対し，

・まず，その存在や活動内容を知る（たとえば，全校朝礼で紹介する）
・次に，顔と名前を覚える

・さらに，なじむ（たとえば，職員室にSCの机も置く）

ということが，SCが学校で活動するための足場になります。

　もちろん，児童生徒や教職員全員が，SCを必要とするわけではありませんし，学校で起こる問題のすべてにSCの関与を求めるわけではありません。また，ひとりの不登校の子どもにSCがかかわるとき，1週間に1回，4～8時間ぐらいの勤務時間では，SCのできることは限られます。

　限られた時間のなか，SCが学校で役に立つためには，そのSCの考えや経験を聞きながらも，まず学校自身が"私たちの学校がSCに求めていること"を明確に伝え，今後のSCの具体的な活動についてのアウトラインを一緒に描くことが大切です。

3 学校という"場"でSCが役に立つということ

　学校，教職員は児童生徒の"すべて"に対して万能ではありません。SCもスーパーマンではありません。だからこそ，さまざまな問題の解決に向け，お互いの連携が重要です。

　そのためには，短時間でもよいので今日1日のSCの活動の要点と次回SCが来校するまでの留意点を互いに確認し合うなどを打ち合わせる時間が必要です。教職員もSCも「とてもじゃないがそんな時間がない」かもしれません。しかし，ひとりの面接時間を時には30分にしてでも，打ち合わせ時間を確保することは重要です。互いに時間の調整や交換ノートを活用するなどの工夫をしたり，それでもメモで済まさざるを得なかったりする場合もあるでしょう。

　SCは，児童生徒の見立てや家族や友人などの対人関係も視野に入れた統合的なアセスメントができることも重要ですが，「今，この学校に求められていることは何か」，つまり生じている問題を抱えている学校全体の把握とそれに即した見立て，そして「SCとしての自分は，そこで何ができるか」を考え，それを行うことが，その学校に役立つための一歩と言えるでしょう。

　ひとりの児童生徒や保護者の話を丁寧に聴き，その相談者の気持ちを理解し支えることは重要なことです。しかし，「いつも決まった，固定の相談が継続されていて，新しい相談希望者がもう3か月も順番を待っている」状況や，校内暴力で疲弊しきっている教員を横目に，「1日中カウンセリングルームに籠り，ひたすら保護者面接をし続けている」活動は，学校という場ではそぐわないでしょう。

　以上のことを考えると，SCが学校で役に立つためにSCに求められる条件とは，SCとしての姿勢やカウンセリングの基本を核にもちつつも，日々成長し，刻々と状況が変わる子どもや校内で起こるさまざまな問題に対し，臨機応変に対応できる柔軟性をもつことであり，これが一番大切なことだと考えられます。

（良原惠子）

参考文献
村山正治・滝口俊子（編）（2007）．事例に学ぶスクールカウンセリングの実際　創元社
東山紘久（2002）．スクールカウンセリング　創元社

5 スクールカウンセラー(SC)が抱える課題

　スクールカウンセラー(以下, SC)配置の拡大に伴ってSCの資質や経験などが多様化し, 各学校での効果的な活用に差があるなどの課題が指摘されるようになりました。それに加えて, SC活用調査研究の始まりの頃と現在を比較してみた場合, 社会や教育関係者からSCに求められる課題も少しずつ変化してきました。

1　SCの資質や経験についての課題

　SC配置の拡大によって, 地域差はありますが, SC候補者が過剰となり, その結果, SCの資質や経験の差が問題視されるようになりました。

　まずSCの活動に適した資質とは, 学校臨床心理学や学校教育相談などを学び, 学校にかかわる諸問題への対応に優れていることと言えるでしょう。ところが, 実は臨床心理学やカウンセリングの学問分野は教育領域だけではなく, 医学領域・福祉領域・司法領域など, さまざまな専門領域があります。もちろんこのうち教育領域を専門にしている人がSCに適していると考えられるでしょう。しかし, SCの量的な確保があまりにも優先された場合, SCとしての専門性に関しては, 教育領域と全く関係のない人たちが配置される可能性がないと言えないのが現状です。これがSCの資質に関しての大きな課題と言えるでしょう。

　次に, 経験の問題が取り上げられるでしょう。実は, SCの需要が短期間に急増したことで, 臨床心理学やカウンセリングは一通り学んだものの, ほとんど実際の臨床経験がない人たちがSCになるケースが地域差はありますが, 増加しています。

　このような重要な課題への対応として, 各地の教育委員会や関連する専門家の諸団体が, 継続的で質の高い研修会の開催を企画し, SCの資質を担保しようとしています。それに加えて, 経験年数の浅いSCには, 個人的にスーパーバイズを義務づけている場合もあります。また, 保護者や教師へのアンケートを実施して, その結果から望ましいSCの資質について提言したり, SC選考の資料とするなどして, SCの資質の向上を目指しています。

2　SCの雇用に関する課題

　わが国では公立学校に配置されているほとんどのSCが非常勤であるため,

SCになりたいと望む経験豊かな人材の確保自体も難しくなっています。たとえば非常勤だと，1勤務校あたりの平均勤務時間数が週6時間程度であり，1週間の生活を考えれば，曜日ごとに複数校を担当するか，他の仕事とかけもちしなければ経済的な安定は望めません。また学校が夏休みになるなどの休暇期間には，通常，勤務はありません。SCがこのままの不安定な身分では，今後もこの職種に経験豊かな人材を確保し続けていくことが難しいと言わざるを得ません。

このような現状に対して，自治体によっては少人数ではありますが，常勤職員としてSCを雇用している例や，SCとしての経験年数を考慮して待遇に差異を設けているところもあります。また，教員OBなどの人材を，SCに準ずる者（準SC）として，有効に活用しようと工夫している自治体もあるようです。

③ 配置校や教育委員会との関係についての課題

SCの活動は，その学校の考え方によって大きな影響を受けますし，視点を広げれば，その都道府県の教育委員会の施策のあり方とも密接に関連します。たとえば，学校のなかに教育相談を大切にする風土がなければ，"SCって，何をする人かよくわからないけれど，とにかくこの1年，問題を起こさずにもらえばいい"ということもあります。このような学校では，1年間に数件の相談を受けただけでSC活動が終了する場合もあるようです。その逆に，教育相談活動が日常的に活発に行われているような学校では"SCの来校が1週間に1日では足りない。相談したい人の予約で1か月後までいっぱい"ということも起こっています。加えて，教育委員会の方針によって，SCの日々の活動の詳細を記録して毎回提出することを義務づけている場合や，子どもたちや保護者へのカウンセリングよりも，教師へのコンサルテーションをSCに求めていることもあります。

このように，学校や教育委員会の方針とSCが抱いている考え方が異なっている場合，要求された学校側の方針に従うだけでは，SCの専門性がうまく生かされなくなってしまうことになるでしょう。しかし，声高にSCとしての専門性を主張したのでは，教師との協働を果たすことはできなくなってしまいます。どのように対応していくかは，それぞれの学校や地域の事情を考慮するしかなく，もっと正確に言えば，対応する具体的な事例によって異なると言えるでしょう。ただ教師もSCもお互いの立場や専門性を尊重し合いながら，対応する子どもたちや保護者がよりよい方向に向かっていく視点を共有することが大切でしょう。専門家としての考え方や方法と，配置校や教育委員会の方針とを両立させていく努力を怠らないことが，SC活動に求められる専門性なのです。

〔中川美保子〕

IX スクールカウンセラー，スクールソーシャルワーカーと教育相談

6 スクールソーシャルワーカー（SSWr）の仕事

1 スクールソーシャルワーカーの歴史

スクールソーシャルワーカー（以下，SSWr）は，約100年前のアメリカにおいて，登校が困難な生徒への支援として始まったとされます。当初は教師が家庭訪問を行うというかたちでしたが，その後，**ソーシャルワーク**[1]つまり社会福祉の専門的な援助技術が体系化され発展したこともあって，教育分野でも専門職化されたSSWrが登用されることになりました。その後SSWrは世界に広がり，アジアでも1970年代に香港で，その後シンガポール，韓国，モンゴル，中国などにも導入されています。

日本では，従来から教師が積極的に家庭にもかかわる活動を行っていて，家庭訪問などを通じて生活・生徒指導にも力を発揮し成果も上げてきました。初期のアメリカと同じように，家庭や地域の経済的な課題を抱える児童生徒への取り組みの歴史は古く，**福祉教員**[2]などと呼ばれる家庭支援を重視した取り組みもみられました。1960年代には，大阪市内で不就学や不登校の子どもへの教育を実施する学校に，地域と学校とをつなぐ役割としてのケースワーカーが配置されています。しかし，その後の日本社会の経済成長もあって，子どもの貧困問題への関心は衰退し，経済的理由からの不就学なども減少し，かわって心理的原因からの登校拒否・不登校が増加してきました。そのため，心理的支援が求められる一方で，福祉面へのソーシャルワークなどの支援については，いったん忘れ去られる状況がありました。

2 教育場面での福祉的支援

近年，子どものいる家庭の経済状況については，他国と比較しても格差が激しいことが明らかになり，学校と保護者との関係の変化や，子どもや家族を支援する福祉制度の複雑化などから，従来の教育相談や生徒指導の方法だけでは対応できない困難さがみられるようになっています。加えて，特別支援教育における子ども理解や児童虐待への対応など，より専門性の高い子ども支援が求められており，不登校やいじめ，暴力行為などの問題行動等への対応も急がれています。このような状況のなかで，学校内の対応だけでは上手くいかない事案も少なくないため，子どもたちの生活背景や発達課題などを視野に入れると同時に，そのための有効な支援システムを組み立てて支援することが有効だと

▷1　ソーシャルワーク
社会福祉の専門的な支援方法のことで，社会福祉援助技術などと訳されている。高齢者や障害者などの本来の福祉分野や，医療，司法，教育などいろいろな分野で福祉的視点からのワークが行われている。

▷2　福祉教員
高知県では，第二次世界大戦の後，地域や家庭の事情で学校に来られない子どもたちについて，授業をもたずに家庭を訪ねて説得することに専念する，福祉教員という教師が置かれていた。

考えられるようになりました。その際には，福祉の視点や専門性をもったソーシャルワーカーの活用が望ましいと考えられたのです。その担い手として，SSWrが着目されるようになり，2000年以降各地でSSWrの制度的導入が図られるようになり，2008年には文部科学省も全国的なSSWrの導入に踏み切りました。

❸ 文部科学省事業としてのSSWrのねらい

文部科学省が「スクールソーシャルワーカー活用事業」として導入したSSWr事業のねらいは，おおむね以下のようなものです。

児童生徒の問題行動等の背景には，児童生徒の心の問題とともに，家庭，友人関係，地域，学校など児童生徒の置かれている環境の問題があります。その環境の問題は，複雑に絡み合い，学校だけでは問題の解決が困難な場合も多く，積極的に関係機関等と連携した対応が求められています。こうした課題について，社会福祉等の専門家であるスクールソーシャルワーカーを活用した取り組みを行うことにしました。

この「スクールソーシャルワーカー活用事業」では，**社会福祉士**[3]や**精神保健福祉士**[4]等の資格を有する者のほか，教育と福祉の両面に関して，専門的な知識・技術を有するとともに，過去に教育や福祉の分野において活動経験の実績等のある者を，スクールソーシャルワーカーとして任用して，主に次のような職務を行うこととしています。

1．問題を抱える児童生徒が置かれた環境への働きかけ
2．関係機関等とのネットワークの構築，連携・調整
3．学校内におけるチーム体制の構築，支援
4．保護者，教職員等に対する支援・相談・情報提供
5．教職員等への研修活動

つまり，個別の児童生徒の支援だけにとどまらず，必要に応じて校内体制や関係機関の支援体制をつくることなどにもかかわることとされているのです。

❹ SSWrの活動の多様性

SSWrは，1つの県に1人しかいない場合もあれば，市に複数いる場合など，前提条件が相当に異なっています。また活動も，教育委員会から派遣される場合や，特定の学校に配属される場合，1つの学校を指定されそこを拠点として周辺の他の学校も支援する場合など，いろいろな形態があります。

支援の対象も，不登校を中心としている場合が多いのですが，非行や児童虐待，子どもや保護者との関係づけが難しい場合など，福祉の広いネットワークを意識した支援を考えることができるため，対象を限定せずに困難を抱えている子どもすべてを対象とするのが適当と考えられます。

（野田正人）

▷3 **社会福祉士**
「社会福祉士及び介護福祉士法」に定められた国家資格。社会福祉士の名称を用いて，専門的知識及び技術をもって，身体や精神の障害又は環境上の理由により日常生活を営むのに支障がある人の支援をする。

▷4 **精神保健福祉士**
「精神保健福祉士法」に定められた国家資格。精神保健福祉士の名称を用いて，精神障害者の保健及び福祉に関する専門的知識及び技術をもって，医療施設や社会復帰を目的とする施設などで支援をする。

IX スクールカウンセラー，スクールソーシャルワーカーと教育相談

7 スクールソーシャルワーカー(SSWr)と スクールカウンセラー(SC)の共通性と独自性

1 SSWrとSCの関係

　学校に入る支援の専門職として，スクールソーシャルワーカー(SSWr)とスクールカウンセラー(SC)がどう違うのかはなかなかにわかりにくいものです。
　SCは臨床心理士などの心理の専門家で，子どもや関係者の心理面からの支援を行います。一方のSSWrは社会福祉の専門職であって，社会福祉の方法論つまりソーシャルワークの視点と技術をもって支援をします。このように両者は本来全く別物なのです。
　しかし，ことはそう単純ではなくて，欧米でもソーシャルワーカーがカウンセリングをすることもあれば，スクールカウンセラーに社会福祉の資格保有者をあてている場合も少なくありません。日本にあっても何らかの形で両方重なる部分が生じており，**SSWrの担い手**▷1 にも心理職が入るなど多様な状況です。

2 SSWrとSCの共通性

　SSWrもSCも，その支援の多くは，子どもやその保護者の個別の事情に配慮し，個別の支援を行うことが中心になっています。そこでは，面接や**アセスメント**▷2，個別の支援計画にもとづいた支援など，一見よく似た方法や技術を用いることがあるため，その違いはなかなか実感することができません。また今のところ両者が連携して活動するということは珍しく，SSWrとSCのいずれか単独で活動する場合には，結局相当に重なり合う仕事をしています。それぞれの仕事の区分についてもいろいろな考え方があり明確に線引きされているわけでもありませんから，結局は類似の仕事をしていると理解されることになります。

3 SSWrとSCの独自性

　SSWrは福祉の，SCは心理の専門職ですから，その違いはそもそもの基礎となる理論の違いからも生じます。社会福祉とりわけソーシャルワークが注目するのは，ある人とその環境との関係です。もちろんその個人にも注目しますが，同時にその人が置かれた環境にも注目し，その間に何が生じているかを考えます。また働きかける対象も，人への場合もあれば，環境への場合やその関係性の場合もあります。一方で心理学は，ある人の周囲の状況などを意識しつつも，その注目する方向は人の心であり，脳の働きであり，行動です。たとえば，あ

▷1　SSWrの担い手
文部科学省はSSWrの任用については，社会福祉士や精神保健福祉士等のほか，教育と福祉の両面に関して，専門的な知識・技術を有するとともに，過去に教育や福祉の分野において活動経験の実績等のある者と広く指定している。

▷2　アセスメント
診断，検査，査定，評価などとも呼ばれ，心理分野では的確な援助を行うための心理テストや面接などを言うが，福祉分野ではそれに加えて，本人のニーズや環境なども対象として，総合的に情報を収集し分析する。

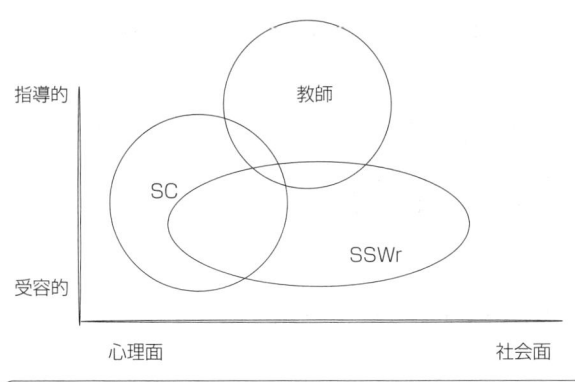

図Ⅸ-1　教育相談についての教師，SC，SSWrの役割イメージ

る小学校に，父子家庭の児童が転入してきました。洗濯が十分ではなく，朝食も食べていないようなので，先生方は育児放棄の虐待と考えました。対応についての話し合いでは，とにかく虐待通告をして，その後SCは父が前向きに子どもの世話ができるように面接し，親子の愛情を深める方向で支援をしました。SSWrは，市にある母子家庭へのホームヘルパー制度を，父子家庭でも使えるように働きかけ，食事と洗濯にホームヘルパーが活用できるようにしました。このように，同じ支援するといっても，両者には着眼点の違いがあります。

4　SSWrとSCの連携

　児童福祉の専門機関である児童相談所には，福祉職である児童福祉司と，心理職である児童心理司とが配置されています。この場合，どちらか一つということではなく，連携してより専門性の高い支援を可能にしているのです。学校で支援する子どもたちの課題も多様で，児童相談所のように，SSWrとSCが連携できたら，より有効な手だてが打てるはずです。

　SCの仕事も「児童生徒の教育相談の充実について（報告）」[3]によれば，①児童生徒に対する相談・助言，②保護者や教職員に対する相談（カウンセリング，コンサルテーション），③校内会議等への参加，④教職員や児童生徒への研修や講話，⑤相談者への心理的な見立てや対応，⑥ストレスチェックやストレスマネジメント等の予防的対応，⑦事件・事故等の緊急対応における被害児童生徒の心のケアなど，多様なものに及ぶとされます。また対象とする相談内容は，不登校に関することが多いですが，いじめ，友人関係，親子関係，学習関係，発達障害，精神疾患，リストカット等の自傷やその他の問題行動など多様であるとされています。一方，SSWrもそれらに加えて，特に児童虐待，要保護児童，非行，対応の難しい保護者への支援などで強みを発揮します。その役割を図にすると，図Ⅸ-1の通りです。相互の違いを尊重しながら，重なる部分を広げ，教師と共に協働して活動できることが大切です。

（野田正人）

[3] 文部科学省（2007）．児童生徒の教育相談の充実について（報告）

8 スクールソーシャルワーカー（SSWr）が抱える課題

1 スクールソーシャルワーカーの配置形態

　スクールソーシャルワーカー（以下，SSWr）の配置形態はさまざまですが，大きくは，特定の学校あるいは校区に配置される〈学校配置型〉と，教育委員会等に配置され不特定の学校に必要に応じて派遣されたり，複数の学校を巡回する〈派遣型〉，そしてこれらを混合した〈混合型〉の3つに分けて考えることができます。学校配置型では，SSWrは学校のスタッフの一員として継続的な支援をしていくことになりますが，派遣型では単発支援で終わることも少なくなく，外から来た人という色合いが濃くなります。配置形態によってスクールソーシャルワーク（以下，SSW）の支援方法や活動形態は異なると言えます。

2 学校配置型の有効性と課題

　学校配置型では，職員室にSSWrの机が置かれることは少なくありません。教職員と会話したり教職員同士が会話するのを耳にしたり，日常的なやりとりを通じて，SSWrは多くの情報を得ることができます。ちょっとした会話から，支援の必要な子どもの発見につながることもあります。休み時間や関係者が集まりやすい時間にプチケース会議を開き，情報交換することもできるのです。問題を抱える子どもの早期発見・早期介入・早期援助がしやすいのが特徴と言えます。

　しかしながら，SSWrと教職員が交流しやすい環境であるがゆえに，改めて時間を設けてケース会議を開くことが困難であったり，本来教師が担うはずの役割をSSWrが担い，本来SSWrが果たすべき役割を果たせないということも起こり得るのです。

　SSW活動には，家庭訪問や相談活動，子どもや保護者の代弁，関係諸機関との連携や調整といった直接的な支援と，教職員などに対する専門的な助言や関係諸機関との連携の仲介，校内における支援チーム体制づくりといった間接的な支援があります。SSWrがどのような役割を担うかは，どのようにSSWrを活用したいかという教育委員会の指針と学校の校内組織・体制をふまえた上で決定されます。しかしながら，校内における位置づけが曖昧であったり，校内組織に位置づけられていなかったり，役割が不明確であったり，役割が校内全体で共通理解されていない場合もあります。その場合，学校でSSWrの専門性

を十分に発揮することはできません。また，校内体制が整っていても，SSWrの力量不足から期待される役割が果たせないこともあります。

SSW活動は教職員との協働の上に成り立つと言っても過言ではありません。SSWrの活用を学校だけに任せるのではなく，教育委員会が状況改善に介入できる支援体制を築いておく必要があります。

3 派遣型の有効性と課題

派遣型では，効率よく多くの学校に出向き支援活動ができる反面，1つの学校で活動できる回数には限りがあります。単発支援となると，子どもあるいは保護者とSSWrとの間に信頼関係を築くことが難しく，フォローアップもできないため，教職員が直接的な支援を担い，SSWrは学校主体の支援体制を間接的に支援することになります。

多くの場合，SSWrが校内でどのような活動をするかは，学校のニーズで決まります。学校の希望をふまえ，相談活動やケース会議のサポート，あるいは研修等が実施されます。活動回数が限られているため，それぞれの学校について特徴や強み，課題をSSWrが事前にいかに把握しているか，SSW活動を学校がいかに理解しているかによって，支援の有効性は左右されます。したがって，地域や学校の実情に詳しい教育委員会担当指導主事等との綿密な打ち合わせは欠かせません。また，さまざまな課題を抱える子どもが校内にいても，それがケースとしてなかなか教育委員会にあがってこない場合があります。その場合，ケース会議を開いたときにはかなり事態が深刻化していることも少なくありません。支援を依頼するかどうかの判断は，学校長に委ねられている場合が多いようです。支援の必要な子どもを早期に発見しケースの対応にあたれるよう，SSW活動を理解してもらうための広報活動や支援要請がしやすいシステムづくりについて，SSWrと教育委員会等が協力して工夫することが必要です。

4 人材の養成

SSWrの資格要件については現在のところ，厳密に規定されていません。そのため，教育・福祉・心理など実際に活動している人の専門とする分野はさまざまです。活動する地域や学校の実情によって，配置形態や求められる活動内容もさまざまと言えます。SSW活動の広がりと比例して人材確保の問題は避けられません。地域や学校の実情をふまえ，適正な人材の養成について対策を講じる必要があります。また，配置形態・活動形態にかかわらず十分対応できる知識と技術を身につけ，その技術を向上させていくことがSSWrには求められます。そのためにはSSWrの努力意思は言うまでもなく，それをバックアップする体制，つまりSSWrが継続して学んでいけるような育成の場の確保・研修システムの確立などが必要と言えます。

(磯田智子)

Ⅸ　スクールカウンセラー，スクールソーシャルワーカーと教育相談

9　学校でのスクールカウンセラー（SC）活用の実際

1　学校という"場"

　学校は子どもと教職員で構成されている集団の場です。また学校には，時間割や学期など学校独特の区切りある時間が流れ，たいていの子どもは長くて3年，あるいは6年しか在籍しません。スクールカウンセラー（以下，SC）もひとりの生徒にかかわることができるのは，教職員と同じ期間であり，医療機関や大学の心理相談室で行われるような，カウンセラーと相談者の2者の合意があれば何年でも続くということは，まずあり得ません。つまりSCは，"スクール"のカウンセラーである以上，学校という"場"を常に意識し，「学校とのかかわりを背景に見ながら児童生徒や保護者の相談にのる」，あるいは「生徒・保護者の存在を意識しながら教員とのコンサルテーションに応じる」というように児童生徒・保護者—SC—教員の3者関係を念頭に置いて，目の前の相談者との2者関係を大切にする活動が求められます。

2　児童生徒や保護者とのかかわり——面接，観察等

　SCの活動のなかで一番多く，SCも得意とする活動は，個人面接です。教員が気になる児童生徒の理解を深めるためにSC面接を設定することもあれば，保護者がわが子への対応の迷いについてSC面接を希望する場合もあるでしょう。中高校生の場合，「心理学に興味がある」「カウンセラーになりたい」といった進路のガイダンスとして，自発的にSCのところにやってくる場合もあります。

　SCは面接のなかで，「どうすれば解決できるか」「どのような方法があるか」など，会話を通して一緒に考えたり，情報を与えたりします。しかし時には，ゲームをしたり絵を描いたりという遊戯療法的なかかわり，あるいは"沈黙しつつも一緒にいること"を通じて子どもの心に寄り添い，カウンセリングをする時間と場所がその子ども自身の"居場所"となるような会い方をすることもあります。

　また，個人面接からだけでなく，児童生徒の学力や作品から，あるいは授業や休み時間など集団のなかでの行動の観察やアプローチによって，教育的視点とは違った，心理査定や面接・心理療法の知識と技術をふまえた臨床心理学的視点で子どもへの理解を深めます。

3 教職員とのコンサルテーション的なかかわり

個人面接などで得た子どもへの理解を，何らかの形で担任にフィードバックすることもSCの大切な活動の一つです。

また，学校では，学年会議や不登校対策会議などが定期的に開かれたり，気になる児童生徒についての不定期的なケース会議が開かれたりします。さらに児童生徒の抱える問題が複雑で対応が困難な場合や，どの学校にも起こるわけではありませんが，事件や事故，災害に巻き込まれ緊急対応を要する場合にもたれる会議などもあります。それらの会議にSCも参加してもらい，先述のような臨床心理学的な視点から気づいたことや意見を述べ，今後の対応や問題解決の糸口を一緒に考えるというようなコンサルテーションもSCの果たす重要な務めと言えます。

学校以外の教育機関やクリニック・病院などの医療機関，児童相談所や養護施設などの福祉機関など教育関係以外の領域で働いている経験をもつSCならば，その会議で学校では得にくい情報を伝えることもできます。

4 研修や予防的なかかわり

SCの活用は，児童生徒や学校に何か問題が起こってからだけではありません。SC便りを発行してもらったり，教職員，PTA，地域の児童生徒にかかわる人たち（たとえば民生委員や主任児童委員など）を対象に，問題行動のとらえ方や子どもの心の理解，時には子育てのアドバイスを行ったりする研修を依頼するという活用の方法もあります。

5 SCの専門性と外部性

SCは，臨床心理学的視点をもって活動するという，教員とは違った"専門性"をもち，週に1回だけ来校するという"外部性"をもちます。上記の❷～❹の活用は，"スクール"のカウンセラーとして学校の組織やシステムを理解しつつも，"外部性"によって学校の問題に巻き込まれず，教職員とは全く違った立ち位置で問題を抱える児童生徒を理解する"専門性"がSCにはあるからこそ可能であると言えるでしょう。

教職員が「今，この子どもに何が起こっているのか」「この子どものためにどうすればよいのか，何ができるか」を見立てて行動するときに，SCが一緒であれば，それは教職員自身の支えになり，その子どもへの直接的なサポート，あるいは，"保護者へのサポート"を通じての間接的なサポートがより広く確かなものになると言えるでしょう。

（良原惠子）

参考文献

東山紘久（2002）．心理療法と臨床心理行為　創元社

東山紘久（2002）．スクールカウンセリング　創元社

村山正治・滝口俊子（編）（2007）．事例に学ぶスクールカウンセリングの実際　創元社

IX　スクールカウンセラー，スクールソーシャルワーカーと教育相談

10　不登校とスクールソーシャルワーク
──小学校現場から

1　学級での人間関係が起因して不登校に陥った6年女子の事例

　小学校6年の2学期のある日を境にA子が学校に行かなくなりました。はじめはお腹が痛いと言うので母親は様子を見ようと休ませましたが，2日たっても3日たっても状態は良くなりません。しかし，登校時間を過ぎ昼前になるとケロッと元気になり，ご飯もしっかり食べます。4日目，とうとう「途中でしんどくなったら早退すればいいから」と強引に押し出したところ，A子は学校には行かず公園で時間をつぶし，しばらくしてあたかも学校に行ったかのように装って帰宅しました。そのことを母親は数日たって，公園で見かけたという近所の保護者より聞いて知りました。3日前に風邪と連絡していたせいか，担任から登校していないという連絡はありませんでした。母親がA子を追求すると，「どうして学校に行かないといけないの?!」と泣いて訴えます。学校で何かあったのかと聞いても，何も答えません。翌日，とりあえず学校には腸炎とだけ連絡しました。学校で何があったのか，子どもが何を考えているのかわかりませんでしたが，担任に相談する気にはなりませんでした。何より，A子自身が「担任には絶対に言わんといて」と言い張ったのでした。

　「運動会のリレー選手に勝手に選ばれていた」「担任に言っても無駄」とA子が少しずつ学校のことを口にするようになったのは，それからしばらくしてのことでした。

2　学校と家庭をつなぐ

○問題の発見から介入に至るまで

　A子が学校を休むようになり1週間が過ぎた頃，養護教諭から「風邪と聞いていますが欠席が長すぎます。何かあるのではないでしょうか」とスクールソーシャルワーカー（以下，SSWr）に相談がありました。SSWrより改めて担任にたずねたところ，担任も同様に感じていたことがわかり，ひとまず担任が家庭に連絡することになりました。その後，訪問してもA子と会えない，母親も困っているようだと担任から聞きSSWrが教育相談を提案したところ，担任からの紹介で母親が相談に来られたのでした。

○母親への相談活動

　母親への相談活動は，子育てに自信をなくした母親の精神的な支援とA子

のニーズを明らかにすることを目的に行われました。

当初，母親は登校刺激ができず状況が変わらないことへの無力さと，A子のわがままを容認しているという罪悪感さえ感じていました。A子が登校できないのは"わがままだから"ではなく，"登校できない状況にあるから"ととらえることにより，母親の気持ちは幾分か楽になったようでした。A子は一体何に困っているのだろう。母親と一緒に，A子の困り事探しが続きました。

はじめは母親の目にはA子のできていないところや，短所ばかりが映っていましたが，できているところや長所が見つかるようになりました。そして，できていることを糸口に，サービスの調整へと支援が展開されていったのでした。

◯校内ケース会議

母親から相談を受けた後，母親の了解を得てSSWrから管理職に，A子が登校を拒否していることと，「絶対に担任に言わんといて」の言葉からおそらく学級内で何かあったと思われることを伝えました。

初回ケース会議では，A子の学級の男子数名が最近落ち着かず，担任が対応に苦慮していること，目立つことを嫌うA子には特に親しい友人がいないこと，A子が欠席理由に体調不良を訴えていることが明らかになりました。そして，①SSWrは母親への相談活動を続ける，②担任は定期的に連絡事項を家庭に伝えパイプが切れないようにする，学級環境が落ち着くように引き続き対応する，③学年教師は学級対応のフォローをする，④養護教諭は家庭訪問し，体調不良を訴えているA子のニーズを明らかにするという支援計画が立てられました。

その後も経過を追ってケース会議は実施されました。後にA子が語る運動会にまつわる事態については，担任が対応に取り組んだものの，学級環境の改善にはいたりませんでした。家庭訪問と母親からの情報により，A子が家庭学習に取り組んでいることや学習の遅れを心配していることが明らかになり，学生支援員を派遣することになりました。プリントの準備や丸つけなど，担任のかかわりも少しずつ増えていきました。3学期にはテストのために別室を用意するなど校内環境が整えられ，別室でテストが受けられるようになりました。

◯課　題

本事例においては，学校配置型スクールソーシャルワーク活動として，当事者の代弁・サービスの調整・相談・チームによる支援が行われています。SSWrは学校と家庭のつなぎ役を果たしていたと言えます。しかしながら，学級環境の改善については十分な取り組みができていません。A子のように学級環境，とりわけ人間関係が起因して不登校に陥っている場合，学級環境を変化させる必要があります。学級環境の変化には学校長を中心とした学校全体の取り組みが不可欠で，その取り組みを支援する必要性と難しさを指摘することができます。

(磯田智子)

X 専門機関との支援ネットワークと教育相談

1 校外の専門機関とのネットワーク

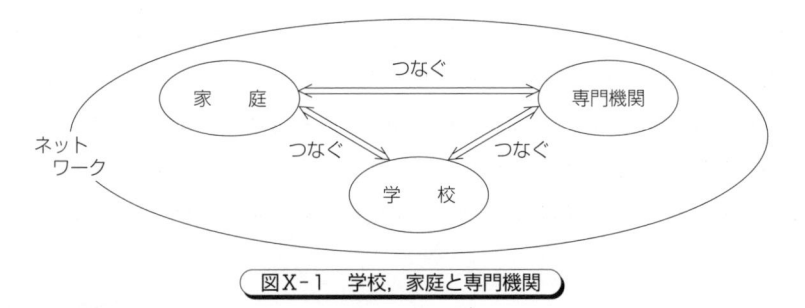

1 専門機関との連携の必要性

　学校現場で出会う問題は非常に幅広いものです。学校教育が全力をあげても十分に対応できないケースも少なくありません。教育という専門性だけでなく，心理，医療，福祉という多方面にわたって，さまざまな専門機関がその専門的な知見を寄せ集め対応すべきケースも増えているのです。X「専門機関との支援ネットワークと教育相談」では，医療機関，教育関係機関，福祉関係機関，そのほかの機関（矯正，NPO等）との連携のあり方について紹介します（図X-1）。その上で専門機関との連携に際して留意すべきテーマについて取り上げたいと思います。

2 専門機関につなぐまで，つながってから

○アセスメント

　外部の専門機関を活用する場合，まず必要なのは，子どもたちが何に困っているか，どういうかかわりが必要とされているかを正確にアセスメントする力（個にかかわり見立てる力＝「点へのかかわり」）です。この場合，子ども本人の状況だけでなく，学校としての指導方針，受け入れ態勢の有無など，学校状況についても正しくアセスメントする必要があるでしょう。そうした丁寧なアセスメントの結果，どの機関につなげるのが必要か見えてきます。不登校一つとってもさまざまな連携のパターンがあります。たとえば，いじめによる不登校などは，子ども本人は学校に出席できない場合もあります。そんなときは，教育センターなどの相談室を紹介するのもいいでしょう。不登校だけでなく深刻な非行問題を伴うような場合は警察の少年課が相談窓口になってくれます。また，不登校の原因として保護者による虐待が疑われるケースについては，児

図X-1　学校，家庭と専門機関

```
見立て       ⇒  つなぎ       ⇒  ネットワーク化
(点へのかかわり)  (線へのかかわり)    (面でのかかわり)
```

図X-2　専門機関との連携における三位相

童相談所に通告することが義務づけられています。場合によっては，地域の民生委員やソーシャルワーカーの支援を求め，家庭訪問を行ったほうがいいケースもあります。他方，発達障害の二次障害として不登校が起こっている場合は，専門の医療につなげ，正しい診断を受けることで，本人に合ったかかわり方が見出され，症状が落ち着いてくる場合もあります。

このように，普段から，学区域にある専門機関に関する情報をプールしておくとともに，学校と専門相談機関との連絡システム（誰が窓口になり，どういう経路で情報をやりとりするか等）を構築し，担当者同士が，足を使い「顔と顔」を合わせての連携がとれることが望ましいと言えます。

○専門機関につなぐ

本人に必要な専門機関が見つかった場合，そこにつなげる役割（関係性構築＝「線へのかかわり」）が必要となります。いずれの機関であっても，本人の了解だけでなく，保護者の理解と協力が必要となります。そのために不可欠とされるのが，インフォームド・コンセントと言われる丁寧な説明です。「当該専門機関がこの子どもに必要である理由」，ならびに「その機関がどんな対応をしてくれる場所なのか」「そこにつながることでどんな効果が期待されるか」についての丁寧な説明です。また「専門機関につながること」イコール「学校との関係が切れること」ではないということを，しっかり伝えることも重要なポイントとなります。これらの十分な説明なしに外の機関を紹介すると，子ども本人や保護者に「学校に見捨てられた」「学校ではどうにもならないほどひどい状態なのか」という不安を与えることにもなるので，十分な配慮が必要です。

○校内でのチーム，そして校外とのネットワーク

そしてつながってから必要になるのが，専門機関でどういう方針（見立て）のもと，どのような対応が行われているのかについて情報を収集したり，学校の状況や行事のお知らせを伝えたりという，学校と専門機関との橋渡しの役割です。この連携が密に行われることで，学校からも時機を逸せずに対応ができます。そして，このネットワーク（点へのかかわり・線へのかかわり・面でのかかわり：図X-2）には，家庭（保護者）との連携も含まれることが必要でしょう。

このように，学校と家庭，そして外部の専門機関とが「連携トライアングル」（図X-1）を形成し，互いに生きた情報共有を心がけると同時に，互いの主体性を尊重した柔軟でオープンな関係の構築が求められます。

（伊藤美奈子）

▷　橋渡しの役割は，教育相談係や生徒指導主任，コーディネーターやスクールカウンセラーなど，学校の事情によりさまざまな担い手が考えられる。

X 専門機関との支援ネットワークと教育相談

2 医療機関との連携

1 医療機関とは何か

　医療機関との連携で，最も中心になるのは「病気」になった子どもたちを医療へ紹介することになります。医療機関との連携先は，精神病院，精神科クリニック，心療内科，小児科，保健所，精神保健福祉センターがあり，医療行為とは，健康や生命に関連した検査，診断，治療，投薬を含めた一連の医学的行為を言います。医療行為を行うことができるのは，医師，看護師，薬剤師などの専門家である医療従事者で，医療従事者は多くの場合に国家資格である免許を有しており，医療法・医師法をはじめとしてさまざまな法律で規定されています。医療施設は，医療法によって，設備やスタッフ，医療行為を行う範囲が細かく決められており，大きく分けて病院（20人以上入院できる医療施設）と診療所（外来での通院が主になる）の2つに分けられます。

2 医療機関との連携の実際

○精神科クリニックとの連携

　中学2年生の女子生徒は，ある日，急に登校をしぶりだしました。養護教諭に，「体臭が気になり授業を受けることができない。最近では，みんなが自分を見ているようで教室に入ることもできない」と言っていました。
　養護教諭と担任はスクールカウンセラー（以下，SC）に相談しながら支援方針を考えました。担任が家庭訪問し，本人の状態を把握して登校を促しましたが，本人は体臭を気にしすぎる様子で動こうとしませんでした。SCは「病的」な様子を感じ，校長に報告し，保護者へ精神科クリニックを紹介しました。
　医師の診断では女子生徒は「**対人恐怖症**」の疑いがあるとのことでした。対人恐怖症は神経症の一つであり，特定の対象や状況に対して強い恐怖を示します。医師は薬物療法と精神療法的なアプローチをし，本人は通学しながら通院していきました。女子生徒は，教室に入ることはどうしてもできないということで，市の教育支援センター（**適応指導教室**）に通級しながら，カウンセリングと教育指導を受けるようになっていきました。

○病院の精神科との連携

　中学3年生の男子生徒は，ちょっとしたことでカッと衝動的になり，感情の不安定さが目立ちました。時には，突然泣き出したり興奮したりといったヒス

▷1　対人恐怖症
対人場面で，強い不安と精神的緊張を生じ，そのために，人に不快感を与えたり，嫌がられたりするのではないかと思い，対人関係を回避する症状である。

▷2　適応指導教室
不登校児童生徒の支援機関として全国で約1,500か所設置されている。不登校児童生徒が通級して，学習活動や社会性の養成をしている。課題として，指導員や専門家の不足，支援プログラムの未確立がある。最近では，教育支援センターという名称も多く用いられている。

テリー症状を示し，興奮すると抑制ができず物を壊し，暴力を振るったりという行為もありました。SCの紹介で市内の総合病院の精神科を尋ねたら，医師は，男子生徒は**青年期(思春期)境界例**が疑われるとのことでした。

学校は，教育機関として発達援助の立場からの役割分担を期待されましたが，本症の特徴である周囲の人を巻き込み，困らせるという迷惑行為があり，医療機関との連携を密にして，役割分担をしながら指導していきました。医療機関では，薬物療法と精神療法を中心に行い，薬を服用するようになってから暴力行為はだいぶおさまってきましたが，不安定さと級友とのトラブルはあいかわらずでした。学校ではSCが週に1回カウンセリングをしますが，不在のときは養護教諭や担任や管理職が対応することになりました。

医療機関，学校，家庭の役割分担がそれぞれ期待されましたが，実際には調整する人がおらず，それぞれ巻き込まれて困ってしまうことがたびたびでした。

○ 精神病院との連携

高校1年生の男子生徒は授業中唐突に起立し，授業に関係ない発言をする奇妙な言動が目立ってきました。授業終了後，理由を尋ねたら「授業中，後ろで悪口を言う声がしたので，それを打ち消すために立ってしまった」と言っていました。最近では，授業を抜け出したり，場にそぐわないことを突然発言したり，話の内容にまとまりがなく，行動も突然で興奮したりすることもあるとのことでした。教育相談担当者から県立教育相談センターに電話相談をしたところ，教育相談センターの心理士から精神科の医療機関の受診を勧められました。保護者はなかなか本人の状態を理解しようとせず，精神科の医療機関に行きにくいとのことでしたが，教育相談センターの心理士と面会することができ，ようやく病院に行くことができました。

医師の診断によれば，統合失調症の疑いがあるとのことでした。典型的な統合失調症は20歳前後の発症が多いのですが，最近では小学校高学年から中学校にかけて発症することも多く，**小児統合失調症**が増える傾向にあり，低年齢化が指摘されているとのことでした。本事例の場合，比較的早期であったことと薬物の効果が早期に現れたことで，3か月ほどの入院で退院し，その後も通院しながら，不安定になったら保健室で休むなどの対応で，学校生活を送ることができました。

3 医療機関との連携のポイント

医療機関に紹介する場合は，日常のつながりが必要です。学校の近くの精神科やクリニックには，直接出向いて面会をお願いし，担当医などの人柄を知り，医療機関の特徴を理解しておくことが重要です。

また，一部の市で取り組んでいるように，できれば精神科医を学校医に指定するような，日常の連携が必要です。

（相馬誠一）

▷3 **青年期(思春期)境界例**
境界例という用語は，精神医学では神経症と精神病の境界に位置する臨床症状を示す診断名としてつけられていた。最近では，人格全体の障害として，診断学的に位置づけられる傾向にあり，境界例特有の人格構造が解明されている。

▷4 **小児統合失調症**
特徴的症状として，妄想，幻覚，まとまりのない会話，緊張性行動，感情の平板化，思考の貧困，意欲の欠如などの症状があり，それらが2つ以上1か月間の期間，ほとんどいつも続いている状態が主な診断基準とされている。

X 専門機関との支援ネットワークと教育相談

3 教育関係機関との連携

1 抱え込まずに協働を目指す

　昨今の教育現場での課題である「小1プロブレム」「中1ギャップ」など，校種間の接続問題をあげるまでもなく，教育関係機関の連携はますます重要度を増しています。

　しかし，連携の重要性はこれまでも言われ続けながら，必ずしもうまくいっているとは言えません。学校園はこうした状況に対応するためにも，他の教育機関や専門機関と協働して，組織として有効に機能し，その目的の達成を目指さねばなりません。また，教師はその個性と力量を発揮し，各々の役割を認め合いながら協力して教育活動を行うことが求められます。

　効果的な連携関係を築くための要点の一つに，相互の機関やかかわりをもつ人々が，当該のケースや子ども・保護者を抱え込んでしまわないことがあります。今や，学校教育活動で一人の教師の力や一つの学校の機能のみで課題解決を完遂することは不可能に近いと言っても過言ではありません。時に担任教師の強い責任感から起きる抱え込みが，必要で適切な支援方法やそれを繰り出すタイミングを失してしまうことさえあります。

　また，教育関係機関同士が連携するのは，何よりも子どもたちへの支援のためですが，副次的にはその事象にかかわる人々や機関のためにもなります。保護者は言うに及ばず，教師をはじめとする当該事象にかかわる担当者や学校をはじめとする組織の特性やもち味を十分に発揮することができたり，新たな対処方法を習得する効果もあるのです。抱え込まないで，共に担い合う関係，相互に支え合う協働の関係を目指すことです。

2 連携活動とコンサルテーション

　教育関係機関には，教育という共通の目的のもとに専門性があるわけですが，その役割や機能には違いがあります。[1]

　石隈（1999）は学校コンサルテーションを「異なった専門性や役割をもつ者同士が子どもの問題状況について検討し今後の援助のあり方について話し合うプロセス（作戦会議）」と定義しています。[2] これによると，教育関係機関はコンサルテーション関係にあり，異なった役割を担い合って，子どもの課題や問題状況の解決に向けて，情報を提供し検討し合う相互コンサルテーションとして

[1] 一般的に教育機関とは，学校をはじめ図書館，博物館，公民館などを指すが，ここでは教育委員会（事務局），教育センター（教育研究所），教育相談室，教育支援センター（適応指導教室）などと保育所・幼稚園，小・中・高等学校，特別支援学校，大学といった学校間における連携を想定して考察する。

[2] 石隈利紀（1999）．学校心理学――教師・スクールカウンセラー・保護者のチームによる心理教育的援助サービス　誠信書房

の対等な「ヨコ」の関係です。

　コンサルテーションでは，相談する側をコンサルティ，相談を受ける側をコンサルタントと呼びますが，両者は理論上，対等な立場で互いの専門性，役割の違いを生かし合いながら，教育を受ける主体者である子ども・保護者のために役立つ情報を提供し合い，よりよい対応策を検討します。そして，コンサルティが最終的に決定した対応策について責任をもって取り組みます。

❸ 諸機関との「タテ」・「ヨコ」の連携関係

　厳密にいうと教育委員会は行政上，諸学校に対して管理・指導的立場にあるので，事象と状況に応じてスーパービジョン関係が生じます。この意味では学校と教育委員会は，コンサルテーション関係にみられるような「ヨコ」の関係ではなく，「タテ」関係にあります。この場合，学校現場からの「報告・連絡・相談（ホウ・レン・ソウ）」に対して「指導・助言・援助」を行い，責任も共有する立場にあります。

　しかし，地方教育行政法の改正後，教育委員会や指導主事の役割は，指導よりサポート態勢やアドバイス機能が強調される面もあるので，前述のような「タテ」関係であっても，その役割の違いからコンサルテーションによる「ヨコ」の関係で学校や子ども，家庭を支援する活動が重視されてきています。教育センター（研究所）や教育相談室，教育支援センター（適応指導教室）などでは，より「ヨコ」の関係が強いので，子どもや保護者の直接の相談や教師や学校とのコンサルテーションを円滑に行うようにします。例として，教育支援センター（適応指導教室）の利用と学校における別室登校とが個別ケースの状況に応じてスムーズに接続できるよう，日頃からの関係を築いておくことなどがあげられます。幼稚園から大学までの諸学校でも，一人ひとりの子どもの教育を異なった学齢で担い合う役割をもつので「ヨコ」の連携が重要です。

　こうしたコンサルテーションによる「ヨコ」の関係は，よりよい支援を創出するためにコンサルティの適確な判断や行動を生むよう，互いに協働して取り組むことが肝要です。

　そして，いずれの場合も守秘義務を双方が遵守することを大切にしながら，こうして情報連携の機会が形式的・抽象的に流れず，実質的・具体的なものとなり，行動連携の素地となることを心がけます。そのためにすべての教育関係機関は，子ども・家庭・地域の声を真摯に受け止めながら，それぞれの立場から教育を受ける主体者を指導・支援します。さらに，学校は身近な地域の教育機関として，外に向かって教育関係機関とつながりながら，地域コミュニティへも教育にかかわるさまざまな情報発信を積極的に担っていき，校内では学級や教職員集団をつなぎ，子ども・家庭へとつながりを形づくっていきながら，地域教育に関するセンター機能的役割を果たすことが望まれます。

〔中村　健〕

X 専門機関との支援ネットワークと教育相談

4 福祉関係機関との連携

1 児童相談所との連携

　教育相談と福祉機関との連携では，児童相談所，家庭児童相談室，児童福祉施設，児童委員との連携があげられます。家族や地域の子育て機能が低下するなかで，子どもの心身に深い傷を残す児童虐待が急増しています。厚生労働省（2020）によると，2019年度の児童相談所への児童虐待に関する相談件数は19万3,780件と過去最高でした。前年度比20％以上増えており，2008年度（4万2,664件）と比較すると4.5倍以上の増加です。[1]

　学校現場で虐待を発見した場合は，児童相談所等に通告することが義務づけられています。児童虐待は早期発見・早期対応が最も重要であり，虐待の中心的役割をするのは児童相談所です。虐待防止は，身近なところでの相談体制や子育て支援体制の確保が重要になります。医療，教育，保健，警察，児童委員等の地域ネットワークを充実させ，虐待の発生予防，早期発見，早期対応体制を整備することが必要です。

　次に，教育相談では困難なケースで，児童相談所と連携することを想定して，児童相談所の役割と機能をまとめてみます。

2 児童相談所の役割と機能

　児童相談所は，児童福祉法によって，児童（18歳未満）についての諸問題について相談を受け，問題の本質，周囲の状況などを的確に把握し最も適切な処遇方針を立て，児童の福祉の向上を図っている行政機関です。区市町村ごとに，担当児童相談所が決められています。担当児童相談所の行事に積極的に参加したり，学校行事に児童相談所職員を招待するような日常の連携が，いざというときの連携に必要です。以下に児童相談所で扱う相談種別と内容をみてみます。[2]

［児童相談所で扱う相談］
・障害相談：心身に障害がある児童に関する相談。
・育成相談：しつけ，性格行動，不登校，その他児童の育成に関する相談。
・養護相談：保護者の病気・家出等による養育困難，棄児，被虐待児，養育放棄等，環境上問題のある児童に関する相談。
・非行相談：窃盗，傷害，放火等の触法行為，浮浪，乱暴等の問題行動がある児童に関する相談。

▷1　2019年度の相談内容別件数では，身体的虐待が25.4％（4万9,240件），ネグレクトが17.2％（3万3,345件），性的虐待が1.1％（2,077件），心理的虐待が56.3％（2万727件）であった。虐待による死亡事件は年間50件を超え，1週間に1人の子どもが命を落としている。
　また主たる虐待者は，実父や実母である。これらの数字で注意すべきことは，数字は児童虐待に関する相談件数であり，そのまま児童虐待の件数を表している数字ではない。実数は相談件数の10倍，20倍と認識すべきであろう。

▷2　山縣文治・岡田忠克（編）（2010）．よくわかる社会福祉（第8版）ミネルヴァ書房，67．

~あなたの1本の電話で救われる子どもがいます~

「児童虐待かも…」と思ったら、すぐにお電話ください。

通話料無料 児童相談所 虐待対応ダイヤル **189（いちはやく）**

- お住まいの地域の児童相談所につながります。
- 通告・相談は匿名で行うことも可能です。
- 通告・相談をした人やその内容に関する秘密は守られます。
※一部のIP電話からはつながりません。

厚生労働省

図X-3　児童虐待かもと思ったら189（いちはやく）

出所：厚生労働省HP　https://www.mhlw.go.jp/stf/seisakunitsuite/bunya/kodomo/kodomo_kosodate/dv/index.html

・その他の相談：子どもの一般的な健康管理に関する相談や児童福祉施設等からの措置変更，延長の相談。以上の区分のいずれにも該当しない相談等。

以上のように児童相談所では，非常に多岐にわたる相談内容を扱っています。児童相談所は，子どもたちの「命を守る最後の砦」としての役割が近年ますます要求されています。どうしても，緊急度の度合いを考えての対応で，毎日追われている状況があります。重点的に専門家の配置と人員の補充が望まれます。

③ 市区町村子ども家庭総合支援拠点

家庭児童相談室及び子育て世代包括支援センターは平成28年改正児童福祉法において，市町村が児童等に関する支援を一体的に担うための機能を有する拠点の整備に努めることとされ，児童福祉に関する業務のうち，専門的技術を必要とする相談業務を行うこととされています。相談業務は家庭相談員が家庭訪問による面接相談および来所による面接また電話相談を行い，全国の市区町村に設置されています。

これらは，子どもの虐待の早期発見や地域に密着した相談支援体制を強化するために市区町村で設置運営されています。

④ 福祉関係機関との連携のポイント

X-5「その他の機関との連携」にまとめてあるように，子どものための関係機関は多種多様にあります。親がいない子ども，ひとり親家庭の子どものための機関，被虐待児のための機関，障害をもつ子のための機関，児童の健全育成のための機関などです。まずは，地域にどのような機関があるかを知ることから始めましょう。その上で，その機関がどのような役割を果たしているか訪問し，見学することを勧めます。連携は日常の「行き来」から始まります。

（相馬誠一）

X 専門機関との支援ネットワークと教育相談

5 その他の機関との連携

1 子ども家庭福祉の考え方

　児童の権利に関する条約や国際家族年の理念の影響を受けて「子ども家庭福祉」という考え方が広まってきています。これは保護的福祉観を大きく転換させ、利用者や住民の主体的意思を尊重する福祉観です。

　山縣文治によれば、子ども家庭福祉の中心的概念はウエルビーイング（Well being）と自立で、ウエルビーイングとは「個人の権利や自己実現が保障され、身体的・精神的・社会的に良好な状態にあること」を意味しています。保健・医療・福祉の分野で、よく言われている「**ADL（Activities of Daily Living）** から **QOL（Quality of Life）** へ」の考え方のもとになったものです。

2 児童福祉施設、児童委員との連携

　児童福祉法では14種の**児童福祉施設**が規定されており、政令・省令によってさらに細分化され全部で20種あります。教育相談で主に対応する児童福祉施設として、**児童養護施設**、**乳児院**、**情緒障害児短期治療施設**、**母子生活支援施設**、**児童自立支援施設**等があります。

　児童福祉施設との連携の一例として、「児童自立支援施設」について具体的な事例から考えてみましょう。中学2年生のA子は、母親が夜外出し、それに合わせるかのように帰宅が朝になることもたびたびでした。A子自身も深夜徘徊でたびたび補導されていました。危険を感じた学校側は校長の指示のもと、生徒指導主任が保護者と一緒に児童相談所を尋ね、保護者の要請から児童自立支援施設に一時保護されました。そのことにより、A子の生活は落ち着き、安定していきました。

　児童福祉施設と連携するためにも、その施設が、どのような子どもを対象者としているか、機能は何かを理解する必要があります。十分に理解された上で、はじめて連携がなされます。また、地域内や対象地区の児童福祉施設とは日常的に連携することにより、いざというときの危機対応でも連携することができます。

　さらに、2001年の児童福祉法の改正では、希薄になっている地域の子育て支援機能を補うことを目的として、児童委員の業務に、児童福祉施設や子どもの育成活動を担う者との連携も追加されました。また1994年より制度化された主

▷1　山縣文治・岡田忠克（編）（2010）．よくわかる社会福祉（第8版）ミネルヴァ書房　122.

▷2　ADL（Activities of Daily Living）
日常生活動作と訳され、食事、排泄、着替え、入浴、就寝などの生活関連動作を言う。

▷3　QOL（Quality of Life）
生活の質と訳され、生活、生命、人生が心身ともに充実した状態を指す。

▷4　児童福祉施設
助産施設、乳児院、母子生活支援施設、保育所、児童養護施設、知的障害児施設、自閉症児施設、知的障害児通園施設、盲児施設、ろうあ児施設、難聴幼児通園施設、肢体不自由児施設、肢体不自由児通園施設、肢体不自由児療護施設、重症心身障害児施設、情緒障害児短期治療施設、児童自立支援施設、児童館、児童遊園、児童家庭支援センター。

▷5　児童養護施設
対象：保護者のない児童、身体の虚弱な児童、虐待されている児童など。
機能：単に養護するだけでなく、退所後の支援などを行い、児童の自立を支援。児童の健康増進を図る。

任児童委員について法律上，明確に位置づけられたことにより，子どもの虐待の発見や各施設への仲介，地域における子育て支援機能の充実が期待されています。今後，さらに学校と地域の連携の担い手としての主任児童委員の活躍が期待されます。

③ 司法・矯正関係との連携

司法・矯正関係で，まずあげられるのは少年補導センターです（2009年4月現在で589か所）。都道府県，市町村で設置され，街頭補導，環境浄化活動や青少年に関する相談を電話や面接で少年相談担当者が応じています。

主に都道府県が担っている非行防止活動は，都道府県警察本部（少年サポートセンター）および警察署，警視庁少年課があります（2009年4月で1,399か所。重複有）。少年サポートセンターの業務には，非行少年・不良行為少年の発見・補導，要保護少年の発見・保護・通告等があげられます。相談業務の内容は，非行防止，犯罪等の被害からの保護，その他少年の健全育成に関する相談で，少年補導職員や少年担当警察官が面接や電話で対応しています。

その他の司法・矯正関係では，少年鑑別所，保護観察所，法務局および法務省の人権擁護局等があります。まずはたずねてみるところから始めてください。

④ NPOとの連携

たとえば，文部科学省では，「不登校への対応におけるNPO等の活用に関する実践研究事業の募集」を行っていました。この事業の趣旨は，不登校児童生徒一人ひとりの状況に応じた対応の必要性と不登校児童生徒等に多様な支援を行うため事業援助を実施するものです。

実施する主体は，不登校児童生徒および保護者への指導・支援を行っているNPO，民間施設，公的施設であり，不登校児童生徒の実態に応じた効果的な学習カリキュラム，活動プログラム等の開発を委託します。

また，1992年からは，不登校児童生徒が学校外の公的機関や民間施設において相談・指導を受けている場合に，校長の判断で指導要録上の出席扱いとすることができるようになっています。

NPOの団体はすべて信用できるといった思い込みは誤りです。文部科学省の「民間施設についてのガイドライン（試案）」（2003）では，専門家の配置，継続的な活動実績，行政等との連携などポイントを明確にしています。このガイドラインを参考にするなどして，NPOや民間施設等との日頃の情報交換に努め，そのNPOや民間施設等の特徴や期待できる役割を見極め，地域のなかで活動しているNPO等の団体の様子をよく理解し連携を図ることが大切です。

（相馬誠一）

▷6　乳児院
対象：乳児のほか，保健上の理由により必要な場合，おおむね2歳未満の幼児に拡大。
機能：乳児を養育する。

▷7　情緒障害児短期治療施設
対象：軽度の情緒障害を有する児童（年齢要件を撤廃）。
機能：児童の情緒障害を治療する。

▷8　母子生活支援施設
対象：母子。
機能：単に保護するだけでなく，その自立の促進のために生活を支援。

▷9　児童自立支援施設
対象者：従来の対象者のほか，家庭環境その他の環境上の理由により生活指導等を要する児童に拡大。
機能：単に保護するだけでなく，退所後の支援などを行い，児童の自立を支援。学校教育を実施する。

X 専門機関との支援ネットワークと教育相談

6 専門機関の活用にあたって

1 不登校を例に

　身近な例で連携について考えてみます。中学１年生の男子 A 君が，登校をしぶりだし学校を休みだしました。教師は，「なぜ学校に来るのが嫌になったのか」と原因を考えてみたり，家庭訪問して本人の様子を探ってみたりとあれこれ手あたり次第に行動してみます。「休み癖がつくといけないから」と言って親に無理にでも連れてきてほしいと助言したり，「無理やり登校させてもっと状態が悪くなるといけないから，しばらくそっとしておきましょう」と助言する場合もあるでしょう。親は，A 君に「学校でいじめられたからか」「先生に怒られたからか」と，原因がどこにあるのか必死で探ろうとします。場合によっては，学校や教師に抗議に行ったりすることもあります。

　結果的には，「親が悪いから」「教師が悪いから」と責任の押し付け合いが始まり，子どもに対する必要なケアさえもできない状態になってしまう例も多くあります。連携どころではなく，親も教師もバラバラになり，互いの役割も整理されずに，互いに「ののしり合い」や疑心暗鬼にさえなってしまうのです。

　連携をする場合に，親は何をするのか，学級担任は何をするのか，援助者を明確にし，内容を明確にすることが必要です。そうした，**コラボレーション**[1]を具体的に調整する調整役も必要です。こうした調整役には，スクールカウンセラー（以下，SC）が最適です。文部科学省によると SC は，全国の中学校を中心に，小学校・高等学校に配置されています。SC は，教員とは違って成績等の評価に関係なく，教員とは異なる視点で第三者的役割を果たせ，臨床心理学やカウンセリング理論を身につけている SC の調整機能が期待されています。保護者や教師が一人で抱え込むことなく，多くの地域ネットワークを大事にしながらの援助を考えていくことが必要です。

2 地域のサポートシステム

　学校で生じるさまざまな問題に対して，これまで行政機関・医療機関・臨床心理機関・教育機関が互いに対立し，反発し排除し合うことが多くありました。

　たとえば，神経症的な不登校の子どもに対し医師やカウンセラー等が「教師の無理解や交友関係の調整のまずさを指摘」し学校の悪口を言い，教師は「専門家に任せたのだから」また「現場を知らないのに」と言って一切の連携を拒

▷1　コラボレーション
コラボレーションとは，協働して活動を展開することを言う。不登校の子どもを例にすれば，スクールカウンセラーが不登校の子どもの保護者に面接を実施し，養護教諭が子どもに対して個別カウンセリングを実施し，学級担任が遅れている学習の援助をするなど，学校組織をあげての役割分担の運営と考えられる。また，学校内外の専門家からの援助資源の組織化も有効である。

否するようなことです。また，精神障害の人に対して，「管轄が違います」とか「ここは子どもの相談だけです」などと相談を受け付けず「たらい回し」にするようなこともありました。互いに連絡をとることもせず，困って悩んでいる人が「すきま」に入ってしまい，ただオロオロすることが多くみられました。

地域的な援助を実践する大前提として，各地方自治体，医師やカウンセラー，教師，また取り巻く多くの人々の支援が「互いに補い」「互いに強化」できる関係になっている必要があります。埼玉県さいたま市では，公益社団法人である「やどかりの里」[2]が精神障害者の生活支援の地域活動を1970年から実践しています。作業所，生活に対する相談，情報提供，食事の提供，ボランティアの養成，各種講習会などの地域ネットワークの核となる活動を行っています。

③ コンサルテーション活動

スクールカウンセラーが小学校，中学校，高等学校に導入されることにより，コンサルテーション[3]活動もできやすくなります。実際に学校現場でも多く行われるようになっています。その関係は，上下関係がなく，同じ領域・職域・組織に属していないので利害関係がないことです。また，どのような機関と連携するか調整役も必要になってきます。今後，地域サポートシステムをつくり上げ，コンサルテーション機能や調整機能の充実をさらに進めなければ，深刻化する「こころのケア」「非行」「いじめ」「不登校」の解決の糸口は見出せないと考えられます。大事なことは，より効果的な援助関係の構築であり，行政機関，福祉機関，医療機関，心理機関，教育機関等との互いに尊敬し合った連携です。多くの地域社会の現場で，さまざまなスタッフが活躍をしています。地域の現場にどのような援助機関があるのかをしっかりと把握しておかなければなりません。各自治体においても置かれている機関はさまざまです。無いものねだりをして愚痴を言うだけでは始まりません。今ある機関を最大限に活かす個人的・公的なネットワークも必要です。その上で，コンサルテーション機能や調整機能ができるようになると考えます。

④ 連携のポイント

最後に連携をする際のポイントについて以下にまとめます。
- 足を運んで相手と会う：連携先を見つけたら日常の関係が必要です。お互いの行事に招待したりする日常の連携がいざといったときに役に立ちます。
- 汗をかく：「私どもはこういうことができます。ただし，こういうことはできません」が基本です。相手先にすべて預けることは連携ではありません。
- あきらめない：最後の最後まであきらめないことです。一人の子どものためにできることを最大限することです。あきらめなければ道は開けます。

(相馬誠一)

▷2　「やどかりの里」
1970年から実践しており，大宮地区，浦和地区を中心に生活支援，相談支援，労働支援，セルフヘルプネットワーク，クラブ活動を開始し，作業所，生活に対する相談などの地域ネットワークの核とした活動を行っている。最近では，千葉県市川市等の家族，医師，心理士，教師，行政や地域の多くの人々が支える地域社会の支援組織も生まれてきている。

▷3　コンサルテーション
コンサルテーションとは，専門家（一方をコンサルタント，他方をコンサルティと呼ぶ）の相互作用の一つの過程と言われている。たとえば，心理臨床，精神衛生の専門家（コンサルタント）が，他の教育領域の専門家の教師（コンサルティ）が担当する児童生徒の精神的な問題に対して，より効果的に支援を遂行できるように援助することを言う。

X 専門機関との支援ネットワークと教育相談

7 インフォームド・コンセント
——つなぐことの留意点

1 インフォームド・コンセントと自己決定

　インフォームド・コンセントとは，医療現場において日常的に使われるようになっており「説明と同意」と訳されます。医師が病気や治療方法について説明し，患者の同意を受けて医療を行うという意味で用いられます。しかし，このことは患者が説明を受け，単に同意するということではなく，患者が人間として尊重されながら医療サービスを受ける者として最大限の効果が得られることを期待し，医師からの積極的な情報の提供を受けつつ，患者自身が治療に積極的に参加することを促すために行われるものです。つまり，患者個人の尊厳や「知る権利」を護り，幸福を追求する権利の行使を自己決定することを意味するのです。

　このことから，教育活動における連携，特に専門機関につなぐ際に行われるインフォームド・コンセントも，教育を受ける主体者である子どもや保護者の「知る権利」を保障しながら，自身がいかなる教育指導や援助を受けるかを自己決定するために行われなくてはなりません。

　したがって専門機関との連携において，子どもの成長や発達を促す教育的な指導・支援を決定する過程で，子どもや保護者の意思を汲み上げ尊重する態度が大切です。教師が「説明」を行う場合は，パターナリズムに陥った単なる情報提供や指導・支援方策の決定通告として行ってはなりません。教育者としての専門性を生かし，情報やアドバイスの内容を相手の理解する能力に合わせて説明し，教育を受ける主体者としての理解と判断を促し，自発的な意思にもとづく「同意」が行われるようにすることが重要です。

2 わかりやすい「説明」のための手順

　連携活動において，教師は子どもや保護者の状況とニーズをいかに把握し，反映していくかが重要です。日常的なコミュニケーション，言語・非言語を問わず真摯に思いを聴く態度，あらゆる情報の活用などを駆使して子ども自身や保護者の状況とニーズをつかむことが肝心です。

　そこで，ニーズを実現するためにあらゆる情報を収集します。連携における情報は，学校園内外のネットワークを活用して，子どもにかかわる情報や学校等教育環境の実状など制約や可能性の情報を可能な限り集めます。そして，そ

れらを専門機関のスタッフも交えたチーム援助会議を開くなどして整理しながら，子どもや保護者の意思が反映された指導・援助計画を練ります。

　次に，そうしてできあがった指導・援助計画を子ども自身や保護者に提案・説明します。場合によっては，チーム援助会議に保護者も参加して意思を確認しながら検討することもありますが，いずれにしても子どもや保護者に理解しやすい形で提案を説明し，自己決定によって同意を得るようにします。この際，説明のポイントとなるのは，指導・援助計画の内容はもとより，それらが行われる期間，指導・援助後の予想される効果，行われなかったときの予想や代わりうる方法などを具体的に示しながら同意を得ることです。こうした提案・説明がインフォームド・コンセントに当たると言えます。

　そして，専門機関と連携，協力して指導・援助を実践していきます。同時に，子ども自身や保護者の意思や行動から情報を得ながら改善を加えるべき点などを整理し，実践を振り返ります。こうして得た情報をチーム援助会議で諮り，指導・援助計画と照らし合わせながら，対応策を見直し，手直しすべき点を改善します。

　こうして，教師と教育を受ける主体者や連携対象の専門機関が対等な立場で相互に対話し，相談し，共同で意思決定していく過程で信頼関係が深まっていくのです。

❸ つなぎのためのインフォームド・コンセント

　このように，学校は子ども・保護者と専門機関をつなぐためにコーディネートする際，これまでどのような取り組みをしてきたかを説明し，さらに専門的，効果的支援を受けるための連携であることを理解してもらうことが大切です。

　多くの場合，専門機関につないだ後も学校に在籍する子どもたちなのです。信頼関係は継続するのであり，子どもにとって不利にならないことを説明するなど，見捨てられ感をもたせないよう配慮することです。そのために，専門機関との最初のコンタクトの際には「一緒に話を聞きましょう」と同行し立ち会うことを約束する声かけなども信頼関係にもとづく自己決定を促すためにはよいでしょう。インフォームド・コンセントには，教育を受ける主体者である子ども・保護者との間で前提としての信頼関係がなければならず，結果として信頼関係が深まる効果があると言えます。

　「受け身の承諾・同意」とは違い，主体性を尊重した自己決定権の行使であるインフォームド・コンセントは，情報連携の要であり，行動連携の起点でもあります。

　学校は教育の専門機関として子どもや保護者と連携先の専門機関の間に立ち，連携による教育的効果を評価し，説明し，助言することが求められます。

（中村　健）

X 専門機関との支援ネットワークと教育相談

8 連携の難しさ
——守秘義務を巡って

学校内外における連携によって，よりよい支援を提供しようとすればするほど，当該の子どもや家庭の個人にかかわる情報を扱うことになります。連携する際にこうした個人情報をどのような手続きで，どこまで共有するかが重要です。また同時に，それらの情報を保護するため，いかに守秘義務を徹底するかをあらかじめ検討しておくことで有効な連携が可能になります。

1 個人情報の保護と守秘義務の目的

個人情報の保護については「**個人情報の保護に関する法律**」[1]のほか，各都道府県・市町村の個人情報の保護条例によって規定されています。また，秘密を守る義務については，**国家公務員法**[2]や**地方公務員法**[3]にも明記されています。

教育活動における個人情報の保護や守秘義務の目的を一言でいうと，当該児童生徒やその家族などの人権を守り，その利益を守ることです。そして教育現場における諸活動は，子どもやその保護者，地域や社会といった公益を守り向上させるために指導し，援助サービスを提供するものです。したがって，学校教育は専門性を生かし，子どもたちの権利を守りながら子どもたちの健全育成に努めなければなりません。そして専門機関との連携活動は，こうした目的を成し遂げるため，学校の機能だけでは手詰まりになったり，担いきれなくなる前に有効に働くものでなくてはなりません。

2 個人情報の共有と秘密の保持

個人情報の目的外利用は，原則的に本人ならびに児童生徒については保護者の同意を得てから行わなくてはなりませんが，そもそも個人情報は，第一義的に当該児童生徒の利益のために有効に利用されるものです。

この観点から「個人情報の保護に関する法律」第23条第1項第3号では例外条項を掲げてあります。子どもたちの健全育成という目的を達成するため，関係機関同士が必要な範囲で情報交換を行い，相互認識の共有を図るため，情報の開示と共有が認められているのです。

この趣旨を学校現場や教職員はよく認識し，日頃から個人情報の管理と秘密の保持，そして有効利用に努めなければなりません。また，教育だけでなく医療，福祉，心理，司法などの専門機関との連携活動は，互いの専門性を生かし合って子どもたちの健やかな成長，発達や家庭への支援がより効果的に行われ

▷1 個人情報の保護に関する法律
（第三者提供の制限）
第23条　個人情報取扱事業者は，次に掲げる場合を除くほか，あらかじめ本人の同意を得ないで，個人データを第三者に提供してはならない。
　一　法令に基づく場合
　二　人の生命，身体又は財産の保護のために必要がある場合であって，本人の同意を得ることが困難であるとき。
　三　公衆衛生の向上又は児童の健全な育成の推進のために特に必要がある場合であって，本人の同意を得ることが困難であるとき。

▷2　国家公務員法
（秘密を守る義務）
第100条第1項
職員は，職務上知ることのできた秘密を漏らしてはならない。その職を退いた後といえども同様とする。

▷3　地方公務員法
（秘密を守る義務）
第34条第1項
職員は，職務上知り得た秘密を漏らしてはならない。その職を退いた後も，また，同様とする。

ることを目的としています。このことで，子どもたちの利益を向上させたり，学校と専門機関相互の諸機能の活性化やその過不足を補ったりする有効な手段でもあります。

❸ 守秘義務と情報管理にかかわる留意点

　情報の共有と同時に，個人情報の保護への配慮と秘密保持の徹底が個々の教職員の間で必要です。大切なことは個人情報の管理不十分や秘密の漏洩など個人の権利を侵すことのないよう，適正な管理と運用を実践することです。

　会議で使用される個人情報を含んだ資料は，散逸を防ぐために回収して一括し，目に届きにくい施錠のできる場所で保管する，あるいは廃棄処分にする，個人名の標記や会議での呼称もイニシャルを用いるなどといった配慮が必要でしょう。連携会議やケース会議開催の際に，「知り得た情報は当事者の利益となることを最優先し，秘密の保持について細心の注意を払うこと」を確認し合うなど，教職員一人ひとりの個人情報の取り扱いに関するモラルの向上に日常から心がけます。

　また，昨今のデジタル化された個人情報管理には思わぬ落とし穴があります。小さな記憶媒体で大量の情報が簡単にもち運べるようになりました。大容量の記憶媒体を搭載した携帯用パソコンや携帯電話もどんどん小型軽量化してきています。こうしたデータの電子化の進歩はちょっとした気の緩みでその管理が疎かになり，個人情報紛失などの事故を起こしがちです。こうした記憶媒体の管理などもマニュアル化し，不用意にもち出さないよう徹底します。

　連携におけるチーム援助会議の構成員や教職員集団が情報をいつ，どの範囲まで提供し共有するかの判断も重要です。学校では，共通理解を図るため，あらゆる情報の共有を求める傾向が強いですが，必要最小限のコアなメンバーで，過不足ない情報の共有が行われ，情報を知った者は秘密を保持し，学校組織としての集団による守秘義務を徹底しなくてはなりません。学校に定着したスクールカウンセラーや地域によって設置され始めたスクールソーシャルワーカーなどの専門職は，守秘義務を厳しく求められています。教職員もこうした専門職と共に活動しながら，学校における個人情報の管理運用に努めることがいっそう望まれます。

　連携は有効かつ重要な活動です。しかし，その前提として情報の共有をいかに図り活用するか，そして知り得た情報を学校組織態勢としていかに守秘するかということを子ども，家庭，地域そして専門機関から当然のごとく問われます。信頼と信用のある学校づくりに向けて，一人ひとりの教職員の自覚が重要です。

（中村　健）

X　専門機関との支援ネットワークと教育相談

9　学校と専門機関とのネットワークのつくり方

① ネットワーク構築の目的──子どものための情報連携から行動連携へ

　学校と専門機関とのネットワークは，単なる相互連絡網の整備ではありません。ネットワークを生かして，それぞれの立場や役割からの情報を共有し，子どもや保護者のために必要な支援を具体的な行動プランとして練り上げて実行に移し，その効果がどの程度あったか，改良する点はないか点検し合うなど協働した支援活動システムに位置づいてこそ意義があります。

　言い換えると，ネットワークの構築はつくることが目的でなく，子ども・保護者のためにどんな連携が必要になるかを念頭に置きながら，どんなチーム支援を練り上げ，可能にすることができるかということに尽きると言えます。つまりネットワークはチームワークのための生命線なのです。チームワークを図るために，子どもを中心に据え，保護者，専門機関と共に有効なかかわり方に気づいたり，編み出したり，協力して行動に移すように生かされることこそネットワークを構築する目的なのです。

② 相互理解から信頼関係へ──情報，人のつながり

　チームワークとして相互に支え合える協働の関係は，一朝一夕にできるものではありません。問題や課題が起きてからではなく，日常的なかかわりをもちながら，あらかじめ関係をつないでおくことが肝心です。そのために，相手の情報を知ろうとすることも大切ですが，どちらかというと，自ら知らせる，知ってもらう，そして知らせ合うという心がけを相互にもてば，共通理解ができて信頼感も深まります。日頃から研修会の講師やケース会議の助言者として担当者などを招いてみたり，ケース会議の会場は関係する機関で持ち回りにするなどして，普段から当該機関に立ち寄りやすいような関係を築いておくとよいでしょう。パンフレットなどで機関を知るより，人と人とのコミュニケーションから情報をやりとりする方が，相互理解を深め，専門性や役割を互いに尊重し合う信頼関係を築くのにはよいと言えます。そこで，各々の機関の名称，所在地，アクセス・連絡の方法，窓口となる担当(者)名などといった基本情報については，リストアップして一覧できるようにしておき，いざというときにすぐ活用できるよう備えておくとよいでしょう。

　また，相互に専門性の殻に閉じこもらず，たとえば，教師は教育だけでなく，

心理やカウンセリング，福祉の知見も積極的に取り入れ，専門機関や専門家も学校教育や学校現場を知ることが大切です。

　こうしてつながり合ったパートナーシップとでもいうべき関係があってこそ，互いの機能や権限を理解し合い，いざというときの役割と責任の分担が可能になります。このときに双方が，片方に頼り切って依存する形にならないよう注意し，主体性ある姿勢でのかかわり方をすることが重要です。

　また，チームワークで行っていくうちに機能や権限に限界を感じるに至った場合は，次の指導場面の到来と認識し，新たな手立てを探るためネットワークを広げることを目指すことも大切です。こうして学校は家庭と専門機関の仲立ちとなってネットワークを結ぶ地域の教育コミュニティセンター的機能を発揮できるとよいでしょう。

3　校内のネットワーキング

　実際の連携活動では，窓口となる人物が重要な役割を果たします。この人物は学校を代表する立場と言ってもよいわけですが，だからといってすべて管理職が担わねばならないというわけではありません。関係する機関や事例のタイプによって，さまざまなケースが考えられますが，生徒指導主任や保健主事，学年主任などがなり，調整役（コーディネーター）をすればよいのです。ただ，連携の開始，内容，経過等については，学校の管理責任者である管理職が「報告・連絡・相談」いわゆる「ホウ・レン・ソウ」として確実に受け，統合役（インテグレーター）としての役割を果たします。学校を全体的に見れば，ネットワークは複層的に存在し，インテグレーターとしての管理職は複数のコーディネーターとそれぞれの特性を生かした連携活動が有効に働くよう調整統合することでチームワークを活性化させることが望まれます。

　コーディネーター役は，こうした対外的なネットワークによってもたらされる情報をも取り入れて，必要な人材（スタッフ）を招集し，チーム会議を行って，ケースを見立て，個別の支援目標と具体的な支援行動計画を練ります。このとき，それぞれの特性，役割，持ち味を出し合って，課題へのよりよい支援を模索し，必要に応じて対外的な専門機関との連携が図れるよう情報を集約し，スタッフと共に判断を下して方向性を明確にします。

　その際に，明らかになる個人情報や専門機関の情報について，インテグレーターやコーディネーターの間の判断で，どの範囲の人に，どの程度までの情報を開示するのか，いくつかのレベルを設定することも含めて目安を決め，集団による守秘義務の徹底に努めることを常に喚起するようにします。

　このように，学校内外のネットワークは，張り巡らすことで完了するのではなく，チームワークでネットワークを常に身近なものとして繰り返し活用し，生き物を育てるように改善，拡大していくことが大切です。　　　　（中村　健）

X 専門機関との支援ネットワークと教育相談

10 ネットワーク支援を有効にするために必要なこと──ネットワーク支援の現場から

1 事例：進級に伴って落ち着きのなくなったA君をどう支援するか？

　ここでは，ネットワーク支援を有効なものにするために必要なことを，学校現場でよく出会う事例をもとに，考えたいと思います。

　対象者は，小学3年生のA君です。A君は，進級に伴い，学級と担任が変わりました。2年生までは特に問題なかったのですが，新年度からは落ち着いて席につけない状態が続きました。友達とのケンカも多く，教師に叱られることが増えました。家庭では，親からの注意によって，"僕なんていなくていいんだ～"と家を飛び出すことなどがあり，担任も両親も困り果てていました。

　ここで仮に，読者の皆さんが，A君の学級担任であるとしましょう。皆さんなら，A君の問題行動をどのようにとらえ，解決を図ろうとしますか？

2 ネットワーク支援の形成プロセス

◯さまざまな観点からの実践の「リフレクション」[1]

　このような事例に直面した場合，私たちは，A君のなかに問題の原因があると考えがちです。しかし，まず，担任としては，A君がなぜ，そのような言動をとるのか，自分自身の教育実践を"振り返る"ことから始めましょう。たとえば，"前担任のときは，問題がなかったというが，どういう様子だったのか？" "トラブルが起きたときの自らの対処方法は適切か？"など，さまざまな観点から，自分の実践を"振り返る"のです。

　ところで，この"振り返る"作業において，教師には，陥りやすい考え方のクセがあることを知ってください。教師という役割を負うと，子どもの言動を見る視点が，①ルールを守る子かどうか，②やる気のある子かどうか，の2点に偏りがちになります[2]。これらの点だけで子どもの言動をとらえようとすると，A君と担任が良好な関係を築くことが難しくなります。自らの実践のあり方をはじめ，さまざまな観点から状況を"振り返る"ことが重要です。

◯学校内外の支援者への協力要請

　こうした作業を行っても，なお，問題解決が難しい場合には，校内の他の教師に相談をもちかけたり，他機関と協力したりすることが不可欠です。問題に直面することは，誰にでもあります。速やかに周囲に相談できることも，教師の専門性の一つととらえて，ひとりで抱え込まないことが大切です。

▷1　リフレクション
ドナルド・ショーンが提唱した概念で，教育学者の佐藤学氏は，この概念を，「省察」「反省」と訳している（ドナルド・ショーン，2001）。ここでは，自らの実践を省みて，そのよしあしを認めたり考えたりするという意味で，"振り返る"という訳語を用いた。

▷2　この背景には，教師という役割の特性がかかわっている。教師とは「特定の目標」に向かって子どもたちを動かし，引っ張っていく役割を負っている。その役割を負うことによって，子どもたちに「あるべき姿」や「守るべき規範」を提示するだけの存在に陥りやすくなると言われている（近藤，1994；2002）。

▷3　反省的実践家
ドナルド・ショーンが提唱した概念（ドナルド・ショーン，2001）。「反省的実践家」としての教師とは，子どもや保護者が抱える複雑な問題状況に共にかかわるなかで，常にどのような判断対応をすべきかを考えたり，実践の後に自らのあり方を「省察」できたりする教師とイメージすればよい。

たとえば，A君の事例では，発達の偏りや愛着の問題があるかもしれません。医師や臨床心理士と連携を図るのもいいでしょう。また，家出など緊急時のために，保健師等に協力を仰ぐことも一案です。日頃から関係職員との間で，自らの悩みや弱さを話しても責められない関係を築き，自分の問題を話せる勇気をもつことが重要です。

○ネットワーク支援の実際のイメージ

図X-4は，教師，保護者，医師，臨床心理士がA君の支援に向けて形成したネットワークのイメージ図です。ネットワーク支援は，まず，学校内外の人々と協力し合うことから始まります。

しかし，こうした支援のネットワークが形成されたからといって，これで終わりではありません。"病院に紹介したから，もう大丈夫"と，学校でのA君への支援を考えなくなったり，解決方法を，協力相手に全面的に委ねたりしないように注意しましょう。支援のネットワークが形成された後でも，教師として何ができるかを常に問い続ける「**反省的実践家**」であることが必要です。

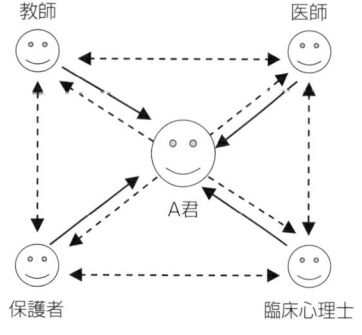

図X-4　ネットワークのイメージ図

（注）図の直線矢印は直接的な支援を，点線矢印は支援者同士の互恵的な協力関係を示す。

❸ ネットワーク支援における共通理解づくりの必要性とそのコツ

ネットワーク支援では，関係者の支援のあり方が同じ方向性を目指しており，支援の内容がかみ合っている必要があります。そこで，共通理解をつくるために，関係者が互いの見解や実践を話し合ったり，今後の支援を考えたりする支援会議が必要になります。

しかし，支援会議では，専門性の違いなどから，見解が異なるために対立し，ネットワークの関係が切れてしまうことが，しばしばみられます。こうしたときには，以下に示すことを試してください。

まず，見解が違うからといって，相手の支援のあり方や考え方を否定したり，拒否したりしないことです。そのためには，"なぜ，相手がそのような考えをするのか"と，相手の視点に立って考えることが有効です。また，"そういう見方もあるのか"と，自分とは違う意見だけれども，頭の片隅に置き留めることも有効です。人は，常に変化していくものです。そのときの自分では，相手の考えを受け入れられなくても，協力を続けるうちに，次第に相手の考えに馴染むことも可能です。見解が異なることによって，ネットワークが切れてはいけませんが，異なる見解を持ち続けることは，悪いことではないのです。

ネットワーク支援は，うまくいけば実り多いものになりますが，難しい作業です。以上は，筆者が多くの実践を行うなかで見出した一つの考え方にすぎません。ここでの考えを参考に，ご自身の実践のあり方を模索して下さい。

（上間春江）

▷4　"支援会議"と言っても，ケースや地域に応じてさまざまなあり方がある。筆者の経験では，各機関が支援を開始し始めた初期のうちに，関係者が一同に集まる機会を設けたり，子どもの成長や変化の節目に集まって話し合ったりすることが多い。

▷5　上間春江（2007）．実りある「協働」の展開に向けての実践的研究――意見が対立する協働相手との相互変容過程に着目して　東京大学教育学研究科紀要，46，247-257．

参考文献

ドナルド・ショーン，佐藤学・秋田喜代美（訳）（2001）．専門家の知恵――反省的実践家は行為しながら考える　ゆみる出版

近藤邦夫（1994）．教師と子どもの関係づくり　東京大学出版会

近藤邦夫（2002）．学校と教師への接近　沢崎俊之・中釜洋子・齋藤憲司・高田治（編著）学校臨床そして生きる場への援助　日本評論社，pp.5-21．

さくいん

あ行

愛着関係　52
ITPA　68
アサーション　17, 88
アサーション・トレーニング　88
アサーティブ　89
アスペルガー症候群　65
アセスメント　25, 68, 146, 182
遊び感覚　48
安全基地　131
安定性　144
委員会型　97
家出　161
生きる力　132
いじめ　45, 128
いじめ対策委員会　129
一次的援助　6
一次的ことば　28
イチャモン　123, 125
一般性　144
居場所　46
イベント型　97
意欲　51
医療機関との連携　184
インシデント・プロセス方式　115
インターネット　56
インヒビター　13
インフォームド・コンセント　69, 194
WISC-Ⅲ　68
WPPSI　68
ウエルビーイング　190
ウォーミングアップ　85
内に開かれたネットワーク支援　142
うつ　103
ADL　190
エクササイズ　84
エゴグラム　90, 135
SOS信号　9
エンカウンター　96
援助交際　54
援助に関するキューブ・モデル　145
エンパワメント　122
OKグラム　135
おやじの会　137, 138

か行

解決志向アプローチ　86
ガイダンス　146
開発的アプローチ　83
開発的教育相談　82
外部性　179
快楽としての性　54
カウンセリングマインド　2, 6, 10, 127
「かかわる」取り組み　150
核家族　5
格差社会　27
学習意欲　58
学習指導要領　132
学習習慣　58
学習障害　58, 64
学習遅滞　29
学習チューター制度　155
学生ボランティア　154
学年主任　152
学歴主義　26
カタルシス　13
価値的自立　46
学級担任　152
学校裏サイト　56
学校教育相談　82, 111
学校コンサルテーション　186
学校の荒れ　103
学校配置型　176
学校風土　157
家庭児童相談室　188, 189
家庭内暴力　60
環境の調整　47
関係者会議　112
関係者チーム　73
関係性の破綻　107
関係調整　19
完璧な親　27
完璧な子ども　27
危機介入　146
規範意識　48

基本的アサーション権　89
基本的生活習慣　24
虐待通告　175
脚本分析　91
キャリアカウンセリング　99
キャリア教育　98
キャリア・スタート・ウィーク　99
ギャングエイジ　30
QOL　190
9, 10歳の節　29
教育支援センター　16, 187
教育相談係　111
教育相談活動のシステム　144
教育相談の3つの機能　82
恐喝行為　60
共感　10
共感的なかかわり　15
共感的理解　57
教師カウンセラー　7
教室復帰　149, 151
教師の多忙化　102
教師の疲れ　103
教職員との共同　76, 80
教職員の資質の向上　79
競争的・強迫的な学習　59
共存的な他者　37
共通理解　79
協働意識　156
共同性　125
協働性　109
共同的な学習　59
協働的な職場　116
「協働的」風土　116
勤労観　98
具体的操作期　28
クラブ型　97
グループワーク　153
K-ABC　68
ケース会議　61, 176, 179
ケース・カンファレンス　142, 158
ケース・スタディ　158
ケータイ　56

さくいん

ゲーム分析　90
厳格主義　26
言語化　3, 14
「故意に自分の健康を害する」症候群　35
高機能自閉症　64
攻撃的　88
構成的グループ・エンカウンター　84
構造化　67
構造分析　90
校則　12
行動化　3, 14, 22, 33, 52
校内委員会　72, 73
校内会議　165
校内研修　114, 156
校内研修会　79, 144
校内体制　173
校内の支援組織　71
交流分析　90
コーディネーション　146
コーピングクエスチョン　87
心の居場所　148
心の理論　30
個人指導　76
個人情報の保護に関する法律　137, 196
個人面接　178
子育て支援　25, 26, 139
子育ての原点　122
国家公務員法　196
言葉のスキンシップ　33
子ども家庭福祉　190
子ども像の再構成　114
子どもとの共同　77, 81
子ども理解　134
個別の教育支援計画　63
個別の指導計画　63, 73
個別分散化傾向　31
コラボレーション　192
コンサルテーション　145, 146, 158, 165, 179, 193

さ行

再帰性　107
作戦会議　123
サポート活動　96
三次的援助　7
シェアリング　84, 135
支援会議　201
支援ネットワーク　129
視覚的な指示　66
視覚的リアリズム　29
時間制限カウンセリング　86
時間の構造化　90
自己開示　21
自己確認　17
自己形成　22
自己決定の主体　11
自己肯定感　29, 54, 55, 75, 76, 81, 148
自己効力感　55, 98
自己実現　4, 98
自己紹介ゲーム　135
自己の解体・再編　22
自己否定感　50
自己評価　153
自己表現　17
自己への気づき　114
自殺願望　57
自殺サイト　57
自殺念慮　35
自殺の連鎖　104
自主性　10
思春期　20, 32
自傷　34
自尊感情　76, 81
児童委員　188
児童虐待　52, 127, 188
児童自立支援施設　190
児童心理司　175
児童相談所　53, 127, 175, 188
児童福祉司　175
児童福祉施設　188
児童養護施設　190
指導要録　132
「しのぐ」取り組み　150
支配欲求　55
自閉症　64
社会的支援　39
社会福祉士　173
集団関係　49
集団精神療法　118
集団づくり　76, 77
主体性　51
守秘義務　69, 187, 196, 197
受容　10
巡回相談　25, 78
巡回相談員　73

小1プロブレム　28, 186
情緒障害児短期治療施設　190
情緒的サポート　130
小児統合失調症　185
少人数学級配置　28
少年鑑別所　191
少年相談担当者　191
少年補導センター　191
情報共有　111
情報の開示と共有　196
職業観　98
職場復帰訓練　118
職場復帰支援　118
自律意識　30
事例検討会　160
人格発達　29, 46
シングルセッションカウンセリング　86
神経性大食症　34
神経性無食欲症　34
人権擁護局　191
心情的サポート　112
心身症　46
人生態度　90, 91
身体化　3, 14, 22, 33
身体症状　130
身体的虐待　52, 127
身体的変化　32
診断　69
新中間層　26
心的外傷　57
心理教育的指導・支援　82
心理社会的ストレス　92
心理的虐待　52, 127
進路指導　98
進路選択　58
進路相談　99
スキルトレーニング　96
スクールカウンセラー　78, 134, 164, 166, 168, 170, 174, 178, 184
スクールカウンセラー活用調査研究委託事業　162
スクールカウンセラー等活用事業　23, 163
スクールカウンセラーの資質　163
スクールソーシャルワーカー　172, 174, 176, 180

203

スクールソーシャルワーカー活用事業 173
スケーリング・クエスチョン 87
ステップ・ファミリー 126
ストレス対処法 117
ストレスのるつぼ 104
ストレス反応 92
ストレスマネジメント 92
ストレスマネジメント教育 93
ストレスマネジメントの技法 93
ストレッサー 107
ストローク 90
性 36
性行為 55
精神保健福祉士 173
精神療法 185
成績評価 133
性的虐待 52, 127
生徒指導 12
「生徒指導」ストレス 102
青年期 36
青年期（思春期）境界例 185
摂食障害 34
絶対評価 132
説明と同意 194
ゼロ・トレランス 43
センター機能的役割 187
線へのかかわり 183
専門家チーム 73, 78
専門機関 182
専門機関との協働 143
専門性 179
早期援助 176
早期介入 176
早期支援 72
早期発見 72, 176
相互コンサルテーション 186
相互作用 9
相対評価 132
ソーシャルサポート 93
ソーシャルスキル 94
ソーシャルスキル教育 94, 95
ソーシャルスキル・トレーニング 95
ソーシャルスキルのリスト 94
ソーシャルワーク 172
育てるカウンセリング 84
外に開かれたネットワーク支援 143

ソナーゲーム 152

た行

対人援助職 106
対人関係スキル 134
対人恐怖症 184
第二次性徴 20
他者関係 49
脱理想化 32
田中ビネー 68
多様性 109
担任支援 111
地域コミュニティ 138, 187
地域ネットワーク 192
チーム援助会議 195
チーム会議 43
チーム支援 156, 198
力の指導 44
知的リアリズム 29
地方公務員法 196
注意欠陥多動性障害 65
中1ギャップ 186
抽象的思考 36
抽象的な概念 29
通級による指導 62
「つなげる」取り組み 150
強い指導 44
出会い系サイト 56
出会い直し 80
DAM 68
低学力 58
DTVP 68
デート・バイオレンス 55
適応過剰 58
適応指導教室 16, 184, 187
適応スタイル 37
転移 6
点へのかかわり 182
電話相談活動 155
道具的サポート 150
登校刺激 130, 181
登校しぶり 149
童心主義 26
「同調的」な職場 116
同僚性 109, 125, 157
特別支援学級 62
特別支援学校 62
特別支援教育 62, 172
特別支援教育コーディネーター 63, 70, 78

匿名性 56
トレーニング 96

な行

内言 22
内面に届く指導 44
内面の自由 11
仲間関係 48
悩みの共有 109
ナラティブセラピー 86
ニート 38, 98
二次障害 68, 183
二次的援助 7
二次的ことば 28
乳児院 190
乳幼児期の子育て 122
乳幼児健康診査 24
認知活動 32
認知パターン 116
ネグレクト 46, 52, 127
ネットワーク 183
ネットワーク支援 142, 200
能力開発的 98

は行

バースデイチェーン 135
バーンアウト 103, 105, 106
売春 54
派遣型 177
発達支援的 98
発達障害 46, 62
発達相談 24
発達要求 25
反省的実践家 201
反動形成 20
ピア 154
ピア・サポーター 101
ピア・サポート 96, 100
ピア・サポートプログラム 96
ピアジェ, J. 28
PTA不要論 136
PVT 68
ひきこもり支援 39
非行防止活動 191
非主張的 88
否定的評価 76
非日常空間 57
病気休職者 104
貧困の世代間連鎖 27
不確実性 107
福祉教員 172

さくいん

福祉事務所　189
物質乱用　35
不定愁訴　106
不登校　46, 100, 130
プランニング　96
フリーター　38, 98
ブリーフ・カウンセリング　86
振り返り活動　96
分離　32
法務局　191
暴力　44
保健室　148
保健室登校　100
保護観察所　191
保護者会　75
保護者との教育相談　123
保護者との共同　77, 80
保護者への支援　71, 129
母子生活支援施設　190
母子世帯　126

ま行

万引き　48
見捨てられ感　55
身近な専門機関　78
3つの共同　76
ミニ・チーム会議　143
ミラクル・クエスチョン　87
無境界性　107
メディアリテラシー　57
面でのかかわり　183
モデリング　94
モンスターペアレント　124
問題解決的アプローチ　83
問題解決的教育相談　82
問題解決的サポート　112
問題行動　2, 20

や行

薬物療法　185
やりとり分析　90
養護教諭　148, 180, 184
予防的・開発的な教育相談　23

予防的アプローチ　83
予防的教育相談　82

ら・わ行

来談経路　164
来談者中心療法　22
ライフスキル教育　41
ラベリング　69
リーダー　85
リーダートレーニング型　97
リストカット　3, 40, 161
リソース　86, 100
リフレイミング　114, 135
リフレクション　200
リレーション　152
劣等感　29
連携トライアングル　183
ロールプレイ　94, 118
ロール・モデル　37
ワーキング・プア　98
ワンダウンポジション　86

205

● 執筆者紹介（氏名／よみがな／生年／現職／主著／教育相談を学ぶ読者へのメッセージ）　＊執筆担当は本文末に明記

春日井敏之（かすがい　としゆき／1953年生まれ） 
立命館大学大学院教職研究科教授
『思春期のゆらぎと不登校支援――子ども・親・教師のつながり方』（単著・ミネルヴァ書房）『ひきこもる子ども・若者の思いと支援――自分を生きるために』（編著・三学出版）
　本書は教育相談のとらえ方，具体的展開について，教育学，心理学，福祉学，教育現場の視点から理論と実践の統合を図り，協働でまとめられた貴重な試みです。

磯田智子（いそだ　ともこ／1967年生まれ） 
元大阪市教育委員会スクールソーシャルワーカー，社会福祉士
子ども達からたくさんのパワーをもらって日々活動しています。SSWを身近に感じてもらえると嬉しいです。

伊藤美奈子（いとう　みなこ／1960年生まれ） 
奈良女子大学研究院生活環境科学系教授
『スクールカウンセラーの仕事』（単著・岩波書店）『不登校――その心もようと支援の実際』（単著・金子書房）
学校現場での心理臨床活動は，何年かかわっても日々，新鮮な発見でいっぱいです。学校からのニーズに応えるためにも，毎日が修行であり，たゆまぬ自己研鑽が大切だなあと痛感しています。

伊藤　隆（いとう　たかし／1957年生まれ） 
上宮学園中学校・上宮高等学校教諭
『ひきこもる青少年の心』（共著・北大路書房）『ストレスに負けないこころを育てる学校の取り組み』（共著・教育開発研究所）
教育相談で出会った子どもやその保護者から多くの貴重な宝物をいただき，私が成長させてもらっています。

新井　肇（あらい　はじめ／1951年生まれ） 
関西外国語大学外国語学部教授
『「教師を辞めようかな」と思ったら読む本』（単著・明治図書）『「教師」崩壊――バーンアウト症候群克服のために』（単著・すずさわ書店）『新訂増補　青少年のための自殺予防マニュアル』（共著・金剛出版）
子どもも教師も元気になる学校をめざして，教育相談における理論と実践の融合をめざしています。

上間春江（うえま　はるえ／1977年生まれ） 
子育て相談虹のかけはし代表他，公認心理師，臨床心理士
常に自らの実践を省察し，子どもの問題に向き合えば，子どもは確実に成長していくと思います。合言葉は，"信じる"です。

石垣雅也（いしがき　まさや／1974年生まれ） 
滋賀県公立小学校教諭
子どもと教師，保護者と教師，そして教師同士……つながっていくことが今一番大切なことですね。

大野精一（おおの　せいいち／1948年生まれ）
星槎大学大学院教育実践研究科教授
『学校教育相談――理論化の試み』（単著・ほんの森出版）『学校教育相談――具体化の試み』（単著・ほんの森出版）

執筆者紹介（氏名／よみがな／生年／現職／主著／教育相談を学ぶ読者へのメッセージ）　＊執筆担当は本文末に明記

大和久　勝（おおわく　まさる／1945年生まれ） 
日本生活指導研究所所長，元國學院大学文学部兼任講師
『「ADHD」の子どもと生きる教室』（単著・新日本出版）『困った子は困っている子』（編著・クリエイツかもがわ）
「困った子」は「困っている子」なのだという「子ども観」は，今，教師に一番求められていることではないでしょうか。

金丸慣美（かねまる　なるみ／1959年生まれ）
広島ファミリールーム臨床心理士
広島市立学校スクールカウンセラー
『システム論からみた学校臨床』（共著・金剛出版）『家族療法のヒント』（共著・金剛出版）
特別支援教育に関わる相談は非常に増えています。ぜひ，子どもたち・保護者さん方のお力になって下さい。

落合俊郎（おちあい　としろう／1950年生まれ） 
広島大学名誉教授，広島大学大学院人間社会学研究科附属特別支援教育実践センター客員研究員
『世界の特殊教育の新動向』（編著・日本知的障害福祉連盟）『いのちキラキラ重症児教育』（編著・クリエイツかもがわ）「地域共生社会の実現とインクルーシブ教育システムの構築──これからの特別支援教育の役割」（編著・あいり出版）
コロナ禍によるピンチをチャンスにしない限り，日本の未来はないのでは。

上林まどか（かんばやし　まどか／1981年生まれ）
私立近江兄弟社高等学校教諭
教育現場においては，いつも大人が本気で子どもと向きあう姿勢をもつことが最も大切なことだと考えています。

小野田正利（おのだ　まさとし／1955年生まれ） 
大阪大学名誉教授
『イチャモンどんとこい！──保護者といい関係をつくるためのワークショップ』（編著・学事出版）『ストップ！自子チュー──親と教師がつながる』（単著・旬報社）
"学校現場に元気と活力"をモットーに，学校への参加の実情とマイナスの側面としての無理難題要求（イチャモン）の急増などについて研究している。

木下孝司（きのした　たかし／1961年生まれ） 
神戸大学大学院人間発達環境学研究科教授
『乳幼児期における自己と「心の理解」の発達』（単著・ナカニシヤ出版）『よくわかる認知発達とその支援』（共著・ミネルヴァ書房）
今の時代，まわり道をいとわず，ゆったりじっくりと子どもと歩んでいくことを大切にしたいと思います。

懸川武史（かけがわ　たけし／1955年生まれ）
群馬大学大学院教育学研究科教授
『グラフィック　学校臨床心理学』（共著・サイエンス社）
夜驚（Night Terror）との出会いが，教育相談の道へと誘ってくれました。

楠　凡之（くすのき　ひろゆき／1960年生まれ） 
北九州市立大学文学部教授
『いじめと児童虐待の臨床教育学』（単著・ミネルヴァ書房）『気になる子ども　気になる保護者』（単著・かもがわ出版）
まず，子どもの"view"（見え方，感じ方）を共感的に理解すること，これはすべての教育相談の前提条件です。

執筆者紹介 (氏名／よみがな／生年／現職／主著／教育相談を学ぶ読者へのメッセージ)　　＊執筆担当は本文末に明記

栗原慎二（くりはら　しんじ／1959年生まれ） 
広島大学大学院教育学研究科附属教育実践総合センター教授
『新しい学校教育相談の在り方と進め方』（単著・ほんの森出版）『児童・生徒のための学校適応ガイドブック――学校適応の理論と実践』（編著・協同出版）
教育相談を学ぶと子どもの心や行動や発達がよく分かるようになります。そして打つべき手が見えてきます。

相馬誠一（そうま　せいいち／1951年生まれ） 
東京家政大学名誉教授，東京家政大学大学院客員教授
『不登校――学校に背を向ける子どもたち』（編著・ゆまに書房）『子どもたちに"いのちと死"の授業を』（共編著・学事出版）
子どもとのカウンセリングを1975年から実施，まだまだ未熟者です。実践を尊び，「生涯一カウンセラー」として生きていきたいと願っています。

小林由美子（こばやし　ゆみこ／1953年生まれ） 
名古屋学院大学スポーツ健康学部准教授
『不登校――学校に背を向ける子どもたち』（共著・ゆまに書房）
「心の強さ」（リジリエンス；困難を乗り越える力，回復力）を身に付けた子どもたちに育てたい。まず大人がもっていなければなりませんね。

高垣忠一郎（たかがき　ちゅういちろう／1944年生まれ） 
立命館大学名誉教授
『生きることと自己肯定感』（単著・新日本出版社）『揺れつ戻りつ思春期の峠』（単著・新日本出版社）
自分自身の心のメンテナンスを忘れないように。とらわれない自由な心で子どもと向きあって下さい。

佐藤一也（さとう　かずや／1959年生まれ） 
岩手県教育委員会スクールカウンセラー
『新養護概説』（共著・少年写真新聞社）
本書を通して教育相談の理論と実践がつながり，日々の教育相談活動を鍛えていくことに役立てばいいと思います。

高木安夫（たかぎ　やすお／1951年生まれ） 
全国生活指導研究協議会指名全国委員
『俺の人生おれのもの』（共著・明治図書出版）『ゆきづまる中学校実践をきりひらく』（共著・クリエイツかもがわ）
ゼロ・トレランスの方向の強まる中で，問題行動を両価値的にとらえる目こそ，教師として大切だと思います。

白井利明（しらい　としあき／1956年生まれ） 
大阪教育大学名誉教授
『よくわかる青年心理学（第2版）』（編著・ミネルヴァ書房）『よくわかる卒論の書き方（第2版）』（共著・ミネルヴァ書房）
青年が青年であることの保障が必要です。現代社会は大人になることを急かしすぎていないか考えてみたいものです。

田邊昭雄（たなべ　あきお／1956年生まれ） 
東京情報大学総合情報学部教授
『自閉症・発達障害への対応』（共著・明治図書出版）『続　上手な登校刺激の与え方』（共著・ほんの森出版）
教育相談は重要な教育活動です。楽しく学びましょう。

執筆者紹介 （氏名／よみがな／生年／現職／主著／教育相談を学ぶ読者へのメッセージ）　＊執筆担当は本文末に明記

照本祥敬（てるもと　ひろたか／1960年生まれ）
中京大学教養教育研究院教授
『アメラジアンスクール――共生の地平を沖縄から』（編著・ふきのとう書房）『生活指導と学級集団づくり　中学校』（共編著・高文研）
なによりも子ども観を深めてください。それが指導や支援の基本になります。

野田正人（のだ　まさと／1955年生まれ）
立命館大学産業社会学部教授
『スクールソーシャルワークの可能性』（共著・ミネルヴァ書房）『スクールソーシャルワーカー養成テキスト』（共著・中央法規出版）
学校でできることは，たくさんあります。でも，できないこともたくさんあります。特に虐待は通告ですよ！

中川美保子（なかがわ　みほこ／1957年生まれ）
同志社女子大学教職課程センター特任教授
『不登校・ひきこもりと居場所』（共著・ミネルヴァ書房）『いじめ臨床』（共著・ナカニシヤ出版）
スクールカウンセラーの仕事について，読者が具体的に思い描けるように事例も入れて説明しました。

花井正樹（はない　まさき／1945年生まれ）
元東海学院大学教授
『学校カウンセリングの理論と実践』（共著・ナカニシヤ出版）『不登校――学校に背を向ける子どもたち』（共著・ゆまに書房）
子どもたちの成長・発達を援助するだけでなく，教育相談活動を通して自分自身の可能性や価値観を見いだしてください。

長野喜美子（ながの　きみこ／1957年生まれ）
北海道公立学校スクールカウンセラー
人は人によっていやされ，救われます。できればSNSなどではなく，リアルの世界で支援の必要な子どもたちに手が届き，人との関わりの中で笑顔になり自己実現してほしいと願っています。

藤原忠雄（ふじわら　ただお／1958年生まれ）
兵庫教育大学大学院学校教育研究科教授
『学校で使える5つのリラクセーション技法』（単著・ほんの森出版）『学校教育相談の理論と実践』（編著・あいり出版）
貴重な実践・研究が蓄積され，学校教育相談の理論化・具体化・実践化・定着化がさらに進展することを願っています。

中村　健（なかむら　けん／1957年生まれ）
立命館大学経済学部教授
『発達と教育の心理学』（共著・創元社）『カウンセリングとソーシャルサポート』（共著・ナカニシヤ出版）
ITの進展に溺れることなく，人の五感全てを用いるコミュニケーションを子どもたちと共に大切にしたいと感じる今日この頃です。

松本　剛（まつもと　つよし／1958年生まれ）
兵庫教育大学大学院学校教育研究科教授
『心の健康教育』（編著・木立の文庫）『エンカウンターグループの新展開』（編著・木立の文庫）
教育相談は教育の「育」にかかわるものです。児童生徒が育つために自分には何ができるだろうと考える入口になるかもしれません。

執筆者紹介（氏名／よみがな／生年／現職／主著／教育相談を学ぶ読者へのメッセージ）　＊執筆担当は本文末に明記

宮下美保子（みやした　みほこ／1957年生まれ） 
元宮津市立宮津小学校教諭
誰もがかけがえのない存在です。人との関わりを大切にしながら生きる力を育んでほしいと願っています。

良原惠子（よしはら　けいこ／1958年生まれ） 
大阪府スクールカウンセラー・スーパーヴァイザー，関西福祉科学大学大学院非常勤講師
『事例に学ぶスクールカウンセリングの実際』（共著・創元社）『子どもこころ百科──家庭臨床心理学』（共著・創元社）
SCがもっともっと学校でお役に立てば…という思いをもって執筆しました。

山岡雅博（やまおか　まさひろ／1953年生まれ） 
立命館大学大学院教職研究科教授
『いのち輝く』（共著・ルック）『学校カウンセリング』（共著・有斐閣）
大人たち（教職員，保護者，地域）がつながりあって，子ども理解を深めたとき，子どもたちとのつながりも深くなっていきました。

和井田節子（わいだ　せつこ／1958年生まれ） 
共栄大学教育学部教授
『教育相談係どう動きどう楽しむか』（単著・ほんの森出版）『子どもの成長　教師の成長』（共著・東京大学出版会）
もとは公立高校で教育相談係をしていました。人とつながり，人をつなぎ，学校を応援しています。

やわらかアカデミズム・〈わかる〉シリーズ
よくわかる教育相談

| 2011年4月20日 | 初版第1刷発行 | 〈検印省略〉 |
| 2022年12月30日 | 初版第11刷発行 | |

定価はカバーに
表示しています

編　　者	春　日　井　　敏　之
	伊　　藤　　美　奈　子
発行者	杉　　田　　啓　　三
印刷者	藤　　森　　英　　夫

発行所　株式会社　ミネルヴァ書房
〒607-8494　京都市山科区日ノ岡堤谷町1
電話代表　(075)581-5191
振替口座　01020-0-8076

Ⓒ春日井・伊藤ほか, 2011　亜細亜印刷・新生製本

ISBN978-4-623-05878-5
Printed in Japan

やわらかアカデミズム・〈わかる〉シリーズ

教育・保育

よくわかる学びの技法
　田中共子編　本体 2200円

よくわかる教育評価
　田中耕治編　本体 2500円

よくわかる授業論
　田中耕治編　本体 2600円

よくわかる教育課程
　田中耕治編　本体 2600円

よくわかる生徒指導・キャリア教育
　小泉令三編著　本体 2400円

よくわかる教育相談
　春日井敏之・伊藤美奈子編　本体 2400円

よくわかる教育原理
　汐見稔幸ほか編著　本体 2800円

よくわかる教育学原論
　安彦忠彦・児島邦宏・藤井千春・田中博之編著　本体 2600円

よくわかる障害児教育
　石部元雄・上田征三・高橋　実・柳本雄次編　本体 2400円

よくわかる障害児保育
　尾崎康子・小林　真・水内豊和・阿部美穂子編　本体 2500円

よくわかる保育原理
　子どもと保育総合研究所　森上史朗・大豆生田啓友編　本体 2200円

よくわかる家庭支援論
　橋本真紀・山縣文治編　本体 2400円

よくわかる子育て支援・家庭支援論
　大豆生田啓友・太田光洋・森上史朗編　本体 2400円

よくわかる社会的養護
　山縣文治・林　浩康編　本体 2500円

よくわかる社会的養護内容
　小木曽宏・宮本秀樹・鈴木崇之編　本体 2400円

よくわかる小児栄養
　大谷貴美子編　本体 2400円

よくわかる子どもの保健
　竹内義博・大矢紀昭編　本体 2600円

よくわかる発達障害
　小野次朗・上野一彦・藤田継道編　本体 2200円

福祉

よくわかる社会保障
　坂口正之・岡田忠克編　本体 2500円

よくわかる社会福祉
　山縣文治・岡田忠克編　本体 2500円

よくわかる子ども家庭福祉
　山縣文治編　本体 2400円

よくわかる地域福祉
　上野谷加代子・松端克文・山縣文治編　本体 2200円

よくわかる家族福祉
　畠中宗一編　本体 2200円

よくわかる障害者福祉
　小澤　温編　本体 2200円

よくわかる精神保健福祉
　藤本　豊・花澤佳代編　本体 2400円

よくわかる医療福祉
　小西加保留・田中千枝子編　本体 2500円

よくわかる社会福祉と法
　西村健一郎・品田充儀編著　本体 2600円

よくわかるリハビリテーション
　江藤文夫編　本体 2500円

よくわかるスクールソーシャルワーク
　山野則子・野田正人・半羽利美佳編著　本体 2500円

よくわかる障害学
　小川喜道・杉野昭博編著　本体 2400円

論文

よくわかる卒論の書き方
　白井利明・高橋一郎著　本体 2500円

心理

よくわかる心理学
　無藤　隆・森　敏昭・池上知子・福丸由佳編　本体 3000円

よくわかる心理統計
　山田剛史・村井潤一郎著　本体 2800円

よくわかる保育心理学
　鯨岡　峻・鯨岡和子著　本体 2400円

よくわかる臨床心理学　改訂新版
　下山晴彦編　本体 3000円

よくわかる心理臨床
　皆藤　章編　本体 2200円

よくわかる臨床発達心理学
　麻生　武・浜田寿美男編　本体 2600円

よくわかるコミュニティ心理学
　植村勝彦・高畠克子・箕口雅博・原　裕視・久田　満編　本体 2400円

よくわかる発達心理学
　無藤　隆・岡本祐子・大坪治彦編　本体 2500円

よくわかる乳幼児心理学
　内田伸子編　本体 2400円

よくわかる青年心理学
　白井利明編　本体 2500円

よくわかる教育心理学
　中澤　潤編　本体 2500円

よくわかる学校教育心理学
　森　敏昭・青木多寿子・淵上克義編　本体 2600円

よくわかる学校心理学
　水野治久・石隈利紀・田村節子・田村修一・飯田順子編著　本体 2400円

よくわかる社会心理学
　山田一成・北村英哉・結城雅樹編著　本体 2500円

よくわかる家族心理学
　柏木惠子編著　本体 2600円

よくわかる言語発達
　岩立志津夫・小椋たみ子編　本体 2400円

よくわかる認知発達とその支援
　子安増生編　本体 2400円

よくわかる認知科学
　乾　敏郎・吉川左紀子・川口　潤編　本体 2500円

よくわかる情動発達
　遠藤利彦・石井佑可子・佐久間路子編著　本体 2500円

よくわかる産業・組織心理学
　山口裕幸・金井篤子編　本体 2600円

よくわかるスポーツ心理学
　中込四郎・伊藤豊彦・山本裕二編著　本体 2400円

よくわかる健康心理学
　森和代・石川利江・茂木俊彦編　本体 2400円

―― ミネルヴァ書房 ――
http://www.minervashobo.co.jp/